PUJOLS

MÁS ALLÁ DEL BÉISBOL

Elogios al libro Pujols: Más allá del béisbol

Lamb y Ellsworth les han dado a los fanáticos del béisbol de todas partes un libro realmente extraordinario sobre este deporte, donde hablan del mejor de sus jugadores en estos tiempos. En esta introducción muy bien escrita y de lectura fácil a la vida de Albert Pujols, nos dan a conocer sus primeros años, las influencias que lo fueron formando por el camino y diversos aspectos de su asombrosa carrera. A los fanáticos del béisbol sobre todo les encantará este libro, la interpretación de las increíbles estadísticas de Pujols y los poderosos relatos sobre sus juegos y temporadas principales. Sin embargo, este libro va mucho más allá de ser otro excelente libro de béisbol, e incluso más allá de ser un maravilloso retrato biográfico. Es un libro inspirador acerca de lo que son el carácter, el compromiso, la fe y la familia. Va a sentir deseos de comprar esta excelente obra… y adquirir otro ejemplar más para un pariente o un amigo.

DAVID S. DOCKERY
PRESIDENTE DE LA UNION UNIVERSITY

Pujols está realmente repleto de pepitas de oro. Puesto que la acción en el conocido poema «Casey al bate» comienza diciendo: «Cooney murió primero, y Barrows hizo lo mismo», disfruté al leer sobre el momento en que Albert Pujols les pregunta en la primera base a los corredores del equipo opuesto: «Si te murieras hoy, ¿dónde crees que irías?». Lamb y Ellsworth describen con lucidez tanto las hazañas beisboleras de Pujols temporada tras temporada, como el impacto que está causando en numerosas vidas para la eternidad.

MARVIN OLASKY
EDITOR-EN-JEFE, *WORLD*

El béisbol y las lecturas fabulosas suelen ir juntos, y así es este libro. Los cronistas deportivos cristianos estarían todos de acuerdo en que la idolatría es mala… pero muchos de ellos siguen comentando después todas las razones por las cuales se debe considerar a un atleta determinado como un ídolo. Este libro honra a Pujols sin hacer de él un ídolo, y mantiene al Evangelio donde siempre debería estar: en el centro de todo.

TED KLUCK
AUTOR DE *THE REASON FOR SPORTS: A CHRISTIAN FANIFESTO*
Y *FACING TYSON: FIFTEEN FIGHTERS, FIFTEEN STORIES*

En este mundo disfuncional en el cual vivimos hoy —ya se trate de los negocios, la política, los deportes o la religión—, nos hemos vuelto profundamente conscientes de que todos nuestros héroes están profundamente destruidos. Mientras que su mánager Tony LaRussa lo llamaba «un héroe de la vida real», lo que demuestran Lamb y Ellsworth es que Albert Pujols solo sirve de héroe en el sentido de que lleva a su vida la realidad de su fe en el Héroe Verdadero, que es Jesucristo. Más allá de las estadísticas, los premios al Jugador Más Valioso [MVP] y los campeonatos, este libro nos muestra lo que es el verdadero heroísmo: una vida vivida a la sombra de la cruz; una vida vivida para los demás; una vida vivida para la gloria de Dios.

DR. SEAN MICHAEL LUCAS
MINISTRO PRINCIPAL, PRIMERA IGLESIA PRESBITERIANA, HATTIESBURG, MS

PUJOLS

MÁS ALLÁ DEL BÉISBOL

SCOTT LAMB Y TIM ELLSWORTH

PRÓLOGO POR JOE POSNANSKI, ESCRITOR PRINCIPAL DE *SPORTS ILLUSTRATED*

*La misión de Editorial Vida es ser la compañía líder en satisfacer las necesidades de las perso-
nas con recursos cuyo contenido glorifique al Señor Jesucristo y promueva principios bíblicos.*

PUJOLS: MÁS ALLA DEL BÉISBOL
Edición en español publicada por
Editorial Vida – 2012
Miami, Florida

© **2012 por Editorial Vida**

Originally published in the U.S.A. under the title:
Pujols: More Than The Game
Copyright ©2011 by Walter S. Lamb and Timothy W. Ellsworth
Published in Nashville, Tennessee, by Thomas Nelson.
Thomas Nelson is a registered trademark of Thomas Nelson, Inc.
ALL RIGHTS RESERVED
Rights managed by Silvia Bastos, S.L., agencia literaria.

Traducción: *Andrés Carrodeguas*
Edición: *Marta Díaz*
Diseño interior: *Grupo Nivel Uno, Inc.*

ISBN: 978-0-8297-6884-8

CATEGORÍA: BIOGRAFÍA Y AUTOBIOGRAFÍA

IMPRESO EN ESTADOS UNIDOS DE AMÉRICA
PRINTED IN UNITED STATES OF AMERICA

12 13 14 15 16 ❖ 6 5 4 3 2 1

DEDICATORIA

A Daniel, Emmalee y Noah:
Con la esperanza de que cuando crezcan, amen el béisbol
y mis oraciones para pedir que crezcan para amar a Jesús.
Con todo mi amor, Tim

A Pearl:
Cinco pequeños y «Dos Palabras»
que fueron traídos todos a la vida
por la mano de mi Dios
y el corazón de mi esposa.
Con todo mi amor, Scott

CONTENIDO

PRÓLOGO

Albert Pujols tiene la posibilidad de ser reconocido como el mejor jugador en toda la historia del béisbol. Hay numerosas cifras estadísticas para apoyar esta afirmación, entre ellas el simple hecho de que hasta los treinta años, ha anotado más jonrones que Babe Ruth, más hits que Pete Rose, más carreras impulsadas que Hank Aaron y más carreras que las anotadas por Rickey Henderson a la misma edad.

Sí, está bien que pensemos en esto por un momento.

Pero la afirmación de que Pujols es el mejor beisbolero de todos los tiempos no es ni con mucho tan interesante o significativo como el hecho de que *exista* un argumento. Esto se debe a que tal vez lo más asombroso acerca de Albert Pujols es que menos de dos años antes de comenzar una de las mejores temporadas de novato en la historia del béisbol, a nadie le interesaba contratarlo. Estaba jugando béisbol en el Colegio Universitario de la Comunidad de Maple Woods, y aunque estaba creando suficiente interés como para que los exploradores fueran personalmente a verlo (como verá, bateó .466 con veintitrés jonrones en sesiones limitadas de bateo), no estaba creando suficiente interés para convencer a nadie de que pudiera jugar en las grandes ligas.

Había quienes ponían en duda si sería capaz de jugar en puestos de defensa en las grandes ligas. Otros ponían en duda que su swing resistiera las curvas y las laterales al nivel de las grandes ligas. Otros se preguntaban sobre su tipo físico. Los Kansas City Royals locales lo vieron varias veces y bostezaron de aburrimiento. Los Cardenales lo tomaron en la decimotercera vuelta de selección; solo otro jugador más del circuito, Alfredo Amezaga, llegaría a obtener al menos un tiempo moderado en las grandes ligas.

Por supuesto, ha habido otros escogidos a última hora que se han convertido en grandes estrellas de las grandes ligas... pero ninguno como Pujols. Esto se debe a que Pujols *no se convirtió* en una gran estrella, sino que *ya era* una gran estrella. Pasó una sola temporada en las ligas menores, dominó, fue al entrenamiento de primavera, ganó su puesto en el Día Inaugural, y después bateó .327 con cuarenta y siete dobles, treinta y siete jonrones, ciento treinta carreras impulsadas y ciento doce anotadas. Tuvo uno de los debuts más notables en la historia del béisbol. En los nueve años que han pasado desde entonces, ha sido tan bueno o mejor cada uno de esos años.

De hecho, como experimento para pensar, destinado a un relato que escribí sobre él para Sports Illustrated en 2009, me hice esta pregunta: ¿Cuál ha sido la *peor* temporada de Albert Pujols Es posible que haya sido su segundo año, en el cual solo bateó .314 con treinta y cuatro jonrones, 127 carreras impulsadas, 118 carreras, y terminó en segundo lugar en la votación para seleccionar al Jugador Más Valioso.

O puede que haya sido el año 2007, cuando bateó .329 con treinta y dos jonrones y, por única vez en su carrera hasta el momento, no llegó a las cien carreras (anotó noventa y nueve).

Cualquiera que haya sido su peor año, puede estar seguro de que, repetido diez veces, le daría a Pujols un primer lugar en la nominación para el Salón de la Fama. Y le recuerdo que me estoy refiriendo a su *peor* temporada.

Y además de todo lo anterior, sencillamente se va haciendo cada vez mejor en todos los demás aspectos del juego. Quería mejorar su defensa —uno de los grandes interrogantes acerca de su manera de jugar—, y se convirtió en uno de los mejores jugadores de primera base en el juego. Quería mejorar el robo de bases después de las cinco primeras temporadas, en las que estuvo algo flojo en ese aspecto, y desde entonces, ha hecho un promedio de diez bases robadas por año, y logra hacerlo en el setenta y cinco por ciento de las veces. Quería mejorar su proporción entre ponches y bases por bola, así que, después de haberse ponchado más de lo que recibía base por bola, actualmente recibe entre cuarenta y cincuenta veces más al año una base por bola, que las veces que se poncha.

¿Cómo puede desarrollar un hombre esa clase de calidad sostenida?

¿Cómo hace para repetir esa clase de grandeza un año tras otro?

¿Cómo encuentra la manera de seguir mejorando continuamente?

Varios de sus secretos se encuentran en este excelente libro escrito por Scott Lamb y Tim Ellsworth. En él conocerá la fe inquebrantable de Albert. Conocerá a Dee Dee, su maravillosa esposa, y lo profundamente que lo apoya. Conocerá la niñez de Albert en la República Dominicana, su adaptación a los Estados Unidos, que no fue nada fácil, y cómo cada una de estas circunstancias han moldeado su manera de enfrentarse al juego de béisbol.

Y leerá cómo día tras día sin fallar uno, Albert Pujols se despierta con ese mismo propósito; con ese mismo impulso por hacer alguna cosa tan bien como el que mejor la haya hecho jamás.

La pasé muy bien mientras preparaba el artículo que escribí para Sports Illustrated acerca de Pujols. Estuve un tiempo con Albert y hablé largamente con Dee Dee. Ambos fueron maravillosos. Cuando se publicó el artículo, supe por medio de diversos mensajeros que a Albert y Dee Dee les encantó mi escrito, y aunque nunca es este el propósito de un escritor, bueno... aun así es agradable escucharlo. Un par de meses más tarde, regresé a Saint Louis para escribir una historia y, aunque no necesitaba hablar con Albert, pensé que por lo menos lo iría a saludar. Pasé por su vestidor, donde había un gran grupo de reporteros. Él hablaba con franqueza y rapidez —hablar con los reporteros no es precisamente para Albert la manera favorita de pasar el tiempo— y cuando terminó la conferencia, me vio y yo extendí mi mano para estrechar la suya. Me pasó por al lado.

Bueno, no importa. Yo sé cómo se concentra Albert. Al día siguiente, en una situación similar, vi a Albert, nuestros ojos se encontraron, y él me volvió a pasar por al lado. Bueno. Entonces pensé que tal vez yo no hubiera oído bien; quizá no le habría gustado mi artículo. O pudiera ser que no tuviera nada que decirme. Así son las cosas. Yo suelo decir que el escritor se limita a hacer su mejor esfuerzo por escribir una historia con honradez. Si fue el artículo el que no le gustó a Albert, o si fue mi persona, bien. No habría sido el primero.

No lo volví a pensar otra vez hasta después de la temporada. Me invitaron a ir a la cena de los Escritores de Béisbol de Saint Louis. Tuvo lugar en un inmenso salón de baile donde había más de mil personas, y yo iba caminando para encontrarme con alguien, cuando de repente oí que me gritaban: «¡Joe! ¡Joe!». Me volví… y era Albert Pujols, sonriendo y saludándome con el brazo como si fuera un niño. No se habría podido sentir más feliz de verme.

Y entonces fue cuando lo comprendí todo: Albert Pujols no me estaba tratando de ignorar durante la temporada. Tal vez estuviera mirando derechamente hacia mí en aquel vestidor, pero ni siquiera me veía. No; durante la temporada, él solo ve pelotas de béisbol. Las ve y las batea. Y lo hace mejor que ninguna otra persona que haya caminado jamás sobre esta tierra.

Joe Posnanski

PRIMERA PARTE

DE SANTO DOMINGO A SAINT LOUIS

CAPÍTULO UNO

LA CARRETERA ESTÁ REPLETA DE HÉROES DESTROZADOS

Hoy hubo demasiado Albert Pujols.

—*Jim Tracy, mánager de los Piratas de Pittsburgh, 3 de septiembre de 2006*

El latino de tez bronceada se acercó a la caja de bateo y realizó los ritos necesarios. Afirmó el pie derecho, golpeó el pentágono del home con el bate. Miró hacia el pequeño montículo de tierra que se hallaba exactamente a dieciocho metros a su izquierda.

Otro hombre estaba de pie sobre aquel montículo, cumpliendo con su propio ritual: rascándose las ingles, haciendo señales y volviéndose a rascar. Se preparaba para el complicado lanzamiento de una pequeña esfera hecha de corcho, cordel y cuero, conocida también como pelota de béisbol.

Un canoso comentarista deportivo miraba desde lo alto de la cabina para los medios de información, donde se hallaba sentado detrás de su micrófono, describiendo lo que sucedía en el campo con términos y apodos familiares: bola rápida, cambio, curva, slider...

Pero para el hombre que estaba en el home, con la camiseta número 5, la «oportunidad perfecta» era el lanzamiento que él estaba esperando; el que sabía que llegaría. Solo entonces movería su bate de madera de arce en un arco de belleza geométrica y poder poético.

Era un juego de domingo el 3 de septiembre de 2006. Ya había desaparecido el pegajoso calor del verano de Saint Louis, y lo habían reemplazado unos cielos nublados y unas temperaturas cercanas a los veinticuatro grados centígrados. El principio del otoño lo había convertido en un día perfecto para el béisbol, hecho que no se les pasó por alto a los cuarenta mil fanáticos que habían llegado muy temprano.

También era el año inaugural del béisbol en el hogar de ladrillo rojo que algunos residentes locales llamaban el *nuevo* Estadio Busch, un recuerdo de las glorias beisboleras del pasado y de su orgullo ciudadano. El diez de abril, Albert Pujols se había convertido en el primer jugador de los Cardenales en batear un jonrón en el nuevo estadio. Después había seguido hasta anotar catorce jonrones en aquel mes, un récord en el Béisbol de las Grande Ligas para el mes de abril.

Pero ya estaban en septiembre, el último mes de la agotadora temporada regular. Solo diez días antes, los Cardenales habían empatado en el primer lugar de la División Central de la Liga Nacional con los Rojos de Cincinnati. Cuando los Piratas, siempre en el sótano, llegaron a la ciudad para jugar una serie de fin de semana, los Cardenales habían ya aventajado al grupo general de equipos. Si ganaban el juego aquel día, esto los pondría nada menos que a seis juegos por delante de los Rojos. Sin embargo, para ganar el juego, tendrían que derrotar a Ian Snell, el jugador estrella de los Piratas.

Pujols sabía que aquel día les traería un gozo especial. Era la Caminata de Amigos en el Día del Parque, cuando unos niños con el síndrome de Down bajaron al campo durante las ceremonias anteriores al juego, confraternizando con los jugadores de las grandes ligas y corriendo entre las bases con ellos. Pujols recorrió todo el campo, saludando a miles de niños. Aunque se podría decir que aquellos muchachos habían ido a ver un juego de béisbol, en realidad habían ido a ver a Pujols. El gozo de ellos se convertiría en suyo también. Ciertamente, ellos eran sus amigos, y él era el héroe de ellos.

Pujols se inclinó hasta el nivel de un conversador niño de diez años, mirándolo a los ojos, y oyéndolo, y pudo escuchar la exuberancia de su inocente fervor beisbolero.

Entonces el muchacho le hizo su petición: un jonrón. Quería un jonrón de Pujols.

«Voy a ver lo que puedo hacer», le dijo Pujols con una sonrisa.

Otro niño se le acercó, se inclinó hacia delante y le habló al oído.

Le pidió lo mismo: solamente un jonrón. Hoy. Por favor. Gracias.

Pujols dejó ver una gran sonrisa y les aseguró a los dos muchachos que haría su mejor esfuerzo por sacar la pelota del campo ese día.

Aunque la respuesta que les dio a los muchachos estaba llena de seguridad, no había surgido de un orgullo por su capacidad como jugador. Más bien, Pujols sabía sencillamente por experiencia que cuando el estadio rugía con los gritos de animación de miles de niños con el síndrome de Down, daba la impresión de que pasaban cosas especiales.

El Día de la Caminata de Amigos y Pujols habían sido mutuamente buenos en el pasado. En 2002, Pujols había bateado un jonrón e impulsado tres carreras. En el 2003, batearía nuevamente un jonrón, esta vez en un dramático decimotercer inning para ganarle al equipo de Houston.

¿Entendían aquellos chiquillos lo difícil que era batear de jonrón ante un lanzador de las grandes ligas? Es probable que no.

Sin embargo, mientras corrían de vuelta hacia sus padres, sus cacahuetes y sus cajitas de Cracker Jack, disfrutaban de un gozo que solo se puede producir cuando uno se encuentra con su héroe y le pide que batee la pelota por encima de la valla… «para mí».

Después del canto del himno nacional, comenzó el primer inning. Los últimos fanáticos desfilaron hacia sus asientos con un perro caliente en una mano y una soda fría en la otra.

La mayoría de los que estaban en aquella multitud iban vestidos con el rojo de los Cardenales, mientras que unos pocos fanáticos del Pittsburgh llevaban sus colores gris, negro y dorado. Algunos de ellos llevaban el nombre de Clemente cosido a la espalda; un noble nombre digno de ser recordado. Al igual que los fanáticos de los Piratas, los ciudadanos de Saint Louis valoran la historia y los héroes del béisbol, en especial los suyos: Musial, Gibson, Brock, Sutter y Ozzie.

Los Cardenales actuaron rápido con los Piratas en la primera mitad del primer inning: tres bateadores y tres ponchados, de vuelta al dugout para esperar que les tocara su turno al bate.

La quinta vez que lanzó Snell, Aaron Miles, el segunda base de los Cardenales, se deslizó ante Ryan Doumit, el primera base de los Piratas, para recibir el primer out.

Chris Duncan, el jardinero de derecha, subió al home y cayó rápidamente en un hoyo de 0-2. Después vio cómo los tres lanzamientos posteriores pasaban junto a él como bolas, llegando a su conteo máximo. El siguiente lanzamiento parecía una gran oportunidad, pero Duncan trató de batear, consiguiendo solo el tercer strike.

Así que, con dos outs y las bases vacías, llegó Pujols al home para batear por vez primera en el día.

El primer lanzamiento fue una bola baja: bola uno.

Pujols se preparó para el segundo lanzamiento. Aunque solo era el primer inning, en el estadio había una expectación cargada de electricidad. Hasta es probable que uno o dos de los vendedores ambulantes torcieran el cuello para ver la acción que se desarrollaba en el campo.

Snell hizo un giro y lanzó.

Con un rápido movimiento del bate, segundos más tarde la pelota fue a caer a ciento veinticinco metros de distancia entre los asientos del campo izquierdo. El jonrón número cuarenta de Pujols en la temporada les dio a los Cardenales una ventaja temprana de 1-0.

Docenas de delirantes muchachitos de la Caminata de Amigos tuvieron simultáneamente el mismo pensamiento: «¡Albert Pujols bateó un jonrón *para mí*!».

Y eso fue lo que él hizo. Porque los héroes hacen cosas heroicas… para los demás. Vin Scully, el cronista del Salón de la Fama para los Dodgers de Los Ángeles, dijo de broma en una ocasión: «Las estadísticas se usan de una manera muy parecida a la forma en que los borrachos usan las farolas: para apoyarse; no para iluminarse».

Con esto quiso decir que las estadísticas no nos proporcionan la medida plena del impacto causado por un jugador de béisbol en su equipo o en su era. Para saberla, hacen falta historias; gran cantidad de historias. Esas historias se consiguen cuando se ama este deporte, y esa relación amorosa exige que observemos, escuchemos, juguemos y leamos con gran fidelidad. Y se trata de un romance con recompensas que se extienden a varias generaciones, porque esas historias uno se las cuenta a sus hijos, y sus hijos a sus nietos.

Si usted no tiene ninguna de esas historias aún, entonces escuche a gente como Scully, o a Mike Shannon, el cronista de los Cardenales, y tome prestadas unas cuantas de las que ellos tienen. A ellos no les va a molestar que lo haga.

Pujols recorría las bases de prisa. Nada de andar haciendo alardes. Nada de imitar a Jeffrey Leonard con su famoso «one flap down» en el que corría entre las bases después de un jonrón llevando caído uno de los brazos. Pujols sabía demasiado bien que hasta los mejores jugadores de béisbol que tienen un promedio de bateo de .300 siguen fallando en el home siete de cada diez veces. Esta vez, había bateado estupendamente, pero las próximas tres veces, era igualmente probable que le cantaran un out.

¿Se dio cuenta de lo que acababa de suceder? Allí mismo, mientras contábamos una buena historia de un jonrón, terminamos hablando de estadísticas y de promedios de bateo, y por una buena razón. Aunque *es cierto* que las historias iluminan, son las estadísticas las que les dan apoyo a frases como la de *uno de los grandes de todos los tiempos*.

Si no se entiende muy bien con las matemáticas del béisbol, entonces es mejor que se salte una o dos páginas que vienen a continuación. Pero si le gusta ver a sus héroes del béisbol cubiertos por completo por una espesa salsa de estadísticas asombrosas, entonces Pujols es el hombre que andaba buscando, y esta sección es para usted.

No es de maravillarse que Pujols esté siempre al principio de la lista de los jugadores más grandes de las Grandes Ligas de Béisbol moderno. Aun antes de cumplir los treinta años, ha acumulado ya unos totales de bateo que la mayoría de los jugadores solo tienen la esperanza de acumular a lo largo de toda su carrera.

Entre todos los jugadores de las grandes ligas que han jugado béisbol en todos los tiempos, Pujols se encuentra ya entre los veinte primeros en promedio de bateo, porcentaje de slugging, porcentaje de veces que se ha embasado, y porcentaje de embasado más slugging (ajustado de acuerdo a la liga y a los efectos del estadio). En pocas palabras, es uno de los veinte jugadores más grandiosos a la ofensiva en la historia del béisbol.

Pujols bateó 201 jonrones en sus cinco primeras temporadas, lo cual lo colocó en el segundo lugar de todos los tiempos en la lista de los jonrones bateados por un jugador en sus cinco primeros años. Y no se quedó contento, porque en el año 2009 alcanzó la marca de 350 jonrones a una edad más joven que todos los demás, con la excepción de Ken Griffey Jr. y Alex Rodríguez. Al lograr esto, también sobrepasó el récord de más jonrones en los nueve primeros años de carrera, rompiendo la marca establecida por Ralph Kiner, miembro del Salón de la Fama, en el año 1954.

Y ahora que hablamos de nueve temporadas, Pujols se mantiene actualmente como el único jugador de todos los tiempos que ha comenzado una carrera con nueve años consecutivos de treinta jonrones y cien carreras impulsadas.

Respire hondo. Solo estamos comenzando.

Pujols posee dentro de la franquicia de los Cardenales el récord del mayor número de jonrones con las bases llenas, habiendo sobrepasado a otro jugador conocido como «Stan the Man».

Cuando se le compara con las leyendas del juego, Pujols se encuentra a la altura de Stan Musial, Ted Williams y Joe DiMaggio como uno de los únicos cuatro jugadores que han sido ponchados menos de quinientas veces, y un promedio de bateo de toda su carrera que superaba los .330 en el momento que batearon su jonrón número trescientos.

Lou Gehrig, el héroe de los Yankees, se mantuvo durante nueve temporadas consecutivas con treinta dobletes, un promedio de bateo de .300, treinta jonrones y cien carreras impulsadas. ¿Ha logrado realizar esta hazaña alguien más? Nadie, con la excepción de Pujols. En más de cien años de la Liga Nacional de Béisbol, nadie supera a Pujols en hits extra base (744) dentro de las primeras cinco mil veces al bate. Se mueve mucho.

Ha llevado a los Cardenales a la postemporada año tras año, y dos veces a la Serie Mundial, ganándola toda en el año 2006.

¿Y qué decir de sus premios personales?

Pujols ha recibido tres veces el título de Jugador Más Valioso (MVP) de la Liga Nacional, ha ganado tres veces el Premio ESPY (al mejor jugador de las Grandes Ligas de Béisbol, MLB), y ocho veces el reconocimiento de All-Star, mejor jugador en su posición, en la Liga Nacional. En 2003 ganó el título de bateo de la Liga Nacional, y posteriormente ganó el Premio Hank Aaron (que se le entrega cada año solo a un jugador en cada una de las ligas) por su efectividad al bate. En cuando a defensa, ganó un Guante de Oro Rawlings en el año 2006. Se ha ganado los honores de Jugador del Mes cinco veces, el premio Slugger de Plata de la Liga Nacional cinco veces, y fue el Novato del Año de la Liga Nacional en el 2001. En el año 2009, un cronista deportivo puso las estadísticas de Pujols en el juego ofensivo en su perspectiva histórica cuando escribió: «Si Pujols juega solo nueve años más, y se limita a seguir con los promedios que obtuvo en su peor temporada hasta la fecha, se retiraría a los treinta y ocho años con un promedio de alrededor de .330 en toda su carrera, y ocuparía el quinto lugar en la lista de jonrones de todos los tiempos (659), el cuarto en carreras impulsadas (2.035) y estaría dentro de los diez primeros en carreras (2.057) y en bases por bola (1,792). Solo Babe Ruth lo supera».

Esas clases de estadísticas, al mismo tiempo que iluminan, *también* apoyan.

Estaban en la segunda parte del tercer inning, y los Cardenales seguían con la ventaja de 1–0.

Después de batallar contra varios lanzamientos, Aaron Miles bateó al aire y sacó el tercer strike. Un out.

Detrás de él llegó Chris Duncan.

Chris es el hijo de Dave Duncan, el respetado gurú entrenador–lanzador para los Cardenales. Dave jugó doce temporadas como receptor antes de pasar a entrenador, y ha trabajado con Tony La Russa, el mánager de los Cardenales, durante casi tres décadas y en tres equipos diferentes. De manera que Chris ha estado muy en contacto con el béisbol durante toda su vida, y una buena parte de ella ha sido por la proximidad a su padre.

Para Pujols y su «papá» Bienvenido, la relación entre padre e hijo era un poco diferente. Pujols no lo veía con frecuencia, y lo crió su abuela América, junto con sus tías y tíos que compartían la misma casa en la República Dominicana.

Sin embargo, cuando de béisbol se trataba, Pujols sabía que quería ser como su padre. Bienvenido era famoso en toda la isla por su destreza como lanzador y su gran pasión por el juego. De la misma manera que él, desde los tiempos más tempranos de su niñez, Albert jugaba béisbol cada vez que podía, y donde se le presentaba la oportunidad. Sí, iba a ser como su papá.

Duncan llegó a primera después de batear una línea que fue a caer frente a Xavier Nady, el jardinero derecho. En el dugout, Dave tenía en el rostro ese gesto especial de «ese es mi hijo». Con Duncan en primera base y solo un out, Pujols se acercó al home para su segunda vez al bate. Snell pensó su estrategia sobre cómo caerle atrás en esta ocasión. Tomó una decisión y lanzó.

El fuerte golpe del bate de Pujols hizo eco en el resplandeciente acero de Arco Gateway, y mató algunas palomas que estaban volando allí. Bueno, tal vez no, pero *sí* fue un golpe *atronador*.

Como dijo Yogi Berra: «De nuevo se trata de un déjà vu». Ciertamente, así fue como se sintieron los Piratas cuando Pujols bateó su segundo jonrón del día por encima de la misma valla del jardín izquierdo. La pelota fue a parar a las gradas, y en el tablero de anotaciones se vieron aparecer dos carreras más. Ahora los Cardenales estaban ganando 3–0.

Con dos jonrones en dos veces al bate, el Día de la Caminata de Amigos iba realmente muy bien.

Cuando Pujols corrió por todas las bases de nuevo y cruzó la placa del home, señaló hacia el cielo, en reconocimiento de que Dios era la fuente de todas las habilidades y todos los talentos atléticos. Entonces, mientras miraba al estadio, a los fanáticos que estaban celebrando con él, vio unas familias que se estaban divirtiendo; disfrutando el juego, y disfrutando la compañía de los suyos.

Uno se debe sentir muy bien cuando es un héroe para un gran número de fanáticos del béisbol. Ser un héroe para sus pequeños amigos con el síndrome de Down debe ser mejor aún. Pero nada supera al hecho de ser un héroe para la propia familia de uno.

Entonces, ¿*qué* significa ser un héroe para nuestra propia familia?

Para Dee Dee, la esposa de Pujols, ser un héroe significa tener fidelidad, sinceridad, un amor estable y amistad. Para sus hijos, ser un héroe significa dedicarles tiempo, conversar e interesarse en sus cosas.

Para el padre, la abuela y el resto de la familia de Pujols que ayudó a criarlo, ser un héroe significa mantener en alto las normas familiares de integridad, infundidas en él de palabra y también con unos cuantos gritos. Pujols explicó en una ocasión por qué nunca había usado esteroides, diciendo que su familia se sentiría «avergonzada y desilusionada, porque usarlo habría sido estúpido». Y siguió diciendo: «No fue así como me criaron a mí. Mi papá me habría pegado una buena gritada. Yo no puedo hacer que usted crea cuáles son mis principios. Solo le puedo contar mi historia».

La historia personal de Pujols es la de alguien que es un héroe en su propio hogar. Porque los héroes hacen cosas heroicas por sus familias.

Mientras transcurría la segunda parte del quinto inning, el tablero aún presentaba el 3–0 a favor de los Cardenales, y Snell seguía lanzando para los Piratas. Una vez más, Duncan hizo un sencillo y se quedó en la primera base, y de nuevo se acercó Pujols al home.

Pero Pujols no quería volverse demasiado predecible. En lugar de batear un jonrón hacia el jardín izquierdo, esta vez envió la bola por encima de la cerca del jardín central. De vez en cuando, hay necesidad de sacudir un poco la situación.

Snell actuó con gran espíritu deportivo en cuanto a la derrota tan decisiva que recibió de Pujols aquel día. Durante una entrevista después del juego, dijo: «Yo la lanzaba, y él la golpeaba con todas sus fuerzas. Yo creía que le iba a pegar al Arco de Saint Louis allá afuera. La verdad es que habría querido felicitarlo como amigo. Es algo irreal. Es como si Supermán estuviera jugando béisbol».

Muchos fanáticos, sobre todo los más jóvenes, sueñan con llevar la vida de una superestrella del béisbol, imaginándose los placeres de una gran fortuna acumulada, y de la fama. Sin embargo, Albert y Deidre Pujols han dado un claro testimonio de que Jesucristo se encuentra en el centro de sus vidas para darles sentido, razón de ser y dirección. Hablan y viven su cristianismo y su compromiso con su fe, su familia y los demás. Esto es lo que escribe Pujols:

> La gente me ha dicho: «Albert, yo daría lo que fuera necesario para poder jugar béisbol como tú». Tal vez miren mis habilidades y piensen que la meta de mi vida es ser un gran jugador de béisbol. Créanlo o no, el béisbol no es la principal aspiración de mi vida. Convertirme en un gran jugador de béisbol es algo importante para mí, pero no es mi enfoque principal. Porque yo sé que el Salón de la Fama no es mi destino final. La meta de mi vida es darle gloria a Jesús. Mi vida no está mayormente dedicada al Señor, sino que está consagrada al ciento por ciento a Jesucristo y a su voluntad. Dios me ha dado la capacidad de

triunfar en el béisbol. Pero el béisbol no es el fin; el béisbol es el medio por el cual mi esposa Dee Dee y yo glorificamos a Dios. El béisbol es sencillamente mi plataforma para elevar a Jesucristo, mi Señor y Salvador.

Cuando Albert y Dee Dee Pujols hablan de la *fe*, para ellos es una palabra cargada de un contenido real. En unos días y tiempos en los cuales las iglesias y las denominaciones parecen tener temor de hablar de manera inequívoca acerca de sus compromisos doctrinales, un primera base en las Grandes Ligas de Béisbol sale a la palestra con una declaración de fe en diez puntos que tiene cerca de cuatrocientas palabras.

La fe de Pujols no es una vaga espiritualidad, ni una campaña para mejorar la moral. El centro de su fe se halla en Jesucristo, definido en la declaración de fe de sus fundamentos como «el Hijo único de Dios, [quien] vivió una vida perfecta de obediencia al Padre y nos sustituyó con su propia vida como el sacrificio perfecto por nuestros pecados. Se convirtió en nuestro mediador para hacer de puente en el abismo que separaba a la humanidad de un Dios Santo y sin pecado».

Oiga lo que dice Pujols cuando le preguntan por qué la fe en Cristo tiene una importancia tan grande: «Sencillamente, la respuesta es que nuestra fe en Jesucristo es el punto central de nuestras vidas individuales, de nuestro matrimonio y de nuestra Fundación. Saque de la ecuación a Jesucristo y la fe en él, y ninguna de las demás cosas existiría».

Y la fe de Pujols incluye la misión de hablarles a los demás. Pujols cree que vive bajo el mandato divino de ser un representante de Dios. Esto es lo que dice: «Al final del día, mientras yo lo haya glorificado, y esas cuarenta y cinco mil personas sepan a quién represento cada vez que salgo al campo, de eso es de lo que se trata. De representar a Dios».

Un héroe cristiano le señala a la gente hacia un héroe mayor aún, guiándola hacia Cristo y llamándola a creer, a tener fe.

Estaban en la segunda mitad del séptimo inning y la puntuación seguía siendo 5–0. Pujols se acercó al home para el que sería su cuarto y último turno al bate en aquel juego. ¿Se convertiría solo en el decimosexto jugador en la historia de las Grandes Ligas en batear cuatro jonrones en un mismo juego?

El locutor deportivo gritó: «Pujols la batea profundamente hacia el centrooooo… la bola se extiende hasta la pista junto a la cerca… donde la atrapan cuando Albert estaba a punto de anotar otro jonrón».

Es famosa la canción de Bruce Springsteen que dice: «La carretera está repleta de héroes destrozados en un esfuerzo por aprovechar una última oportunidad». Pujols no es un héroe destrozado. Tampoco está tirado en la carretera. No ha sido pesado en los platillos de la balanza y hallado falto. Y por todo esto, podemos estar agradecidos, porque es un héroe en el cual gozarnos, del cual contar historias, y compartirlo con nuestros hijos.

Cuando el pesado hedor del cinismo se levanta, aunque sea por un instante, nuestra cultura de antihéroes descubre de nuevo el placer de respirar el aire fresco de la fe. Pero si usted lee esta historia y considera que Albert Pujols es el héroe principal, no habrá entendido nada.

Pujols cree que es la consagración a Jesucristo la que lo ha llevado a sobresalir en el béisbol. Es lo que lo ha impulsado en su filantropía y su generosidad hacia los menos afortunados. Es lo que ha reafirmado su integridad y lo ha mantenido humilde en una ocupación que con frecuencia pone la gloria personal por encima de todo lo demás. Es aquello que lo impulsa a hablar continuamente acerca de Jesucristo, sin importarle el lugar, ni cuál sea la pregunta que se le haya hecho.

Pujols dice: «Los muchachos me miran y dicen: "¡Ah, tú eres mi héroe!" Yo les quiero enseñar a esos muchachos algo: "¡Eh, escuchen! Mi héroe es Dios. Él murió en la cruz por mis pecados, y él es el que importa. Así es como yo quiero vivir, como él, y quiero que ustedes hagan lo mismo". Ellos me miran y dicen: "¿Qué tiene Albert en su corazón y en su persona que yo no tengo?" Quiero que vean a este Jesús que tengo dentro de mí».

La esperanza que tenemos es que cuando usted lea este libro, desarrolle una admiración y un respeto más profundos por Albert Pujols y lo que él ha logrado. Pero más que eso, pedimos en nuestras oraciones que al terminar este libro, tenga una sensación mayor de admiración y asombro ante la majestad, la gracia y la gloria del Señor; el Dios que creó a Albert Pujols y le dio una capacidad tan increíble; el Dios que es realmente poderoso para salvar.

CAPÍTULO DOS

LO TENÍAMOS TODO, MENOS DINERO

Dios me hizo mayor.
—*Albert Pujols*

Ataviado con un uniforme blanco de los Cardenales de Saint Louis en miniatura, lentes de sol y collar, el pequeño A. J., de nueve años de edad, camina con su padre y con el resto de los jugadores desde la casa club del equipo hasta el campo de prácticas número uno en un cálido día de marzo de 2010 mientras sopla la brisa en el Estadio Roger Dean, en Júpiter, Florida. Los jugadores ocupan sus posiciones en el jardín izquierdo para comenzar las actividades de entrenamiento de primavera que corresponden al día con estires y calentamiento, y A. J. se les une. Es el único niño que está allí, en medio de un grupo de adultos que juegan un juego de niños.

El entrenador del equipo les va gritando las instrucciones —«¡Mano derecha arriba!»— y los jugadores obedecen, torciendo y contorsionando el cuerpo con la mano derecha en alto, para adquirir flexibilidad. Su uniforme blanco hace que A. J. se destaque entre el resto de los jugadores de béisbol, que llevan camisetas rojas para prácticas y pantalones blancos, y como accesorios, cintos rojos, gorras rojas y zapatos también rojos. Los apellidos escritos en grandes letras blancas de bloque les adornan la espalda: RASMUS. PENNY. WAINWRIGHT. BOGGS. FREESE. GREENE. LUDWICK. Y PUJOLS.

Mientras hace los ejercicios de estiramiento, el joven A. J. habla un poco con Albert, su padre, antes que este se enfrasque en una conversación en español con sus compañeros de equipo Julio Lugo y Felipe López. A. J. pasa a un intercambio de palabras más interesante con Brendan Ryan, el shortstop (parador en corto) del equipo, un niño de nueve años atrapado en el cuerpo de un hombre de veintiocho. «Una vez estornudé, y me salió de la nariz una gran burbuja de este tamaño», le dice Ryan a A. J., poniendo las manos para hacer frente a su nariz un círculo del tamaño de una pelota de fútbol soccer. A. J. se ríe, como habría hecho cualquier niño.

«¡Rodilla derecha afuera! ¡Mano izquierda arriba!», grita el entrenador. «¡Enderécense!» Ya para entonces, José Oquendo y Joe Pettini, los entrenadores de los Cardenales, han comenzado a tirarse la pelota a lo largo de la línea de foul del jardín izquierdo. La pelota les golpea los guantes mientras continúa la charla detrás de ellos.

«¿Contra quiénes jugamos hoy?», pregunta alguien.

«Los Mets», contestan.

A. J. ya está cansado de estirarse tanto, y Pettini comienza a batearle unas cuantas bolas bajas. A. J. es zurdo, y en una de esas ocasiones detiene la bola tirándose hacia su derecha en el suelo. «Muy bien», le dice Pettini.

Como ya se han estirado lo suficiente, los jugadores comienzan a correr, trotando desde la línea de foul del campo izquierdo hacia los jardines, adelantando varios metros para después caminar de vuelta y volverlo a hacer. A. J. pasa de recoger bolas bajas a tirarse la pelota con Oquendo. Unos pocos minutos después, comienza la práctica en el campo para los Cardenales. Mientras Pettini batea bolas bajas hacia ellos, A. J. se queda de pie junto a él y atrapa las que le lanzan los que cubren los campos. Le lanza una pelota a Pettini, engancha una pelota que le lanza su papá o Skip Schumaker, y después repite la rutina. Una y otra vez.

La mañana va progresando de esta manera, hasta que Albert y A. J. se marchan del campo de prácticas y se dirigen hacia el estadio para practicar bateo. A. J. se planta en el campo derecho para recoger las pelotas que van esparciendo por él los bateadores. Albert permanece junto a él hasta que le toca el turno al bate. Durante los momentos en que hay poca acción, padre e hijo se agachan juntos a la derecha del campo central, uno junto a otro, y conversan, disfrutando cada cual de la compañía del otro y de la oportunidad que les proporciona el béisbol para estar juntos.

Esta escena le debe recordar fuertemente a Albert las escenas de su propia niñez. Sí, la periferia era diferente. Los campos en los que A. J. juega con él están más cuidados, los jugadores tienen mejores habilidades y mucho más está en juego. Pero lo básico es muy semejante: un joven Albert Pujols siguiendo a todas partes a su papá, jugador profesional de softbol en la República Dominicana, para verlo jugar.

«Siempre me gustaba ir con mi papá dondequiera que él fuera», le diría Pujols años más tarde al *St. Louis Post-Dispatch*. «Quería estar allí donde él estaba jugando».

Lo que venía después de los juegos es lo que Pujols habría preferido que no pasara, y lo que se ha prometido a sí mismo que A. J. nunca tendrá que soportar.

El golpe de un bate resuena en las húmedas horas del mediodía en un diamante improvisado de béisbol en el corazón de Santo Domingo. Una abrasadora bola rápida golpea el guante del receptor cerca de una plantación de caña de azúcar en un *batey* rural (una aldea donde viven los que trabajan en la caña). La conversación de los jugadores de todo el país —mientras se van colando en el campo, lanzan la pelota con toda fuerza a través del infield y corren a toda prisa para llegar a la segunda base— es el sonido de fondo acostumbrado de los jóvenes en la República Dominicana, mientras van abriéndose paso por la niñez y la adolescencia, mejorando sus habilidades y soñando en el día en que el juego que aman los ame también a ellos.

El catolicismo romano sostiene que son seguidores suyos el noventa y cinco por ciento de los diez millones de personas que habitan en esta nación del Caribe, pero el béisbol le hace la competencia como su verdadera religión. Este deporte será el pasatiempo nacional de los Estados Unidos, pero en la República Dominicana es la obsesión nacional. El fútbol del Brasil no es nada comparado con el béisbol de la República Dominicana.

Compartiendo la isla de La Española con Haití (del cual ganó su independencia en 1844), la República Dominicana tiene más o menos el tamaño de los estados de Vermont y New Hampshire combinados. Los detalles sobre los orígenes del béisbol en el país son escasos, pero al parecer, la República Dominicana se lo tiene que agradecer a Cuba, cuando los refugiados que huían de la Guerra de los Diez Años se esparcieron por diferentes lugares del mar Caribe a fines del siglo diecinueve, llevando con ellos el béisbol. Aunque otras islas hayan adoptado el juego también, la República Dominicana lo consumió con una entrega total.

Los dueños de las plantaciones de caña fomentaron el deporte, porque les daba a sus trabajadores algo que hacer con su tiempo cuando no estaban trabajando. Los empobrecidos indigentes lo aceptaron porque les proporcionaba una distracción muy necesaria en medio de las duras realidades de su vida. Los niños jugaban al béisbol porque sus padres lo jugaban, y sus abuelos también. Como parte de las tradiciones locales, los padres de los bebés varones les ponían muchas veces un pequeño guante de béisbol en la cuna. Y así, este deporte se convirtió en un estilo de vida, integrado en la urdimbre de la cultura dominicana, tanto como lo están la Coca-Cola o el pastel de manzana en los Estados Unidos.

Esto era antes que llegara de las Grandes Ligas de Béisbol la promesa de adquirir riquezas, una vez que abrió sus puertas a los que no eran anglosajones. Jackie Robinson hizo mucho más que romper la barrera del color para los norteamericanos negros, porque también la rompió para los hispanos. En 1956, Ozzie Virgil se convirtió en el primer jugador nacido en la República Dominicana que jugó en las grandes ligas cuando firmó con los Gigantes de Nueva York. Virgil, que en realidad se había mudado a Nueva York siendo aún niño, jugó partes de nueve temporadas de las grandes ligas en una carrera que por otra parte no fue demasiado notable, pero que les abrió el camino a centenares que le seguirían, muchos de los cuales tendrían una notable actuación en los diamantes de béisbol.

Desde Julián Javier y los hermanos Alou —Felipe, Matty y Jesús— en los años sesenta, hasta Manny Mota, Julio Franco, Joaquín Andújar: «un dominicano bravo», George Bell, Pedro Guerrero, Pedro Martínez, Vladimir Guerrero, David Ortiz y Manny Ramírez, la República Dominicana ha lanzado al estrellato un buen número de jugadores de béisbol. Juan Marichal fue el primer dominicano elegido para entrar en el Salón de la Fama del béisbol. Sammy Sosa se convirtió en el primero en batear quinientos jonrones.

Con el surgimiento de todas estas estrellas que podían abrirse paso hacia la fama y la fortuna por medio del juego, el béisbol adquirió otra identidad distinta en la República Dominicana: la de salvador. Los exploradores de las grandes ligas comenzaron a recorrer ciudades y campos de la República en busca de la próxima superestrella aún desconocida. En los años ochenta, los equipos de la grandes ligas comenzaron a abrir sus propias academias de béisbol en el país para enseñar el deporte… y para conseguir la preferencia con respecto a los jóvenes jugadores prometedores. Ya el béisbol había dejado de ser una simple diversión para la juventud dominicana. Ahora era una puerta de salida y la esperanza de una vida mejor. Ir a la escuela y estudiar eran cosas que no podían recompensar como lo podía hacer el béisbol.

Cuando nació José Alberto Pujols, el 16 de enero de 1980, en el peligroso y violento vecindario de Santo Domingo llamado Cristo Rey, tenía pocas oportunidades de escapar de la histeria del béisbol que tenía atrapada a casi toda la población de la República en sus fuertes garras. Nacido de un padre que era un destacado jugador de fútbol por derecho propio, el joven Albert estaba casi totalmente predispuesto a amar el juego tanto como su padre, y tanto como el que más de todos los que tenía a su alrededor. Ese amor se comenzó a manifestar cuando Albert comenzó a jugar con palos y pelotas a los dos años. Ya a los seis, estaba jugando al béisbol por las calles en cuanta oportunidad se le presentara, y siguiendo a Bienvenido, su padre, a todas partes, mientras este era lanzador regular para los equipos locales de softbol.

Bienvenido era pintor de oficio, y no siempre tenía trabajo. Algunas veces se iba de la casa por largos períodos de tiempo en busca de trabajo dondequiera que lo pudiera encontrar. La familia se mudó de Cristo Rey a Villa Mella, una sección más segura, aunque también pobre, de Santo Domingo, en algún momento de los primeros años de vida de Albert, los cuales fueron sacudidos por el divorcio de sus padres cuando él solo tenía tres años de edad. Aunque a partir de ese momento, la madre de Albert no desempeñó prácticamente ningún papel en su crianza, su padre siguió formando parte de su vida, aunque de forma intermitente. Para Albert, Bienvenido era su ídolo, y siendo joven usaba con frecuencia las camisetas de él, orgulloso del hecho de que las habilidades de su padre hicieran que tuviera una gran demanda por parte de diferentes equipos de todo el país.

Aunque Pujols disfrutaba mucho viendo a su padre jugar softbol, lo que sucedía después del último out solía ser una pesadilla. Bienvenido era alcohólico, y con frecuencia se pasaba horas después de los juegos bebiendo continuamente con sus compañeros del equipo y sus amigos. Ya a los nueve años de edad, Albert tenía que estar cargando siempre a su padre borracho sobre sus hombros para arrastrarlo hasta su casa a altas horas de la noche.

La experiencia de Albert con un padre alcohólico dejó en él un fuerte impacto. En una ocasión le dijo a Bryan Burwell, del *St. Louis Post-Dispatch*: «¿Te lo puedes imaginar, hombre?», le preguntó. «Yo era todavía un niño, y tenía que irlo arrastrando hasta la casa y después acostarlo borracho. Y todas las noches que lo hacía, pensaba: "Yo nunca le podré hacer esto a mi hijo cuando crezca". De ninguna manera ningún niño debería tener que pasar por algo así». En otra ocasión, hablando con Joe Posnanski, de *Sports Illustrated,* acerca de las pruebas por las que tuvo que pasar a causa del alcoholismo de su padre, Pujols se limitó a decirle: «Dios me hizo mayor».

A pesar de los fallos de su padre, Pujols lo seguía respetando, y aún habla muy bien de él. «Mi papá siempre me apoyó», le dijo a *USA Today*. «A veces no teníamos nada que comer para el desayuno, pero si podíamos comer el almuerzo y la cena, no éramos pobres».

La incapacidad de Bienvenido para conseguir un trabajo estable lo obligó a mudarse con sus padres cuando Albert tenía seis años. Como los trabajos hacían que Bienvenido estuviera fuera durante largos períodos de tiempo, los abuelos de Albert, Papá y América, se convirtieron en los que realmente cuidaban de él. La pareja también tenía otros diez hijos, los cuales —aunque fueran tíos y tías de sangre de Albert—, se convirtieron en hermanos y hermanas para él. La casa estaba atestada de gente, frecuentemente con una amalgama de diez o doce tías, tíos y primos que vivían bajo el techo de Papá y de América. Pero América se encargó de infundirle a su nieto un fuerte sentido de moralidad y una diligente ética de trabajo. Su influencia, más que la de ninguna otra persona, fue mayormente la responsable de darle forma al hombre en que Albert Pujols se convertiría.

La mayor parte de los habitantes de la República Dominicana viven en unas condiciones que los estadounidenses considerarían de pobreza. En estos tiempos, los ingresos promedio de cada familia en la República Dominicana equivalen a unos US$7.500 al año. Pujols dice en cuanto tiene una oportunidad que su familia no era pobre, pero la pobreza se puede convertir en una especie de blanco móvil, según cuál sea el marco de referencia que utilicemos. Para Pujols, el hecho de que comía por lo menos una vez al día, probablemente una combinación de frijoles, arroz y alguna clase de carne, significaba que él no era pobre. La gente pobre de la República Dominicana era la que se pasaba días y hasta semanas sin comer una sola vez, y bebían el agua sucia del río. Pero a pesar de su insistencia en que su familia no era pobre, lo cierto es que tampoco eran ricos, muchas veces tuvieron que acudir a las ayudas del gobierno, y los problemas económicos eran frecuentes. Algunas veces vivió en casas con piso de tierra y sin agua corriente. Los zapatos eran un lujo que muchas veces no se podía dar.

«Él me mostró un par de chozas que eran comparables con las chozas en las cuales creció, y tenían un aspecto muy triste», dice Todd Perry, director ejecutivo de la Fundación de la Familia Pujols, quien ha acompañado a Pujols en varios viajes con misiones en la República Dominicana. «Cuando vamos allí, algunas de las cosas que vemos me sorprenden grandemente. Sin embargo, para Albert son muy naturales. Nunca lo he visto sorprenderse, ni siquiera cuando nos encontrábamos con un hombre leproso. Hay compasión y lástima, pero para él solo es otra manera de vivir».

Las dificultades económicas significaban que Pujols raras veces tenía el equipo adecuado para jugar el juego que tanto amaba. Improvisaba lo mejor que podía, usando con frecuencia limones como si fueran pelotas de béisbol, pelotas como bates y guantes fabricados con cartones de leche. Jugaba con sus amigos durante horas en las calles de Santo Domingo, por lo general en un solar baldío que se hallaba a varios kilómetros de su casa. Pujols acostumbraba dar la larga caminata hasta el solar baldío para jugar pelota cuando no estaba en la escuela.

Según fue creciendo, aprendió más acerca de las complejidades del juego y de otros latinos que habían llegado a jugar en las grandes ligas. Cada vez era más corriente en la República Dominicana durante los años ochenta, mientras Pujols iba creciendo, que casi todo el mundo tuviera algún tipo de conexión con las grandes ligas. Pujols no era la excepción. Su primo Luis Pujols hizo su debut con los Astros de Houston en 1977. Aunque no era buen bateador (el promedio de bateo de su carrera fue de .193 durante nueve temporadas), Luis le había demostrado a Albert las posibilidades que se podían alcanzar.

Algunas veces, siendo aún niño, Pujols tuvo acceso continuo a la televisión y pudo ver de vez en cuando las Grandes Ligas de Béisbol, en especial a los Bravos de Atlanta en los años noventa. «Tenían a (Fred) McGriff, Terry Pendleton, Alejandro Peña, (David) Justice y todos esos lanzadores», le dijo Pujols a *USA Today*. «Eran el equipo que había que derrotar».

Su jugador favorito era Julio Franco, también dominicano, quien comenzó su carrera con los Phillies de Filadelfia en 1982, cuando Pujols solo tenía dos años de edad. Franco jugó treinta y tres temporadas en las grandes ligas, y se retiró después de la temporada de 2007, a la edad de cuarenta y ocho años. Otros favoritos del joven Pujols eran Sosa y Raul Mondesi. También estaba familiarizado con Roberto Clemente y Tony Pérez.

Durante sus años de adolescencia, varios de los miembros de su familia se habían mudado de la República Dominicana a los Estados Unidos en un intento por buscarse una vida mejor. Pujols, su padre y su abuela se les unieron cuando Albert ya tenía dieciséis años, dejando su tierra de origen y mudándose para la ciudad de Nueva York.

No habían estado allí mucho tiempo cuando Pujols, en una ida a la tienda de víveres, presenció un tiroteo. Su abuela decidió de inmediato que aquella ciudad violenta (y cara) no era lugar para Albert ni para el resto de su familia, así que empacaron sus cosas y se fueron a establecer en Independence, Missouri, donde otros miembros de su extensa familia se habían mudado en años anteriores para trabajar. Independence era la ciudad donde había crecido Harry S. Truman, y se la llamaba la Ciudad Reina de los Caminos, el punto de partida a mediados del siglo diecinueve para millones de pioneros, cazadores de tesoros y colonos que tomaban rumbo hacia el oeste, viajando desde la ciudad por los caminos de Santa Fe, Oregón y California.

Para Pujols, Independence se convirtió en el punto de partida de su propio camino hacia la inmortalidad en el béisbol.

CAPÍTULO TRES

LOS DIOSES DEL BÉISBOL SONREÍAN

Él no era un muchacho normal de dieciocho años.
— *Chris Francka, compañero de equipo y amigo, Fort Osage High School*

Ryan Stegall estaba molesto porque había permitido que Chris Francka, de Fort Osage Senior High, anotara un jonrón en un encuentro entre dos de los mejores equipos de béisbol de secundaria en la región de Kansas City. Esto sucedió en un día de la primavera de 1997. Fort Osage había avanzado hasta las semifinales del estado el año anterior, y Liberty High School, para la cual jugaba Stegall, estaba decidida a retar la supremacía de los Indians.

Los Blue Jays tenían el talento suficiente para lograrlo, y Stegall era una de las razones. Alumno del onceno grado en el año 1997, y destacado como lanzador y como shortstop, Stegall jugaría después para la Universidad de Missouri antes de ser reclutado por los Astros de Houston y pasar cuatro años como infielder en el sistema de Houston. Pero fue aquel día en su propio campo, cuando haría historia.

El jonrón de Francka, con dos carreras anotadas, le había dado a Fort Osage una ventaja de 4–0. Ahora Stegall se tendría que enfrentar a Albert Pujols, que a pesar de estar jugando su primera temporada en el béisbol de secundaria, ya se había ganado la reputación de ser un temible bateador. Ciertamente, Stegall y sus compañeros del equipo de Liberty lo sabían.

«Era un verdadero monstruo», dijo Stegall. «Tenía casi el mismo tamaño que tiene ahora. Estoy seguro de que ha aumentado mucho en músculo, pero tenía las piernas tan grandes como las cinturas de todos nosotros. Era todo un percherón».

Enojado consigo mismo por lanzarle a Francka para que bateara de jonrón, Stegall trató de ponerle un poco más de mostaza a una bola rápida interior dirigida a Pujols. Fue un error; un grave erros que le daría fama a Stegall en Liberty durante unos cuantos años. Pujols no solo bateó. Aniquiló el lanzamiento. La pelota salió disparada hacia el cielo por la izquierda del campo central, para salir del estadio a una gran altura por encima de la cerca del campo izquierdo. Al otro lado de la cerca, a unos doce o quince metros de distancia, se alzaba el edificio de dos pisos que albergaba a Liberty High. Encima del edificio estaba instalada una unidad de aire acondicionado, probablemente a unos seis o siete metros del borde, y se acababa de convertir en blanco de prácticas para Pujols. El jonrón viajó ciento cincuenta metros con toda facilidad.

«Bateó de tal manera, que fue como si la pelota nunca hubiera vuelto a caer», dijo Stegall. «Y estaba usando uno de los bates más baratos de todos los tiempos. Todos lo recordamos. Él tenía un viejo Black Magic que ya para entonces estaba pasado de moda. Pero no importaba lo que tuviera. No importaba».

Después del batazo de Pujols, Shannon Blackburn, el receptor de Stegall, se acercó con toda tranquilidad al montículo para darle a su lanzador una pelota nueva, y las palabras de aliento que le estaban haciendo falta. «Eres un inútil», le dijo Blackburn. «Nunca había visto a nadie batear tan lejos una pelota».

Aquel gigantesco jonrón le ganó a Stegall, quien es ahora maestro y entrenador auxiliar de béisbol en Liberty, un puesto en las leyendas locales. «Nunca ha desaparecido, y nunca desaparecerá», dice. «Cuando estoy entrenando, todos los años los muchachos lo sacan a relucir. Yo no sé cómo se han enterado. Es probable que entonces ni siquiera hubieran nacido. Pero todo el mundo lo sabe. Y todos los que estaban allí tienen cada cual su propia historia sobre cómo pasaron las cosas». Esto incluye a Dave Fry, el entrenador de Fort Osage, quien también recuerda que ese fue probablemente el jonrón más largo que él haya visto jamás en un jugador de secundaria. «Era uno de esos momentos especiales. Cuando él bateó, tanto los fanáticos de Fort Osage como los de Liberty, hicieron un ruido como si alguien le hubiera quitado el aire a toda la multitud», dice Fry. «Simplemente, un súper jonrón».

Tal vez aquel batazo haya sorprendido a Fry, pero no mucho, porque ya para entonces se había acostumbrado a ver lo que Pujols era capaz de hacer en el campo de béisbol. Poco después de llegar a Independence, Pujols se encontraba sentado en la oficina del Director Steve Scott, en Fort Osage Senior High School, con el propósito de matricularse para las clases. No hablaba inglés, y confiaba en que su primo Wilfredo le hiciera de intérprete.

«¿Tienes alguna pregunta?», dijo Scott mientras terminaban el proceso de inscripción.

Pujols solo tenía una: «¿Tienen un equipo de béisbol?».

«Sí», le contestó Scott. «Sí tenemos un equipo de béisbol. Pero generalmente son los alumnos del último año los que llevan casi todo el juego. Es posible que tengas que esperar un tiempo antes de entrar al equipo».

Pujols permaneció inmutable, e hizo que Wilfredo lo llevara a ver al entrenador Fry. Este era maestro de ciencias de la vida en séptimo grado y ciencias de la tierra en octavo grado en Fort Osage Junior High, pero era el entrenador de béisbol de la escuela secundaria. Un día, después de clases, Wilfredo le presentó a Albert.

«Entrenador Fry, este es mi primo Albert», le dijo Wilfredo. «Quiere jugar *béisbol*».

Fry levantó la vista y vio a Pujols, «un muchacho grande de buen aspecto», con una sonrisa de oreja a oreja.

«Estupendo», le dijo Fry. «En febrero comenzamos las sesiones de pruebas. Necesitas hacerte un examen físico y presentarte a las pruebas».

Aquella reunión fue la primera vez que Fry vio a Pujols, y le agradó lo que vio. Ciertamente, Pujols tenía todo el aspecto de un jugador de béisbol, con un metro noventa de altura y un peso de ochenta y seis kilos. Pero Fry no tenía ni idea de la clase de habilidades que poseía, porque apenas se podía comunicar con el muchacho.

«No decía casi nada; solo se limitaba a hacer movimientos con la cabeza», recuerda Fry. «En aquellos tiempos, la barrera del idioma era el principal problema».

De manera que Pujols siguió su rutina normal durante las semanas siguientes, asistiendo a las clases, adaptándose a una vida nueva en Independence y aprendiendo a hablar inglés, hasta que llegó el momento de las pruebas para el béisbol. Fry esperaba ver el regreso de un equipo fuerte, después que Fort Osage ascendió hasta el torneo estatal durante la temporada de 1996, así que no esperaba que un adolescente desconocido, procedente de la República Dominicana, y que hablaba muy poco inglés, entrara en sus planes para la temporada de 1997, en especial cuando Pujols le dijo que él jugaba shortstop. Fry le dijo que él ya tenía un jovencito que había comenzado su último año, y que estaba esperando jugar en esa posición. Se refería a Chris Francka, quien había sido un destacado jugador del estado el año anterior.

«Albert dice que yo le dije que era probable que él no entrara en el equipo», dice Fry. «No recuerdo si se lo dije, o no».

Lo que sí recuerda Fry es el momento en que vio a Pujols por vez primera batear una pelota. Las pruebas se estaban haciendo en el gimnasio. Fry les lanzaba bolas bajas a algunos de los jugadores que estaban debajo de las escaleras, mientras Chris Walker, su entrenador asistente, se ocupaba de la caja de bateo encima de ellas. Los jugadores batearon unas cuantas veces los dos primeros días, de manera que los entrenadores los pudieran evaluar y decidir quiénes tenían capacidad para entrar al equipo. Walker observó cómo Pujols bateaba unas cuantas veces, y salió corriendo escaleras abajo.

«Entrenador Fry, venga», le dijo. «Usted tiene que ver esto».

«Yo subo allí, y veo que tenemos la máquina lanzapelotas preparada... ya sabe, a un nivel intermedio; no estábamos tratando de hacerle daño a nadie, ni nada», dice Fry. «Y Albert estaba destrozando las pelotas. Todas las que golpeaba llegaban hasta el final de la red y casi la rompían».

Vaya, hombre, vaya, pensó Fry. *¿De dónde salió este muchacho?* Pujols estaba haciendo un contacto sólido con todas las pelotas que se le tiraban, destrozando la pelota y demostrándoles a Fry y a todos los demás que, a pesar de ser el muchacho nuevo, y a pesar de que no podía hablar muy bien el inglés, él sabía lo que estaba haciendo en el campo de béisbol. De repente, Fry se sintió emocionado con respecto a las posibilidades que tendría su equipo en la siguiente temporada.

El surgimiento de Pujols hizo que Francka pasara a la tercera base, pero a Francka no le importó en absoluto. Era alumno del último año, y uno de los líderes del equipo, y sabía que tenía la responsabilidad de ayudar a Pujols a encajar con el resto de los miembros del equipo tanto como fuera posible, de manera que se convirtió en más que un simple compañero de equipo. Se convirtió en su amigo.

«Uno viene de otro país para jugar béisbol en los Estados Unidos. Me puedo imaginar que debe ser toda una sacudida cultural», dice Francka. «Lo correcto era que yo me hiciera cargo de él».

La amistad entre Francka y Pujols no se quedó en la escuela secundaria, y los dos han seguido siendo buenos amigos a lo largo de los años. Lo que impresiona a Francka —y lo hace sentirse humilde— es cómo Pujols, aunque esté en medio de una competencia de desempate y de las presiones de la temporada de béisbol, siempre encuentra tiempo para llamarlo y ver cómo está, no solo Francka, sino toda su familia. En el otoño de 2009, la madre de Francka tuvo cáncer y se estaba sometiendo a tratamientos de quimioterapia.

«Albert es de esas personas que, por mucho que tuviera entre manos, cada vez que hablábamos, nunca se olvidaba de preguntarme por ella: ¿Qué tal le va? ¿Cuáles son las últimas noticias?», dice Francka. «Nunca olvida un nombre, y nunca olvida lo que está sucediendo en tu vida. Siempre está consciente de eso, y es lo suficientemente afectuoso como para preguntar por la situación cada vez que hablamos».

Siendo un recién llegado, la ética de trabajo de Pujols, que demostró muy temprano y que no se ha desvanecido con los años, le ganó el respeto de Francka y el resto del equipo.

«Él tuvo que trabajar mucho más fuerte para encajar dentro del sistema que el entrenador Fry nos había impuesto. Eso es lo que me impresionó acerca de él», dice Scott Hanna, quien jugó con Pujols durante la temporada de 1997. «Siempre se notaba lo intensamente que estaba luchando. Siempre era uno de los primeros en llegar y de los últimos en marcharse».

Así como sus compañeros de equipo de Fort Osage comenzaron a descubrir maneras de comunicarse con Pujols, Fry también lo estaba haciendo. Unas veces le hablaba por medio de un traductor, y otras usaba el lenguaje universal del béisbol, tomando sus manos y mostrándole a Pujols lo que él quería que hiciera con el bate o con el guante. Fry descubrió que aquel jovencito dominicano era un muchacho muy trabajador, obsesionado con la idea de mejorar sus habilidades en el juego.

Cuando del béisbol se trataba, Albert era muy intenso. Y aún hoy tiene una especie de sexto sentido en cuanto al béisbol, en cuanto a la realidad de que, a pesar de que no es tan rápido, es bueno robando bases. Es un hombre fornido, pero hace un montón de cosas que solo la gente más menuda puede hacer. Pero comprende y conoce el juego muy bien. Aun siendo estudiante, quería sobresalir y quería hacer las cosas bien. Lo agotaba a uno. Se quedaba allí en el puesto de shortstop y recogía tiros bajos de bolas durante toda la noche, aunque oscureciera. Lo mismo sucedía en la caja de bateo. Llegaba a aquella caja, y bateaba, bateaba, bateaba y bateaba incansablemente.

Sin embargo, a pesar de sus habilidades y de los esfuerzos de Fry por enseñarle e instruirlo, la comunicación siguió siendo todo un reto, con divertidos resultados en ocasiones. Fry cuenta la historia de una competencia de bateo que el equipo celebraba todos los años con el fin de recoger dinero para el programa de béisbol. Los jugadores pedían promesas de contribución, bateaban diez veces y recogían las contribuciones, basados en la distancia a la que había llegado la pelota la vez que mejor la habían bateado. Había jugadores que tenían promesas de seis centavos por metro, o veinticinco centavos por metro, o sesenta centavos por metro, si realmente se esforzaban. Sin embargo, Pujols no entendía la idea, porque a Fry le fue imposible comunicársela.

«Albert, ¿cuántos centavos por metro te han prometido?», le preguntó Fry a Pujols cuando le tocaba ir al bate.

«No, centavos no. *No comprendo*», fue la respuesta de Pujols.

«Bueno, entonces en realidad no hay necesidad de que batees», le informó Fry. «Sal a los jardines del fondo y dedícate a recoger las pelotas que lleguen de fly».

Aquella indicación no fue muy bien entendida.

«Se puso realmente enfadado», dice Fry. «Porque él sabía que podía batear la pelota más lejos que todos los demás miembros del equipo».

Al año siguiente, Pujols ya comprendía mejor en qué consistía aquella competencia de bateo, y recogió promesas que hacían un total de tres dólares por metro, lo cual permitió que recogiera una buena cantidad de dinero para el equipo. Estaba aprendiendo a entender mejor el inglés, y Fry recuerda un momento en que irrumpió en su oficina.

«¡Entrenador Fry, entrenador Fry! ¡Venga, venga!».

«¿Qué sucede, Albert?».

«Venga a ver. ¡Tengo un *yelotoyota*!». Esas fueron las palabras que salieron de los labios de Pujols.

«¿Un qué?».

«¡Un *yelotoyota*!».

De manera que Fry salió, y enseguida vio aquello que tenía tan emocionado a Pujols: un Toyota amarillo (*yellow* en inglés).

«Era un auto bastante viejo, pero funcionaba bien, y a él le encantaba conducirlo. Se sentía muy orgulloso de su primer auto», relata Fry.

En el campo, Pujols causó un impacto inmediato en el equipo desde el comienzo de la temporada. Descrito por el *Kansas City Star* como una versión pobre de Alex Rodríguez, Pujols bateó tres veces en los dos primeros juegos de los Indians, entre ellas lo que el *Star* llamó «un jonrón épico» que se llevó la cerca de diez metros de altura de Fort Osage por el jardín izquierdo y pasó por encima de una casa que estaba más allá de la cerca. Pero eso solo era el comienzo. Pujols terminaría con un porcentaje de bateo de .471 con once jonrones y treinta y dos carreras impulsadas durante su décimo grado en la secundaria. Fort Osage obtuvo una diferencia de 21–7 y ganó el primer campeonato estatal que ganaba la escuela desde 1991.

«Recuerdo que en las competencias estatales se divertía mucho jugando Playstation en el hotel», dice Hanna. «Es algo bastante extraño, porque estaba jugando béisbol de las Grandes Ligas del año 1996 o el que fuera, y ahora es él quien aparece en la portada del juego».

Aquel verano jugó en el béisbol de la Legión Americana, de nuevo con Francka como compañero de equipo. Pujols iba siempre a la casa de Francka antes de sus juegos para la Legión, y los dos viajaban juntos. La casa de Francka estaba en un terreno de más de cuarenta mil metros cuadrados, con un campo de béisbol en su patio, y para regocijo de Francka, Pujols tenía el hábito de llegar dos o tres horas antes de lo necesario. Algunas veces, Francka se echaba una siesta. Al despertar, encontraba a Pujols en su campo de béisbol, bateando pelotas y trabajando en su juego.

«Él no era un muchacho normal de dieciocho años», dice Francka.

Aquel verano, en sesenta juegos, Pujols conectó veintinueve jonrones, estableciendo un récord en la Legión Americana. Francka terminó en segundo lugar en la liga con doce jonrones. En el siguiente verano, Pujols se superaba a sí mismo, bateando treinta y cinco jonrones en sesenta y un juegos, para romper su propio récord de una sola estación, mientras que impulsaba ciento veinticuatro carreras.

En su tercer año en Fort Osage, Pujols siguió bateando cada vez que tenía la oportunidad, pero esas oportunidades se le estaban presentando con una frecuencia mucho menor. Los entrenadores de los otros equipos estaban alertas ya en cuanto a Albert, y muchos preferían darle la base por bola en lugar de permitir que sus lanzadores lo retaran. Algunos lanzaban la pelota alrededor de él como una forma de vengarse. Estaban escépticos en cuanto a que Pujols tuviera solo dieciocho años durante la primavera de 1998, así que presentaban sus quejas dándole un pase gratis a la primera base.

«Un gran número de entrenadores de otros equipos siempre me hacían pasar un mal rato», dice Fry. «Querían ver su certificado de nacimiento. Yo había visto el certificado de nacimiento de Albert, y sabía que tenía dieciséis años [en el otoño de 1996, cuando se matriculó en Fort Osage]. Y cuando uno estaba cerca de él un día tras otro, veía que actuaba como un muchacho. Hacía las mismas cosas que los otros muchachos. Hacía bromas y payasadas. Pegaba empujones. Era uno de ellos; eso es todo lo que era. Y actuaba como un jovencito de dieciséis años. No actuaba como si tuviera veintiuno, ni nada por el estilo».

No; el éxito de Albert no se produjo porque él tuviera más edad que todos los demás. Se produjo gracias a las habilidades que Dios le había dado, y porque él estaba decidido a trabajar más fuerte que todos los demás.

«Sentía un gran deseo de ser un buen jugador de béisbol», dice Fry. «Yo creo que ese es el secreto del éxito de Albert: su motivación personal, y la forma en que se ha ido convirtiendo en un buen beisbolero. Dios lo ha bendecido, no me malentienda, porque le ha dado unos ojos excelentes y una coordinación magnífica entre los ojos y las manos. Pero le ha dado un impulso que, aunque no tuviera unas herramientas tan poderosas, yo creo que aún sería un buen jugador de béisbol».

Aunque en términos de elegibilidad atlética solo era un alumno de onceno grado, Pujols tenía suficientes créditos académicos después del semestre de otoño en el año 1998 como para graduarse de la secundaria. La forma en que le habían lanzado la pelota en la temporada anterior —o tal vez sería más preciso decir la forma en que no se la habían lanzado— ayudó a hacer que esta decisión le resultara fácil a Pujols. Se marcharía de Fort Osage un semestre antes de lo establecido, y llevaría su juego al siguiente nivel.

CAPÍTULO CUATRO

DEE DEE

Ella es la mejor de las esposas.
—*Albert Pujols*

Cuando entraba al cuarto del hospital para visitar a su amiga Keisha, que estaba dando a luz un bebé, Deidre Pujols pasó por una especie de déjà vu. Pero se trataba de algo más profundo que eso para la esposa de Albert Pujols. Era más significativo y poderoso que la simple sensación de haber estado antes allí.

«Sentí que Dios, por su gracia, me trajo de vuelta a aquel lugar como para tomarme de la mano y decirme: "¿Ves lo lejos que hemos llegado desde que confiaste en mí aquel día en este mismo cuarto?"», dice Deidre.

Diez años antes —en ese mismo día—, Deidre misma había ingresado en aquel mismo hospital y llevada a aquel mismo cuarto para dar a luz a Isabella, su primera hija. En aquellos momentos, Deidre no estaba casada y se sentía insegura con respecto a su futuro, sobre todo después de descubrir que Isabella tenía el síndrome de Down.

Pero Dios usó aquel suceso para atraerla hacia sí. Cuando entró en aquel cuarto de nuevo para ver a su amiga, Deidre no pudo evitar que le vinieran a la mente los acontecimientos de la pasada década. Eran muchas las cosas que habían cambiado. Su mundo era totalmente distinto.

En los años transcurridos desde que había estado en aquel cuarto como paciente, había conocido a su esposo, y lo había visto convertirse en una de las más grandes estrellas del béisbol. Había traído al mundo dos hijos más —A. J. y Sofía— (y más tarde tendría otro hijo, Ezra, en febrero de 2010). Había ayudado a crear una fundación que les ministra a los niños que viven en la pobreza, y a los niños que viven con el síndrome de Down y a sus familias. Se había convertido en ejemplo para las madres solteras y en un motivo de aliento para incontables mujeres de fe.

O sea, que para Deidre aquel cuarto era, en cierto sentido, un monumento a la fidelidad de Dios hacia ella y su familia.

Deidre, o Dee Dee, como la llaman sus amigas, creció en una familia católica romana. De niña asistía con frecuencia a otras iglesias con sus amigas. Su amiga Keisha, la misma que estaba visitando en aquel cuarto del hospital, la invitó a su iglesia cuando ella tenía dieciséis años.

«Allí realmente me sentí muy bien, y comencé a asistir con frecuencia», dice Deidre. «Eso me sacó de la religión católica, porque comprendí que en ella no tendría crecimiento. Fue en realidad en la iglesia donde estudié la Biblia, aprendí las Escrituras y las incorporé a mi vida. No estaba solo oyendo algo que había sucedido hace dos mil años. Logré aprender a llevarlo a mi propia vida».

Dee Dee respondió poco tiempo después a una invitación al altar e hizo profesión de fe. Sin embargo, recordando aquel momento, ahora se da cuenta de que solo fue eso: una profesión. Dee Dee admite haber vivido de manera promiscua durante su adolescencia, que se caracterizó por el abuso de drogas y alcohol. A los veintiún años quedó embarazada de Isabella.

«Ella no procedía de una familia identificada con una iglesia», recuerda Jeff Adams, el pastor del Kansas City Baptist Temple. «Se marchó a estudiar en la Universidad de Boston y quedó embarazada. Entonces volvió a Kansas City para dar a luz a la bebé y comenzó a asistir de nuevo a la iglesia».

«El día que nació Isabella se produjo el encuentro con Dios que necesitaba para decidirme realmente a arrepentirme y tratar de vivir como una persona nueva en Cristo», dice Dee Dee. «En el momento en que la vi, y ella también me miró por vez primera, Dios me habló de esa forma, igual que usted y yo en esta conversación que estamos teniendo».

La realidad de enfrentarse a la vida como madre soltera —y madre soltera de una hija con el síndrome de Down— era lo que Dee Dee necesitaba para acudir a Dios en busca de ayuda. «Allí fue donde mi caminar con Dios comenzó realmente, porque quedé en una situación de verdadera necesidad», dice. «Fue entonces cuando realmente confié en Dios y acudí a él para todo, de manera que quise comenzar a saber más de él y profundizar mi relación con Cristo».

Sin embargo, poco después de salir del hospital, Deidre estaba de vuelta en los clubes, bailando y bebiendo. Estaba peligrosamente cerca de deslizarse de vuelta a su vida anterior cuando conoció a Albert, que entonces tenía dieciocho años, y comenzó a salir con él. Se conocieron en un club de salva, y Pujols se interesó inmediatamente en ella. A medida que fuera conociendo a Deidre, se interesaría en ella cada vez más.

«Creo que fueron la madurez de Deidre y su actitud de persona adulta las que me atrajeron tanto», dice Pujols. «Yo era muy joven cuando nos conocimos. Era nuevo en los Estados Unidos. Mi inglés era pasable, y necesitaba alguien que me cuidara y me dirigiera. Ella era la persona que podía hacerlo. Estábamos muy emocionados los dos en nuestra primera cita, que tuvo lugar en el restaurant Cheesecake Factory, en la Plaza de Kansas City».

Tal como resultaron las cosas, esos sentimientos que Albert tenía por Deidre eran mutuos.

«Yo digo que Albert fue mi salvador terrenal», dice ella. «No bebía. No fumaba. No tenía tatuajes. Tampoco aretes. Hablaba un poco de inglés y le encantaba el béisbol. Creo que al ver su ejemplo, mi corazón comenzó a cambiar. Mientras más se iba profundizando mi relación con Cristo, también iba profundizando mi relación con Albert, y eso fue lo que comenzó a alejarme de algunas de aquellas cosas».

Ella y Albert tenían conversaciones acerca de asuntos espirituales, y comenzaron a asistir juntos al Kansas City Baptist Temple. Albert se convirtió en cristiano poco después (vea el capítulo 6), y la pareja comenzó a crecer en su caminar con el Señor (vea el capítulo 12).

«Ha sido un proceso lento dentro de nuestra relación personal, pero siento que Dios tiene mucho que hacer con nosotros, y que algunas veces está esperándonos para que le demos alcance», dice Deidre. «Nosotros solo tenemos que dejarle actuar y ser fieles con la obediencia a nuestro llamado».

Ella reconoce las bendiciones de Dios sobre la vida de su familia, y entiende que son mayordomos de esas bendiciones. Una vida así puede llevar a diversas tentaciones materialistas, pero también proporciona algo que Albert y Deidre no habrían tenido sin ella.

«Albert y yo nos hallamos en una plataforma tal, que en realidad estamos compartiendo tanto el evangelio de Jesucristo que tenemos una inmensa audiencia por la cual dar cuenta», dice ella.

«En realidad, es Dee Dee la que mantiene a Albert dentro de las líneas blancas del diamante. Ella siente pasión por compartir el evangelio. Es algo muy real para ella».

Adams relata la historia de una oportunidad que tuvo Dee Dee de viajar a Cuba para visitar y ayudar a la familia de una amiga cubana que vivía en los Estados Unidos. «Albert no quería que ella fuera, porque tenía temor de que le pasara algo, pero ella decidió ir», afirma. «Quería llevar literatura para ayudar a los pastores cubanos. Así que pasó el trabajo y los gastos que significa conseguir una visa religiosa para entrar en Cuba, lo cual es muy difícil de hacer. Nosotros la cargamos con todo tipo de literatura y materiales para el discipulado y para los pastores». Dee Dee hizo el viaje sin problemas, y pudo entregar los materiales, además de ministrarle a la gente.

La vida en la casa de los Pujols se puede volver muy agitada, pero no más agitada que en la mayoría de los hogares. Cuando Pujols se queda en casa durante la temporada de béisbol, duerme la mañana, después de llegar del juego a la casa a altas horas de la noche. Deidre despierta a los niños, les da el desayuno y los lleva a la escuela. Se pasa las mañanas haciendo los quehaceres de la casa y haciendo encargos, o va a la oficina de la Fundación Familiar Pujols para trabajar en su papel de presidente de la organización.

Por supuesto, para Deidre, ser la esposa de un jugador de las grandes ligas tiene sus ventajas. «También hay momentos en los que viajo, y cuando me despierto voy al gimnasio o recibir un masaje», dice. Pero entonces los niños le recuerdan muy pronto las cosas menos atractivas de la vida.

«Después del Señor, la familia es lo más importante para Dee Dee», dice Todd Perry, el director ejecutivo de la fundación. «No creo que haya nada que ocupe ni siquiera un segundo puesto cercano. Es una madre que adora a sus hijos. Lo primero que le preocupa es cuidar de los asuntos relacionados con su esposo y sus niños. Nunca tuvieron en la casa una empleada que trabajara por horas, hasta que nació Sofía en el año 2005».

Perry hace notar ese hecho con un tono de admiración. «Aquí tiene a una mujer con dos niños en edad preescolar, uno de ellos con el síndrome de Down. Su esposo jugaba ciento sesenta y dos juegos de béisbol al año, viajando a unas veinte ciudades distintas para hacerlo. Y ella llevaba adelante la casa sin ninguna ayuda externa. Es asombroso ver cómo pudo mantener el control de todo aquello, y establecer un equilibrio por tanto tiempo como lo hizo».

O bien, como dijera Pujols en una ocasión: «Ella es la mejor de las esposas».

Dee Dee se da cuenta de lo importante que es su responsabilidad como esposa y madre. Y debido a la plataforma que Dios le ha dado, quiere animar y fortalecer a otras mujeres que comparten luchas similares a las suyas. Ella exhorta a las jóvenes solteras a que se mantengan sexualmente puras hasta el matrimonio.

En una entrevista radial con James Dobson, Dee Dee relató historias de mujeres, tanto jóvenes como mayores, con las cuales ha tenido la oportunidad de hablar acerca de Cristo y de la pureza sexual. Una mujer le envió un correo electrónico para hacerle saber lo atractivo que le parecía a ella Pujols, y los deseos lujuriosos que sentía por él. «Mi reacción inmediata no fue demasiado amable», recuerda Dee Dee. Ella oró, puso en orden sus pensamientos y descubrió que en realidad, sentía dolor por aquella mujer. «En mi vida hubo un tiempo en el cual yo le habría escrito a un hombre felizmente casado acerca de lo sexualmente atractivo que era. Así que le volví a escribir, le compartí a Cristo y le dije que estaría orando por ella. Sentía dolor por aquella mujer».

A las mujeres con familia, ella les hace ver lo importante que es alimentar su propia fe y criar a sus hijos para la gloria de Dios, y no para su propia satisfacción. «Nos podemos llegar a agotar mucho como esposas y madres, encargadas de pagar las deudas y limpiar la casa», dice Deidre. «Somos responsables de muchas cosas. Pero nos tenemos que tomar el tiempo de descanso que necesitamos para alimentarnos con la Palabra de Dios, con su música; para asegurarnos de que, en el poco tiempo del que dispongamos para nosotras mismas, nos estemos fortaleciendo de nuevo con nuestra fe».

Su mensaje central para las demás mujeres y madres es sencillo: Hagan lo que hagan, dondequiera que estén y con quienquiera que estén, el enfoque está en Cristo.

«Vamos a seguir teniendo problemas desde el día en que nacimos hasta el día en que muramos», dice Deidre. «Habrá momentos en que nos deslizaremos, porque somos humanas. Pero yo estaría el doble de enredada si no tuviera a Cristo. Si podemos permanecer centradas en Cristo y enfocadas en él, miren, nuestros problemas van a ser muy pequeños, comparados con lo grande que es el propósito que él tiene para nosotras».

Deidre recuerda algunos de esos problemas —unos problemas que parecían gigantescos en su momento— cuando piensa en aquel cuarto del hospital donde le entregó su vida al Señor hace años. Ella ha visto con claridad cómo Dios tomó las pruebas por las que estaba pasando en su vida, y las entretejió para hacer algo hermoso. Y quiere que otras personas sepan que él puede hacer lo mismo por ellas.

«Me podría sentar aquí hasta que se me ponga azul la cara de tanto hablar, para contarle cuántos milagros ha hecho Dios en nuestras propias vidas, pero mientras la persona no haya tenido un encuentro personal con Dios, y sepa lo mucho que Dios la ama y lo que quiere para ella, esa persona no podrá cambiar», dice. «Nosotros básicamente sembramos las semillas, y oramos para pedirle a Dios que riegue esas semillas de la manera que él quiera hacerlo, y que las personas se sientan atraídas hacia él. Eso es lo bueno de todo esto».

CAPÍTULO CINCO

DEMUESTRA EN MAPLE WOODS LO QUE VALE

Este muchacho tiene una ética de trabajo que yo nunca había visto antes.

—*Marty Kilgore, entrenador de béisbol, Maple Woods Community College*

Marty Kilgore recuerda uno de los mejores regalos de Navidad que recibió; un regalo que ha seguido regalando. Corría el mes de diciembre de 1998, y Kilgore, que entonces era el entrenador de lanzadores para el equipo de béisbol del Maple Woods Community College, en Kansas City, se dio cuenta de que se estaba tramando algo. Chris Mihlfeld, quien era entonces el entrenador principal, le dijo que era posible que el personal de entrenadores recibiera un regalo sorpresa de Navidad.

Cuando Kilgore conoció a Albert y Deidre, mientras ellos estaban en el recinto del campus para una visita de reclutamiento, se dio cuenta de cuál era la sorpresa: Albert Pujols, la famosa estrella del béisbol de secundaria, jugaría en Maple Woods.

El personal de entrenadores de Maple Woods sabía quién era Pujols, y había tenido la oportunidad de verlo jugar unos cuantos meses antes, cuando su equipo de la liga de verano, entrenado por Dave Bingham, visitó Maple Woods para competir contra el equipo de tercer año de la universidad. El doble encuentro terminó con Pujols atrapado en el ciclo de bateadores sin poder batear, pero Bingham se acercó a Mihlfeld y Kilgore con una petición al estilo de las famosas palabras «Juguemos dos» de Ernie Banks.

«A Albert le gustaría jugar unos cuantos innings más», dijo Bingham. «¿Existe alguna posibilidad de que lo hagamos?».

«Aquello captó toda nuestra atención», recuerda Kilgore. «Aquí tenemos en el campo a un muchacho que ha jugado de una manera fenomenal. Estaba jugando shortstop para ellos, y no les llevó mucho tiempo darse cuenta de que era un jugador de béisbol muy, muy especial. Tenía unos talentos y unos instintos que normalmente no se ven en un muchacho de esa edad y de ese tamaño».

Pujols decidió renunciar a su último año de elegibilidad en Fort Osage por un par de razones. Para comenzar, ya había conseguido suficientes créditos académicos para graduarse temprano. Algunos exploradores también le habían aconsejado que pasara al nivel de universidad tan pronto como pudiera, puesto que los equipos opuestos de las otras escuelas secundarias, aterrados ante la posibilidad de tener que enfrentarse con Pujols al bate, decidían por lo general lanzarle bolas. Si pasaba al nivel siguiente, los exploradores podrían evaluar mejor sus habilidades, y esto les daría la oportunidad de verlo balancear el bate con mayor frecuencia.

De manera que Pujols escogió Maple Woods como su próximo paso en su camino al béisbol. Mihlfeld se marchó de la universidad antes de comenzar la temporada para ocupar una posición dedicada a fuerza y preparación con los Dodgers de Los Ángeles, y Kilgore se convirtió en el jefe de los entrenadores.

«Este muchacho tiene una ética de trabajo que yo nunca había visto antes», dice Kilgore acerca de Pujols. «Íbamos a batear tres veces al día. Bateábamos cada vez que él tenía un descanso entre sus clases. Bateábamos después de las prácticas. Yo lo podía meter a practicar bateo y estarlo haciendo todo el día, pero aún no sabía tanto sobre el bateo. Así que cuando me preguntaba: "¿En qué puedo mejorar?", yo me sentía realmente poco valioso e indefenso».

Los exploradores también le habían aconsejado a Kilgore que dejara en paz a Pujols y no hiciera nada que lo fuera a estropear. No es que Kilgore tuviera que hacer mucho para ayudarle, puesto que Pujols ya había captado lo que es el bateo de una manera que sobrepasaba con mucho a la de sus compañeros. Esto lo demostró en la primera práctica del equipo en un frío día de invierno a mediados de enero. En aquel momento del año, el equipo no usaba pelotas normales de béisbol para practicar el bateo, sino que en su lugar usaba unas pelotas de goma compuesta. Las pelotas de goma no iban tan lejos —probablemente el noventa por ciento de lo que volaban las pelotas de béisbol normales—, pero se las podía batear en el fango, sacudirlas y quedaban como nuevas. Landon Brandes, el tercera base del equipo, observó lo que les hacía Pujols a esas pelotas.

«Nosotros siempre hacíamos una gran cantidad de prácticas de bateo con esas pelotas, y yo recuerdo que las golpeaba como si se tratara de pelotas normales de béisbol —y más—, comparado con el resto de nosotros», dice Brandes.

En su debut con el equipo de la universidad, Pujols bateó un estupendo jonrón en el West Arkansas Community College (ahora University of Arkansas–Fort Smith). Y jugando shortstop en ese juego, con hombres en primera y en segunda, comenzó un triple play cuando se lanzó de cabeza para recoger la pelota, tocó segunda para el segundo out, y después tiró a primera para ponchar al corredor que estaba allí.

Pronto se corrió la voz de lo que había logrado. Cuando Kilgore se despertó a la mañana siguiente en el hotel, su entrenador asistente Kyle McCune llegó con un informe.

«Oye, tienes que ir allá abajo», le dijo McCune a Kilgore. «Hay como veinte exploradores en el vestíbulo».

«Entonces bajamos, y así era. Había una buena cantidad de exploradores», dice Kilgore. «Había un poco de frenesí y de comentarios. Nosotros estábamos acostumbrados a los exploradores y a que anduvieran siempre cerca, pero nos dimos cuenta de que estábamos alrededor de alguien muy especial, viéndolo jugar».

Pujols siguió bateando de .466 para los Monarchs en aquella temporada, con veintidós jonrones y setenta y seis carreras impulsadas, en solo ciento noventa y tres turnos al bate, y demostró ser de un inmenso valor, no solo por sus contribuciones a las estadísticas, sino también por su madurez y por la forma en que le proporcionaba liderazgo al equipo. Lo típico era que no anduviera entre los jugadores, sino que prefiriera más bien la compañía de los entrenadores. Era lo que cabía, porque debido a sus conocimientos sobre el juego y sus instintos beisboleros, Pujols era como otro entrenador más en el campo. Él sabía dónde debía estar cada cual y dónde debían ir todos.

«Siempre estaba ayudando a los bateadores, tratando de explicarles en qué tenían que fijarse, o cómo hacer los ajustes necesarios», dice Kilgore. «Siempre estaba tratando de ayudar. Estaba sirviendo incluso desde el momento en que lo conocí». Aunque las cosas iban bien para él en el campo, Pujols tuvo sus dificultades también. Gran parte de las dificultades se derivaban de la forma en que lo trataban sus compañeros de equipo.

«Los otros jugadores estaban muy celosos de él», dice Kilgore. «Estaban celosos de toda la notoriedad que estaba recibiendo, y de todos los exploradores que acudían a observarlo. Estaban muy celosos del hecho de que estuviera tan bien dotado y que hiciera que el juego pareciera cosa fácil. Tenía que batallar con muchas de esas cosas».

No era la primera vez que Pujols tenía que enfrentarse a las críticas de los demás. A lo largo de toda la escuela secundaria, los fanáticos de los equipos opuestos habían puesto en tela de juicio su edad, y algunas veces de una manera no muy educada. Esto mismo continuó en la universidad, y ese tipo de preguntas persistieron incluso después que Pujols se había establecido en St. Louis. Pero al igual que Dave Fry, su entrenador de la secundaria, Kilgore también había visto su certificado de nacimiento y toda la documentación que daba fe de su edad.

«Uno notaba que herían sus sentimientos», dice Kilgore. «Entonces era cuando yo me esforzaba por protegerlo. Déjenlo en paz. Ustedes no saben por todo lo que ha pasado este muchacho. Ustedes no conocen su corazón. Él es una persona muy, muy especial, y no únicamente un excelente jugador de béisbol. Este muchacho tiene cosas que la mayoría de los jóvenes de dieciocho años no tienen, y no aportan».

Brandes coincidía con la manera en que valoraba Kilgore la situación.

«Como venía con tanta fama como había tenido ya antes, decididamente había muchos celos», dice Brandes. «Es una pequeña universidad comunitaria de Kansas City, y el noventa por ciento de los jugadores son de la zona de Kansas City. Así que han oído hablar de él, han jugado contra él en la secundaria en años anteriores durante las competencias de pelota de la secundaria y de verano. Yo era de fuera de Kansas City, así que en realidad no lo conocía tan bien.

«Pienso que se sentían algo así como opacados por él», continúa diciendo. «Era como el próximo Babe Ruth, o algo así, de la zona, y estaba recibiendo toda aquella publicidad. De eso se derivaban una gran cantidad de celos y otras cosas. Le costaba trabajo relacionarse con los jugadores, y en realidad de eso se trataba: había celos de parte de ellos. Les había robado el enfoque de la atención en el pasado, y probablemente se lo fuera a robar de nuevo. Evidentemente, no se trataba de que se robara la atención de nadie, sino simplemente de que estaba tratando de jugar lo mejor posible, y usar sus talentos tan bien como pudiera. Había algunos de los jugadores a los que no les gustaba eso».

Muchos de ellos, aunque no se manifestaban abiertamente hostiles con Pujols (porque Kilgore no lo habría tolerado), murmuraban cosas contra él en voz baja y a sus espaldas. Cuando bateaba un jonrón, no saltaban del banco para ir a felicitarlo. Preferían verlo fracasar, a verlo triunfar.

En medio de toda aquella hostilidad, uno de los momentos brillantes para Pujols aquel año, y aparentemente una respuesta a sus oraciones, fue Brandes. De él, un tercera base que había usado la camiseta roja de Maple Woods el año anterior, se esperaba que fuera el sostén de los Monarchs en 1999. Cuando supo que Pujols formaría parte del equipo, Brandes no reaccionó con unos celos mezquinos. Se sintió agradecido, porque sabía que la presencia de Pujols le quitaría de encima la presión a él. Brandes también pensaba que tal vez podría aprender de Pujols algo que lo ayudara en su propio desarrollo como jugador.

Aunque compartían una conexión por medio del béisbol, pasaron un par de años antes que se dieran cuenta de que compartían un lazo más fuerte aún por medio de Jesucristo. Es posible que Pujols no supiera que Brandes era cristiano. Casi el único tiempo que pasaban juntos era en el campo de béisbol, que no suele ser el escenario usual para conversaciones profundas sobre la vida y la fe, aunque más tarde, Pujols cambiaría esto. Sin embargo, veía decididamente en Brandes los frutos de una vida cristiana. Mientras muchos otros miembros del equipo trataban de disimular su desdén por Pujols, Brandes trabó amistad con él, y los dos han seguido siendo amigos a lo largo de los años. Los Cardenales seleccionaron a Brandes en el reclutamiento del año 2000, y los dos jugadores fueron compañeros de cuarto durante el entrenamiento de primavera del 2001, lo cual les permitió renovar y profundizar la amistad que había comenzado en Maple Woods.

«Nuestra relación era más una especie de rendirnos cuentas mutuamente y no permitir que el otro se envolviera por completo en todo esto del béisbol, sino mantener nuestros fundamentos donde necesitan estar, y nuestros ojos fijos en Cristo primero y en el béisbol después», dice Brandes. «Aunque uno esté en medio del entrenamiento de primavera y los días sean tan largos, algunas veces tiene que volverse a centrar y decir: "Eh, el béisbol no lo es todo". Tiene que dar un paso atrás y ver lo que es realmente importante. Podíamos tener unas buenas conversaciones, y él era realmente una persona con la que daba gusto estar».

A través de las pruebas que tuvo que soportar Pujols aquel semestre, Kilgore dice que se pudo dar cuenta con claridad de lo tierno que era el corazón de Pujols. Era sensible a los sentimientos de los demás, y nunca quiso hacer alarde alguno delante de nadie en el campo. Aunque se sentía seguro de sus habilidades, no era arrogante. Es posible que Kilgore haya considerado que era inútil que él le tratara de enseñar algo a Pujols sobre el béisbol, pero sí lo supo escuchar en un momento de su vida en la que necesitaba un amigo.

«Nunca olvidaré nuestras conversaciones en la Florida», dice Kilgore. «Él no quería juntarse con los jugadores. Cuando íbamos a nuestro viaje de verano, andaba con los entrenadores. Así fue como lo llegamos a conocer tan bien. Solía metérsenos en el cuarto. Nosotros le decíamos: "¿No vas a salir con los demás muchachos?"»

«Tengo un juego mañana», nos contestaba Pujols. «Necesito estar listo para jugar».

Sus conversaciones también revelaban el amor de Pujols por Deidre.

«Quería andar con nosotros y hablar de béisbol», dice Kilgore. «No quería salir a mirar y perseguir muchachas. Deidre era su novia, y la amaba con todo el corazón. Así que aquello no era una opción. Él sabía para lo que había venido. Estaba aquí para tratar de avanzar en el béisbol y para dar lo mejor de sí».

Como le había sucedido en la escuela secundaria, Pujols dejaba muchas veces su marca en los distintos campos en los que jugaba. En el Highland Community College, de Highland, Kansas, sacó del parque una pelota que atravesó la calle, pasó por encima de una casa y terminó cayendo de un árbol que había en el traspatio de la casa. Hasta el día de hoy, cada vez que Kilgore va a jugar allí, Rick Eberly, el entrenador de Highland, lo saca a colación: «Marty, nunca he visto nadie que haya bateado tan lejos una pelota».

Con Pujols y Brandes al frente, el equipo de Maple Woods ganó el título estatal para las universidades del primer ciclo universitario. En uno de esos juegos de desempate, Pujols le bateó hasta lo más profundo del campo a Mark Buehrle, ahora con los Medias Blancas de Chicago, que estaba lanzando para el Jefferson College. Después de ganar el campeonato estatal, los Monarchs avanzaron a una serie de tres juegos contra el Seminole Community College, un equipo perennemente poderoso en béisbol, el ganador del título de Oklahoma/Kansas. En la serie de tres juegos, el Seminole le ganó al Maple Woods en el primero. Los Monarchs reaccionaron y ganaron el segundo juego, pero perdieron el juego decisivo. Una victoria en aquel juego final habría significado un nuevo viaje a la Serie Mundial de universidades del primer ciclo universitario.

Aunque Pujols solo estuvo en Maple Woods un semestre, él y Kilgore estrecharon unos lazos que han continuado más allá de la temporada de primavera de 1999. Pujols tiene por costumbre invitar a Kilgore a Saint Louis para eventos como el Día de la Familia cristiana y las fiestas de cumpleaños de sus hijos.

«Realmente significa mucho para mí que me siga teniendo presente», dice Kilgore. «Aunque tengo mucha más edad que él, me considera como una especie de tío, o algo así. Yo comprendo cuál es el lugar que me corresponde, cuál es el papel que desempeño y ese tipo de cosas. Estoy muy agradecido y me siento bendecido por poderlo llamar y conversar con él».

Maple Woods retiró el número 33 de Pujols en 2002, después de su temporada de Novato del Año con los Cardenales. Pero para aquello aún faltaba mucho. La pregunta más inmediata cuando iba llegando a su fin aquel semestre en Maple Woods, era si el reclutamiento de jugadores de primer año de las Grandes Ligas de Béisbol llamaría a aquella estrella que iba surgiendo.

CAPÍTULO SEIS

MÁS GRANDE QUE EL JUEGO

Con tu sangre compraste para Dios gente de toda raza,
lengua, pueblo y nación.
—*Apocalipsis 5:9*

Jeff Adams recuerda la primera vez que vio al «muchacho enorme». Adams, pastor del Kansas City Baptist Temple, había concluido el estudio bíblico de la noche, e iba de grupo en grupo, conversando con los miembros de la iglesia. Disfrutaba de aquellas oportunidades de mantenerse en contacto directo con ellos.

«Yo pastoreo una iglesia bastante grande, así que no conozco a todo el mundo», dice Adams. «Pero recuerdo con toda claridad la noche en que Dee Dee se me acercó después del estudio bíblico. Junto a ella había un personaje enorme. Me dijo: "Pastor, este es Albert. Creo que lo llevé al Señor, pero no estoy segura. ¿Le podría hablar usted en español para asegurarse de que comprenda realmente lo que está haciendo?"»

Si se está preguntando por qué Adams habla con fluidez el español, esto no se debe a lo que recuerda de algunas lecciones aprendidas en la escuela. Hay una explicación que tiene que ver con el evangelio. Adams se hizo cristiano en la universidad después de leer el libro de Billy Graham titulado *Paz con Dios*. Se casó y se estableció en Kansas City a principios de 1971. Entonces hizo lo que todas las personas de clase media del Medio Oeste que llevan una vida cómoda piensan hacer: se mudó con su familia a Centroamérica.

Después de trabajar primero en Nicaragua y Costa Rica, la familia Adams se estableció en El Salvador durante la sangrienta guerra civil de esa nación. Bono, del grupo musical U2, fue testigo presencial de esa misma situación —«Siento un largo camino desde las colinas de San Salvador»— y aquella experiencia lo llevó a escribir su poderosa canción «Bullet the Blue Sky». En ella habla de un cielo roto desde el cual llovía a cántaros sobre las mujeres y los niños. Estas violentas imágenes describían con precisión la turbulencia existente en la nación, y sin embargo, la iglesia de San Salvador que pastoreaba Adams experimentó un notable crecimiento durante aquellos tiempos.

En 1984, Adams regresó a Kansas City para pastorear su iglesia de origen. Pero aunque esté en los Estados Unidos, su impulso misionero nunca lo ha dejado. Ha llevado a su congregación a ser una iglesia multicultural de mentalidad misionera, que entrena y envía a otros para la obra. Esto nos trae de vuelta a la historia sobre Pujols. Dee Dee, cuyo español era más bien escaso, llevó a Alberto, que sabía muy poco inglés, al Pastor Adams para que hablaran acerca de Jesús, del cual los ángeles cantan: «Con tu sangre compraste para Dios gente de todo linaje, *lengua*, pueblo y nación» (Apocalipsis 5:19, énfasis añadido).

Dee Dee le dijo a su nuevo novio que ella quería «ser seria con Dios». Él se alegraba de tener la oportunidad de asistir con ella a la iglesia, y puesto que la familia Pujols trabajaba los domingos, Dee Dee lo iba a recoger.

«Yo crecí mayormente sin cristianismo alguno en la República Dominicana», dice Pujols. «Es probable que haya ido a la iglesia una sola vez; allí todo se volvía béisbol. Mi familia nunca tenía el tiempo ni la oportunidad de conversar conmigo».

Dee Dee cuenta: «Después de un par de semanas de ir a la iglesia, él me preguntó: "¿Qué están haciendo cuando se adelantan por el pasillo al final del culto?" Eso me dio una oportunidad para hablarle de Cristo y lo que significaba tenerlo en su vida».

«El español de ella no era tan bueno, y el inglés de él tampoco en esos tiempos», dice Adams. «Ella quería que yo le hablara a Albert en español, para asegurarse de que él entendía realmente lo que estaba haciendo. Así que comencé a hablar con él en español. No tuvimos que hablar mucho tiempo, porque él me estaba dando todas las respuestas correctas. Le dije: "Dee Dee, creo que comprende realmente lo que está haciendo. Me parece que hiciste un buen trabajo"».

En verdad, desde el punto de vista de Pujols, Dee Dee fue la clave de que él llegara a la fe en Cristo. «Un domingo me invitó a ir a la iglesia, caminamos juntos y me habló de lo mucho que Jesús me amaba, y unas dos semanas después de aquello, le entregué mi vida a Cristo», dice Pujols. «Y les puedo decir algo, amigos: aquel fue el mejor momento de mi vida; la mejor de todas las decisiones que he tomado en toda mi vida».

Pujols fue bautizado y se convirtió en miembro de Kansas City Baptist Temple.

«A partir de aquel momento, todos los lunes por la noche iban ambos al estudio bíblico, y todos los domingos por la mañana, allí estaban para la adoración», dice Adams. Eran tan fieles como el que más. Después de unos cuantos estudios bíblicos, Albert comenzó a hacer las preguntas típicas de los "nuevos cristianos": "¿Qué significa esto?" y "¿Qué es esto otro?" Desde el principio mismo, su fe pareció genuina y profunda. Albert es un hombre muy independiente. No es el tipo de persona que acepte algo solo porque uno se lo diga. Así que hacía todas las preguntas típicas que serían de esperar que hiciera un nuevo cristiano».

¿Qué pensaba Adams de ministrarle a un joven jugador de béisbol con tanto potencial para la grandeza y la fama?

«Yo no tenía ni idea de que él jugaba béisbol», dice Adams. «En la iglesia no había nadie que supiera que jugaba béisbol. Llevaban asistiendo probablemente como un año y medio, y no tenían dinero para vivir. Pero puedo recordar la sorpresa que me llevé una noche cuando Albert se me acercó para decirme: "Oiga, pastor, me acaban de reclutar para los Cardenales de Saint Louis. Voy a marcharme a Peoria"».

Adams se sintió feliz por Pujols, pero sintió más gozo aún cuando lo oyó preguntarle: «¿Conoce alguna buena iglesia en Peoria?».

CAPÍTULO SIETE

ELUDEN Y BLOQUEAN SU RECLUTAMIENTO

No creo que ninguno de nosotros supiera la capacidad de adaptación que él tenía. Y ese es el nombre del juego.

—*Dave Karaff, antiguo explorador para los Cardenales de Saint Louis*

El 2 de junio de 1999 era el día que Albert Pujols había estado esperando, soñando durante toda su vida, mientras se preparaba para él. Era el día de reclutamiento de amateurs en las Grandes Ligas de Béisbol, en el cual centenares de jóvenes jugadores de béisbol sostenían la respiración y se sentaban junto al teléfono durante horas, en espera de recibir la llamada que les anunciara que habían sido seleccionados por un equipo de las grandes ligas.

Pujols no era distinto a los demás, y tenía la esperanza de que los sucesos de aquel día significarían el lanzamiento de su carrera profesional y lo pondrían en una situación económica estable. Tenía razones para sentir esperanza. Durante el transcurso de sus estudios en la escuela secundaria, y el semestre en el que jugó para el Maple Woods Community College, no habían sido pocos los exploradores que lo habían seguido, analizando sus capacidades beisboleras. Larry Chase, explorador para los Mets de Nueva York, era uno de aquellos a quienes les agradaba lo que veían en Pujols. Fernando Arango, explorador para los Devil Rays de Tampa Bay en aquellos momentos, había valorado altamente a Pujols desde que comenzó a observar cómo jugaba en la escuela secundaria.

«Era realmente bueno para batear», le dijo Arango al *Tampa Tribune*. «En la secundaria y en la universidad, no era justo ponerlo a usar un bate de aluminio. Cuando le pegaba a la pelota, aquello sonaba como un trueno».

Otro explorador que había notado a Pujols era Dave Karaff, de los Cardenales de Saint Louis. Karaff vivía en Kansas City, y llevaba algún tiempo oyendo hablar de Pujols antes de ir por fin a verlo en un juego de la Legión Americana. Lo primero que observó Karaff fue el poder y la fuerza de Pujols.

Pero también pensó que Pujols tenía las caderas «pesadas», y le preocupaba que fuera a aumentar tanto de peso que dejara de ser eficaz en las grandes ligas. Aunque Pujols estaba jugando shortstop en aquellos tiempos, Karaff sabía que no tenía el cuerpo necesario para jugar profesionalmente en esa posición.

Sin embargo, a medida que Pujols iba avanzando, y pasó a jugar en Maple Woods, adelgazó un poco, y a Karaff le siguió intrigando su potencial. Lo veía como un posible tercera base en el futuro, gracias en parte al brazo y las excelentes manos que tenía. Siendo un 5 el promedio que daban los exploradores de las Grandes Ligas, el explorador de los Cardenales había clasificado el brazo de Pujols con un 6 y su poder un 6 ó 7 en una escala de 1 a 8. Proyectaba que se convertiría en una cuarta o quinta selección.

«Pero tenía algunas cosas que yo no sabía si se podrían corregir en su manera de batear», dice Karaff. «Hacía un movimiento repentino al batear, y eso era para mí un punto de interrogación».

Otras organizaciones también comenzaron a tener sus propias preguntas. A instancias de Arango, Tampa Bay había llevado a Pujols a la Florida para un entrenamiento especial en el Tropicana Field unos pocos días antes del reclutamiento; fue el único club que lo hizo. Pero el entrenamiento no le fue bien a Pujols, que solo tenía diecinueve años. Tal vez fueran los nervios. O puede que fuera un mal día, como todo el mundo tiene de vez en cuando. Cualquiera que fuera la razón, Pujols no exhibió el poder que Arango había visto anteriormente en él. De hecho, Dan Jennings, el director de exploradores del club en aquel entonces, lo llamó «simplemente un feo entrenamiento». Es posible que Arango considerara a Pujols como una segunda o tercera posibilidad de reclutamiento, pero los que llevaban el control de todo en Tampa lo habían hecho bajar al final de su lista.

Cuando comenzó el día de reclutamiento, los Rays se llevaron a Josh Hamilton en la primera selección, y los Florida Marlins los siguieron llevándose a Josh Beckett, el lanzador de una escuela secundaria de Texas. Los Cardenales reclutaron al lanzador Chance Caple en la trigésima selección, y en la primera vuelta de selecciones suplementarias, pidieron a Nick Stocks y Chris Duncan. Más nombres iban y venían, mientras pasaban la segunda vuelta, la tercera y la cuarta. Los Cardenales llenaron su lista de reclutamiento con jugadores como Josh Pearce, B. R. Cook, Ben Johnson, Jimmy Journell, Melvin Williams y Josh Teekel. El maratónico día continuó con las vueltas quinta a duodécima, y todavía Pujols no había recibido ninguna llamada telefónica para informarle que lo habían seleccionado. Antes de la selección, se dice que Pujols estaba buscando un bono por firmar de $350.000 al menos, pero ese sueño había ido muriendo a medida que eran más los jugadores que encontraban un lugar en los clubes de las grandes ligas, mientras que Pujols no lo encontraba aún.

Karaff estaba sentado en su casa cuando sonó el timbre del teléfono. Al otro extremo de la línea estaba Mike Roberts, un comprobador nacional que trabajaba para los Cardenales, y también cuñado de Karaff.

«Dave, estamos en la undécima vuelta. ¿Te parece que podamos firmar allí a Albert?», le preguntó Roberts.

«No estoy muy seguro, Mike», le contestó Karaff. «Él quería más dinero».

«Bueno, llámalo», le dijo Roberts. «Y después me llamas a mí».

Karaff trató de alcanzar a Pujols, pero fue Dee Dee la que le salió al teléfono. Le dijo que Albert estaba afuera, practicando bateo.

«Dígale que me llame tan pronto como pueda», le pidió Karaff. Entonces él llamó a Roberts para decirle lo que sucedía.

«No te preocupes», le dijo Roberts. «Nosotros ya lo tomamos en la decimotercera vuelta».

Un momento antes, mientras sus colegas de Saint Louis pensaban en quién escogerían en la decimotercera vuelta, Roberts defendió el caso de Pujols, alegando que cualesquiera que fueran los aspectos negativos que presentara, su potencial de poder lo convertía en un jugador al que el equipo no debía volver a pasar por alto. Así que los Cardenales pidieron a Pujols. Era el jugador número 402 en ser escogido. Por la razón que fuera, a pesar de las estadísticas que había obtenido en la secundaria y en la universidad; a pesar del hecho de que sus entrenadores elogiaban su ética de trabajo, y a pesar del potencial de poder que presentaba, los equipos le habían pasado por encima a Pujols 401 veces.

A lo largo de los años se han analizado las posibles razones de que esto sucediera, mientras veintinueve equipos se han arrepentido por no haber reclutado antes a Pujols. Es posible que hubiera quienes tuvieran interrogantes acerca de cuál posición jugaría. Habían circulado historias según las cuales los exploradores no estaban interesados porque les preocupaba su peso. Pero Marty Kilgore, el entrenador de Maple Woods, no se lo cree.

«Él no era lo que es ahora, pero el muchacho no estaba en mala forma física», dice Kilgore. «Las cosas no eran como ellos decían que eran».

Karaff tiene sus propias teorías sobre la razón por la cual Pujols entró tan tarde en el reclutamiento. «Esto es lo que pasaba con Albert», dice. «No creo que ninguno de nosotros conociera la capacidad de adaptación que él tenía. Y ese es el nombre del juego. Es necesario tener capacidad de adaptación. Él se va adaptando de lanzamiento en lanzamiento. Se adapta desde que sale a batear hasta que vuelve a salir».

Inicialmente, los Cardenales le ofrecieron a Pujols un bono de diez mil dólares por firmar, lo cual él rechazó de inmediato, diciendo que tal vez regresaría para hacer otra temporada en Maple Woods si el club no le hacía una oferta mejor.

«Yo me sentí realmente emocionado de que me llamaran», dijo Pujols para el *Kansas City Star*. «Ahora todo depende de lo que los Cardenales quieran hacer».

Mientras tanto, Pujols tomó rumbo oeste hasta Hays, Kansas, con el fin de pasar el verano jugando para los Hays Larks en la Liga Colegial de Verano de Jayhawk, una de las mejores ligas colegiales de verano en todo el país. Los

Larks tienen una larga historia que se remonta al año 1946, cuando eran un equipo de pueblo que jugaba con equipos de las comunidades vecinas. La Liga Colegial de Verano tomó el control del equipo en 1977, y Frank Leo tomó las riendas como entrenador principal pocos años después. Aún estaba allí en 1999 cuando Pujols adornó su lista de jugadores. Para los Larks no eran desconocidos los talentos de las grandes ligas, puesto que Lance Berkman jugó allí en 1995, y además, B. J. Ryan y Jack Wilson formaron parte del equipo de 1966.

Con solo diecinueve años de edad, Pujols era uno de los jugadores más jóvenes de la liga, pero su actuación en el campo y su manera de entender el juego captó muy pronto la atención de Leo. «Era un jugador muy maduro, intenso y trabajador cuando yo lo tuve», dice Leo. «Aquello me impresionó, debido a su edad, y a la forma en que se comportaba siendo tan joven. Tenía una comprensión muy buena del juego».

A mediados de temporada, en un doble juego en casa contra El Dorado, Kansas, Pujols impulsó una carrera con un sacrificio en el primer inning, después añadió otra carrera impulsada en el tercero con una primera base, y aquello llevó su ventaja a un 4-0 en un juego que Hays ganó 5-2. En el segundo juego, los Larks consumaron su triunfo total 5-4, con Pujols impulsando dos carreras en el quinto inning para darle a su equipo una ventaja de 4-2. Pocos juegos más tarde, les dio a los Larks una rápida ventaja con un jonrón con dos carreras impulsadas en el primer inning, y añadió un batazo en solitario en el sexto inning, anotando tres carreras, lo cual llevó al equipo de Hays a ganarle 14-3 al Salina Blaze. Al final de la temporada, Pujols impulsó la carrera que ganó el juego en el duodécimo inning contra los Midwest Wolverines en la Regional Nacional de Béisbol del Congreso del Medio Oeste, una victoria de 7-6 para el equipo de Hays en la cual Pujols se embasó tres veces en primera e impulsó tres carreras.

Leo recuerda un juego en El Dorado, durante el cual Pujols lanzó la pelota de un gigantesco batazo sobre un galpón que se encontraba más allá de la cerca del outfield. Aún hoy, cuando los Larks juegan en El Dorado, ese jonrón es tema de conversación durante las prácticas de bateo. Pujols jugó una sólida defensa en tercera base, impresionó a Leo con sus habilidades para correr entre las bases y bateó alrededor de .380 durante la temporada de dos meses y medio, que terminó a mediados de agosto.

«Y no fue un .380 suave», dice Leo. «Cuando él bateaba, del bate salía un estruendo peculiar. Lo que salía por aquella brecha eran verdaderas líneas directas; nada de esos pequeños dobletes que más bien parecían meteduras de pata. Se notaba que había algo especial en él. Nadie puede predecir la rapidez con la que un jugador va a llegar a la cima, pero sí se puede predecir que va a llegar a ella algún día».

Fuera del campo de béisbol, Pujols vivió con Leo y su esposa Barb durante el verano. Se pasaba muchas horas jugando Béisbol RBI en el Nintendo de los esposos Leo, con Abby, la hija de ellos de doce años, y por la noche, después de los juegos, se sentaba en el sofá con Frank para ver los momentos destacados del béisbol en *SportsCenter*.

«Algún día te voy a ver en esos momentos destacados», le dijo Leo una noche. Aún recuerda la respuesta de Pujols: «Tan humildemente como pudo, dijo: "¿De veras usted cree eso, entrenador?"»

Con los juegos de noche, por lo general Pujols se dedicaba a levantar pesas por la mañana en el gimnasio de la escuela secundaria. Durante unas pocas semanas, ayudó a Leo con campamentos de béisbol que dirigía el entrenador. Sammy Sosa era la gran estrella del béisbol en aquellos momentos, y los campistas comenzaron enseguida a llamarle «Sammy» a Pujols. Él no tenía en qué transportarse, de manera que se pasaba muchas horas simplemente dando vueltas por el hogar de los Leo. Deidre fue con frecuencia a visitarlo durante aquel verano, llevando a Bella consigo, y también se quedaba con la familia de Leo. Algunas veces traía comida casera dominicana, cocinada por América, la abuela de Pujols. Era un manjar especial.

«Él era tan bien educado», dice Leo. «Recogía su cuarto todos los días. Hacía la cama. Le daba gracias a Barb después de las comidas. Así se convirtió en parte de nuestra familia».

Todo el tiempo que estuvo jugando en Hays, Pujols continuó las conversaciones con Karaff acerca de firmar con los Cardenales. Finalmente, en agosto, cuando ya se estaba terminando la temporada en Hays, el jugador y el equipo llegaron a un acuerdo: un bono de $65,000 para Pujols por firmar (en el cual se incluía dinero para sus estudios). Así se convirtió oficialmente en miembro de la organización de los Cardenales de Saint Louis.

«No conseguí lo que quería, pero no importa», le dijo Pujols al *Peoria Journal Star* al año siguiente acerca de su bono por firmar. «Tampoco importa en cuál de los momentos lo escogen a uno. Lo que importa es lo fuerte que uno trabaje, y lo que logre mejorar».

Era demasiado tarde para asignar a Pujols a un equipo de las ligas menores en ese punto de la temporada, así que el club lo envió a la liga de instrucción en la Florida. El segundo día que Pujols estaba en la Florida, Karaff recibió una llamada de John Mozeliak, de los Cardenales, que ahora era el mánager general del equipo, y le informó a Karaff que Pujols había bateado con toda fuerza un par de dobles que se salieron de la cerca, había anotado un jonrón e impulsado cinco carreras. Aquello solo era una pequeña muestra de lo que muchos de la organización de Saint Louis verían en el año siguiente a una mayor escala, cuando Pujols comenzó su carrera en las ligas menores en Peoria, Illinois.

Karaff y Pujols siguieron en contacto en los meses y años que siguieron, mientras Pujols ascendía a toda velocidad a través del sistema de preparación de los Cardenales, y con gran rapidez dejó su marca en Saint Louis. Pero las relaciones se echaron a perder después de una reorganización del departamento de exploración del Saint Louis que dejó a Karaff sin trabajo con el equipo. Como no podía regresar al béisbol, Karaff, que ya tenía más de sesenta años, consiguió un trabajo en Wal-Mart, donde aún trabaja. Pujols expresó su irritación con Karaff en más de una ocasión ante los medios de información.

«¿Cómo es posible que uno recluta a alguien, y diga que no sabe si va a llegar a las grandes ligas?», dijo Pujols en *USA Today*. «De repente, al año siguiente [yo estoy] en las grandes ligas, y él se quiere apropiar de todo el mérito».

Karaff no está seguro aún de lo que provocó esta clase de observaciones por parte de Pujols. Sin embargo, se pregunta si tal vez no lo hubieran informado mal, y se le hubiera dicho algo que no era cierto: que Karaff decía que él no sabía si Pujols triunfaría en las grandes ligas.

«Yo no dije ni una sola vez que él no podría jugar en las grandes ligas», sostiene Karaff. «Tenía mis reservas en cuanto a si iba a *batear* en las grandes ligas. Se puede tener un promedio de bateo de .240 y jugar en las grandes ligas. En aquellos momentos me sentí muy herido, y una gran cantidad de gente que me ha conocido durante años se sintió molesta. Ni podía pelear con él, ni quería tampoco. Por supuesto, sigo estando orgulloso de haberlo reclutado, y nunca he hecho una observación negativa acerca de él».

Para Karaff era doloroso oír esta clase de comentarios, y con todos los rasgos positivos de Pujols, sus fuertes observaciones sobre Karaff siguen siendo una de las pocas manchas en una reputación que en los demás aspectos es digna de elogio. La seguridad que tiene Pujols en sus propias capacidades es elogiable, como lo es su firme determinación de triunfar en el béisbol. Pero el hecho de que lo reclutaran en la decimotercera vuelta, después de haber reclutado a otros 401 jugadores, nos proporciona una amplia evidencia de que una gran cantidad de exploradores del béisbol y expertos en el desarrollo de los jugadores tenían muchas dudas acerca de las posibilidades de éxito de Pujols cuando él presionó a los Cardenales para que lo reclutaran, y ciertamente, desempeño un papel en la labor de iniciar la carrera profesional de Pujols.

A pesar de la ruptura de sus relaciones, Karaff no parece sentirse resentido. Aún sigue hablando con entusiasmo sobre la capacidad de Pujols, su ética de trabajo, la mejora que demostró a principios de su carrera y la clase de persona que es.

«Es una situación lamentable», dice Karaff. «Tengo la esperanza de reconciliarme con él algún día, y sentarnos juntos para decirle lo divertido que ha sido verlo jugar».

CAPÍTULO OCHO

¿JUGARÁ BIEN EN PEORIA?

Fue una especie de estrella fugaz que atravesó Peoria. Una supernova, o algo así. Iluminó las noches aquí durante unos meses, y se fue.

—Dave Reynolds, *Peoria Journal Star*

El aroma de la barbacoa flotaba por todo el estadio, y se oía a la distancia el eco de la música del Club B. B. King's Blues en la calle Beale, mientras cerca de doce mil fanáticos permanecían en el AutoZone Park con el propósito de resistir durante todo el maratón del juego de béisbol en una noche de septiembre del año 2000. Los Redbirds de Memphis, el equipo local, seguían tratando de conseguir para la ciudad un título de grandes ligas desde que las Memphis Chicks habían capturado la corona de la Liga del Sur diez años antes. Ahora afiliado de la Triple A de los Cardenales de Saint Louis, el equipo de Memphis se enfrentaba al Buzz de Salt Lake en la serie por conseguir el puesto de mejor de los cinco para el campeonato en la Liga de la Costa del Pacífico.

Los Redbirds iban al frente de la serie 2–1, y se estaban preparando para celebrar un título en el noveno inning, consiguiendo una ventaja de 3–1 después de un jonrón con dos carreras impulsadas bateado por Darrell Whitmore en el octavo. Pero Salt Lake se negaba a perder en silencio, de manera que anotó dos carreras para hacer que el juego entrara en innings extra. Pasó el décimo inning, después el undécimo y después el duodécimo. Entonces, en la segunda parte del decimotercero, con un out, llegó al bate Pujols con sus veintidós años, enfrentándose al lanzador David Hooten, de Salt Lake.

Pujols apenas había tenido suficiente tiempo para sacar las cosas de su maleta en Memphis. Se había pasado la mayor parte del año en Peoria, y después en Potomac, antes que los Cardenales lo promovieran al Memphis al final de la temporada para jugar en el desempate.

«He estado disfrutando todo esto», le dijo Pujols al *Commercial Appeal* acerca de su estancia en Memphis. «Nunca me imaginé que me fueran a llamar de aquí. Yo debería estar ahora mismo en mi casa. Pero me imagino que me llamaron porque necesitaban gente aquí arriba. La gente es muy agradable con todo el mundo. Me han estado tratando muy bien. Es como si ahora mismo ya fuera uno de sus hermanos».

Solo jugó en tres juegos regulares de la temporada antes que comenzara la postemporada, pero hizo sentir su presencia en los desempates, juntando tres hits e impulsado una carrera en el triunfo de los Redbirds contra el Buzz en el primer juego de la serie por el campeonato en la Liga de la Costa del Pacífico. Pujols bateó de jonrón en un esfuerzo que terminó en pérdida en el segundo juego, y los Buzz empataron en la serie. El Memphis reaccionó ganando el tercer juego, y ahora Pujols tenía su oportunidad de darles a los Redbirds su primer título de la LCP. Con un empate 2-2 y un out, Pujols bateó de línea sobre la cerca del jardín derecho, sacando la pelota de Hooten, lo cual le dio al Memphis un triunfo de 4-3 y comenzando así una fiesta en la AutoZone que sobrepasaría con mucho las festividades de la calle Beale.

Aquella victoria significaba que el Memphis iría a Las Vegas y a la Serie Mundial de la Triple A, compitiendo con el Indianápolis, campeón de la Liga Internacional. Mientras llovía confeti sobre la multitud, los fuegos artificiales explotaban en el oscuro cielo de altas horas de la noche y los compañeros de equipo de Pujols lo rodeaban en el home, comenzó a oírse a todo volumen la canción «Viva Las Vegas», de Elvis Presley, por el sistema público de megáfonos. Aunque Elvis siga siendo para siempre el Rey en Memphis, aquella noche, la ciudad coronó a Pujols como *El Rey*.

«La gente de Memphis se había identificado realmente con el equipo», dice Allie Prescott, «y después se enamoró de Albert durante el limitado número de juegos en los que estuvo con nosotros».

La temporada del año 2000 había comenzado para Pujols siete meses antes, cuando se presentó al hogar de los Cardenales para el entrenamiento de primavera, en Júpiter, Florida. Debido a que había firmado demasiado tarde en la temporada de 1999 para que lo pusieran en un club de las ligas menores, y a su juventud, Pujols habría podido ser destinado al equipo de los Cardenales en la liga de novatos en su primera temporada de béisbol profesional. En lugar de hacerlo, los Cardenales lo mandaron a comenzar la temporada con los Peoria Chiefs de la Single-A, en Illinois.

Dave Reynolds, un reportero que cubrió la actuación de los Chiefs para el *Peoria Journal Star*, estaba en Júpiter aquel año, y recuerda la primera vez que vio jugar a Pujols. «Aquel primer día yo estaba observando a los de las ligas menores, porque ese iba a ser mi tema principal», recuerda Reynolds. «Fui a observar su juego. El equipo de Peoria estaba jugando contra el equipo de la Doble-A en un juego para hacer contacto, y Albert salió a batear. Era la primera vez que yo lo veía. En el segundo lanzamiento, bateó un doble por la línea del campo izquierdo. La siguiente vez que fue a batear, bateó una línea hacia el espacio libre en el campo centro derecha para lograr un doble. Entonces fue cuando comencé a prestarle atención».

Pujols captó rápidamente la atención de los demás de Peoria también. Después de anotar un jonrón con tres carreras impulsadas contra los Dodgers de Vero Beach en el primer juego de exhibición de los Chiefs en el año, Pujols y sus compañeros de equipo del Peoria pronto tomaron rumbo norte para inaugurar la temporada regular en el Condado de Kane (Illinois). Cuando salió al bate por vez primera como jugador profesional de béisbol, Pujols hizo un doble en el primer lanzamiento que veía de Josh Beckett. También bateó de jonrón en ese mismo juego e impulsó tres carreras en una brillante actuación de debutante.

Bateó un jonrón con dos carreras en el primer inning para llevar a los Chiefs a una victoria de 8-1 sobre el South Bend en otro juego de la primera parte de la temporada, y después más tarde dentro de la serie, impulsó la única carrera del juego con un sencillo en el primer inning en una puntuación final de 1-0 a favor del Peoria. En el mes de mayo, frente a los Timber Rattlers de Wisconsin, Pujols bateó tres hits e impulsó tres carreras para una victoria de 4-2.

En un encuentro celebrado el 30 de abril contra los Lugnuts de Lansing (el único afiliado de los Cachorros de Chicago en la Single-A), Pujols anotó la carrera que ganó el juego en el noveno inning ante un violento lanzamiento de José Cueto cuando ya había dos outs. Un inning antes, el juego se retrasó durante varios minutos debido a una reyerta masiva entre los dos clubes que se produjo a consecuencia de una jugada inflexible sucedida en el home. Shawn Schumacher, del club de Peoria, había hecho un doblete en el séptimo inning con un lanzamiento de Matt Bruback, y después de avanzar a tercera, trató de anotar una carrera ante una bola baja. Casey Kopitzke, el receptor de Lansing, lo paró en una colisión brutal en home, en la cual Schumacher se rompió la tibia derecha y estuvo tirado en el suelo durante quince minutos antes que una ambulancia se lo llevara al hospital. La reacción de Kopitzke puso furiosos a Pujols y a sus compañeros de equipo.

«Mientras él estaba allí tirado, el receptor del otro equipo estaba parado al lado, riéndose de él», le dijo Pujols al *Peoria Journal Star*. «Yo no lo podía creer. Nuestro compañero se había roto un hueso. Su receptor actuó como si hubiera golpeado a una vaca, o algo así».

Cuando Kopitzke llegó al home para el siguiente inning, Trevor Sansom, el lanzador del Peoria, le lanzó una pelota contra las costillas. Entonces entraron a batear los Chiefs en la segunda mitad del octavo inning, y Bruback lanzó la pelota que le pasó por encima de la cabeza a Danilo Araujo. Después de ser amonestado por Jason Venzon, el árbitro de home, Bruback golpeó a Araujo en la espalda en su siguiente lanzamiento. Araujo respondió dándole un puñetazo a Kopitzke detrás del home, y ambas bancas se vaciaron para formar una fea refriega que tuvo como consecuencia el que veintitrés jugadores quedaran suspendidos, y cuarenta y ocho fueran multados. Pujols recibió una multa de cien dólares y una suspensión por un solo juego.

La multa era especialmente dolorosa para Pujols, quien solo estaba aportando a su casa unos $125 por semana, obtenidos de su mísero sueldo de la Clase-A. «Realmente estábamos viviendo del amor», ha dicho Deidre. «Comimos una gran cantidad de cenas de macarrones en aquellos días».

Pujols siguió bateando durante mayo y junio. Hizo triples, jonrones e impulsó cinco carreras en una victoria 8–5 sobre los Whitecaps de West Michigan, y a mediados de junio era el quinto en bateo (.322) en la Liga del Medio Oeste, para seguir con nueve jonrones y treinta y nueve carreras impulsadas. Su actuación en la primera mitad le ganó un puesto en el Juego de las Estrellas de la Liga del Medio Oeste. Antes del juego, ganó una competencia de bateo en la cual quedó a la par con Tony Pérez, miembro del Salón de la Fama.

«Se portó muy humilde acerca de esto después, cuando yo le hablé», dice Reynolds. «Lo que más le había emocionado era que había podido conocer a Tony Pérez. Se lo veía lleno de vida cuando hablaba de aquello».

Pérez había pasado veintitrés temporadas en las grandes ligas, la mayor parte de ellas con los Rojos de Cincinnati, donde fue miembro de la Gran Máquina Roja en los años setenta. Bateó 379 jonrones e impulsó 1.652 carreras antes de retirarse en 1986, cuando Pujols tenía seis años de edad.

«Fue muy agradable poderlo conocer», le dijo Pujols a Reynolds. «Todavía está en excelente forma».

Ya el 10 de julio, Pujols tenía un empate por el primer lugar en la liga en cuanto a carreras impulsadas, con un total de sesenta y nueve. Aumentó ese total cuando impulsó dos carreras ese día en el primer inning para darles a los Chiefs una ventaja sobre Kane County que no perderían. En agosto, *Baseball America* nombró a Pujols como el mejor prospecto para tercera base en la Liga del Medio Oeste, y el 10 de agosto, los Cardenales lo promovieron al Potomac, de alta Clase-A, en las afueras de la capital de la nación. Terminó su temporada en Peoria con un promedio de .324 que era el mejor en la liga, diecisiete jonrones y ochenta y cuatro carreras impulsadas. Aunque no terminó su temporada allí, sus números eran lo suficientemente buenos como para ganarle el premio al Jugador Más Valioso de la liga.

«Fue una especie de estrella fugaz que atravesó Peoria», dice Reynolds. «Una supernova, o algo así. Iluminó las noches aquí durante unos meses, y se fue».

El debut de Pujols con los Cannons del Potomac en la Liga de las Carolinas fue muy parecido a su debut en Peoria. Con Walt Jocketty, el mánager general de los Cardenales de Saint Louis, entre los presentes, Pujols bateó un sencillo e impulsó una carrera en su primera vez al bate, y después anotó el segundo jonrón bateando de sacrificio. Bateó otro hit con el que impulsó carreras en el quinto inning y el Potomac venció al Frederick 4-1.

«No traté de hacer demasiadas cosas allí, porque sé lo que puedo hacer», cita el *Washington Post* que dijo Pujols. «Solo tengo que ver la pelota y batearla, y sé que todo estará bien».

Jugando contra los Warthogs de Winston-Salem el 30 de agosto, Pujols bateó una línea directa con la pelota lanzada por Bo Hart en el décimo inning, ganando así el juego para los Cannons. Al día siguiente añadió otra carrera impulsada con un hit por el centro del campo, y pudo terminar anotando, pero las dos carreras fueron todo lo que pudo hacer el Potomac, perdiendo 6-2. Pujols intervino en veintiún juegos con el Potomac, bateando de .284 con dos jonrones y diez carreras impulsadas. Pero se le estaba acabando su tiempo allí. Los Redbirds de Memphis habían perdido a Ernie Young, quien entró en el equipo olímpico de los Estados Unidos. El que las Olimpíadas tuvieran lugar precisamente en este momento de la carrera de Pujols, es una coincidencia para muchos, pero es providencial para quienes comparten su fe. Además, Elí Marrero, Eduardo Pérez y Thomas Howard habían pasado al club principal en Saint Louis cuando se ampliaron las listas el 1º de septiembre. Con un puesto de jugador principal cerrado, los Redbirds necesitaban algunos jugadores para los desempates, y un poco de poder ofensivo equivaldría a un bono añadido.

«Necesitábamos otro bateador», dice Galen Pitts, quien era entonces el mánager de Memphis. Me dieron a escoger dos o tres jugadores y su nombre [el de Pujols] era uno de ellos. Pero él estaba en A-ball. No es usual que se llame a alguien a ascender desde un A-ball. En la Doble-A hay jugadores que están listos para el ascenso, y lo corriente es que se siga esa ruta».

Pitts acudió a Mitchell Page, el instructor de bateo de las ligas menores de los Cardenales ese año, para que le aconsejara a quién debía seleccionar.

«Escoge a este hombre, a Pujols», le dijo Page. «Aunque esté en el A-ball ya es mejor que estos otros jugadores, y te va a ayudar con la ofensiva».

Pitts siguió el consejo de Page. Aunque Mike Jorgensen, el director de desarrollo de los jugadores de los Cardenales, se mostraba reticente en cuanto a promover a Pujols tan lejos y con esa rapidez, la opinión de Pitts prevaleció sobre la suya, y él cedió.

Con Lou Lucca firmemente situado como el tercera base de Pitts, el mánager del Memphis necesitaba que Pujols jugara en el campo izquierdo, la primera vez que jugaba en esa posición. «Era impresionante ver a un jovencito llegar y hacer su adaptación a ese nivel de inmediato, y más impresionante aún la forma en que manejó el outfield a pesar de no haber jugado nunca en esa posición», dice Pitts. «Allí hacía todas las jugadas y tiraba la pelota hacia la primera base. No perdía un segundo».

Pujols terminó 0 a 5 en su debut con el Memphis el 2 de septiembre, pero conectó su primera carrera al día siguiente y añadió otra carrera impulsada el 4 de septiembre en un noveno inning de siete carreras que lanzó a los Redbirds a una victoria de 9-7 sobre el Oklahoma. Ya para entonces, la temporada regular había terminado para Pujols, y después venían los desempates. Los Redbirds tomaron cinco juegos para vencer al Albuquerque en la primera ronda de la serie de los mejores entre cinco. Su heroísmo contra el Salt Lake los envió a Las

Vegas y a la Serie Mundial de la Triple-A, jugando contra el Indianápolis, una serie que el Memphis perdió en cuatro juegos.

Aunque su tiempo en Memphis fue breve —como había sucedido en Peoria y en el Potomac— Pujols causó un impacto en aquellos con los que interactuó.

«No estuvo aquí mucho tiempo», dice Woody Galyean, el líder de la Capilla de Béisbol para los Redbirds. «Lo que yo recuerdo acerca de Albert es, en primer lugar, que nunca se perdía el culto en la capilla. De hecho, hicimos algunos cultos extra aquel año porque estábamos en la lucha por el desempate. Que yo recuerde, nunca dijo gran cosa. Pero hemos tenido otros así, y cuando los veo, digo: "Bueno, no estarán hablando mucho, pero sí están escuchando"».

Galyean dice que era fácil ver que Pujols era diligente en su trabajo, y en los años desde que el bateador se marchó de Memphis, él lo ha observado desde la distancia y se ha sentido impresionado por lo que ha visto.

«Es agradable conocer a alguien como Albert, quien en primer lugar, es un gran pelotero», dice Galyean. «Pero a mí lo que más me emociona es su caminar con el Señor y la forma en que sirve. Nunca se oye decir nada negativo acerca de él. Es parecido a lo que sucede con Billy Graham, que tampoco se oye nunca nada negativo acerca de él. Caminan y viven de la manera correcta».

Después del torbellino de la temporada del año 2000, los Cardenales enviaron a Pujols a la Liga de Otoño de Arizona, para que tuviera más tiempo en el juego. Uno de sus compañeros de equipo en Arizona era Mike Maroth, quien después sería lanzador de los Tigres de Detroit, y durante un breve tiempo sería compañero de equipo de Pujols en el 2007, de nuevo en Saint Louis. Aunque Maroth no pasó mucho tiempo con Pujols durante aquel otoño en Arizona, sí asistía regularmente con él a la capilla, y sí pudo notar las capacidades del joven bateador.

«Algunas de las cosas que hizo en el campo eran impresionantes», dice Maroth. «Ya en la Liga de Otoño de Arizona se notaba que iba a ser un gran jugador».

Adelantémonos ahora al año 2007, en el cual Maroth fue a lanzar de nuevo para los Cardenales, y compartió de nuevo la casa club con Pujols. Le sorprendió gratamente lo que descubrió aquel año en Pujols.

«Jugué con él antes que se convirtiera en un jugador de tanta categoría —cuando estábamos en las ligas menores y en la Liga de Otoño de Arizona, en los momentos en que solo era un prospecto para el futuro— y al verlo después de muchos años de éxito, convertido en uno de los mejores jugadores en el nivel de las grandes ligas, se daba uno cuenta de que seguía siendo el mismo», dice Maroth. «Nada había cambiado. Es un hombre del que puedo decir —sobre todo con toda la fama y todo el éxito que ha tenido en el juego— que el hecho de ser la misma persona en el 2007 habla muy alto de su humildad y su capacidad para seguir con los pies en la tierra».

Para Maroth es evidente la gracia de Dios que él ve en la vida de Pujols. «No tiene temor alguno de compartir y hablar acerca de Dios, hasta en la casa club y con los demás compañeros», dice Maroth. «No tiene nada de dominante, pero decididamente demuestra el lugar que Dios ocupa en su vida».

Pero incluso cuando no está hablando directamente del Señor, Maroth afirma que Pujols exhibe las virtudes cristianas simplemente por su manera de vivir: siempre de buen humor, siempre sonriente (aunque hubo algunos en los medios noticiosos que no estuvieran de acuerdo con esta descripción), siempre dispuesto a conversar con los que quieran interactuar con él, y trabajando duro en su profesión.

«Aun con esa ética de trabajar continuamente, lo he visto hablar con los medios de información durante largo tiempo», dice Maroth. «Lo he visto conversar con los compañeros de equipo. Con todo el tiempo que invierte en su trabajo, cualquiera pensaría que un hombre así no tendría tiempo para nadie, pero él siempre hace ese tiempo. Se lo ve constantemente hablando con distintas personas, desde las de los medios de información, hasta los miembros del otro equipo y las familias de sus compañeros de equipo. Ese es Albert. Su conducta demuestra en qué lugar se encuentra desde el punto de vista de la fe. Se nota que hay algo diferente en él por su manera de vivir, y por lo que habla con la gente».

Una vez terminada la Liga de Otoño de Arizona (Pujols bateó .323 con cuatro jonrones y veintiuna carreras impulsadas en veintisiete juegos), Pujols y Deidre volvieron a Kansas City, donde vivieron con los padres de Deidre por unas pocas semanas. Para ganar un poco más de dinero, Pujols trabajó en aquel tiempo entre temporadas en el Country Club de Meadowbrook, ayudando en la labor de abastecimiento. En enero, el matrimonio Pujols tuvo su primer hijo, Alberto José, a quien llaman A. J.

«Él se siente realmente emocionado por tener este pequeño jugador de béisbol», le dijo Deidre al *Post-Dispatch*. «Nosotros grabamos el momento en que lo tuvimos. Albert no sabía qué pensar por lo maravillado que estaba. Es probable que aquel fuera uno de los mejores momentos de su vida. Aunque logre algo importante, los momentos como aquel los seguirá considerando como los mejores».

Ahora que su familia se había vuelto un poco más grande, Pujols regresó a la Florida en febrero para su segunda experiencia en el entrenamiento de primavera con los Cardenales. Después de terminar la temporada en Memphis, supo que aquel era su punto de destino más probable para comenzar la temporada del año 2001, y Pitts también estaba esperando que Pujols fuera su tercera base regular ese año. Ambos estaban equivocados.

CAPÍTULO NUEVE

INCLÚYAME EN LA LISTA, ENTRENADOR, QUE ESTOY LISTO PARA JUGAR

Él es casi demasiado bueno para ser cierto.

—*Tony La Russa*

E n el año 2001 se le estaba terminando el entrenamiento de primavera a Pujols, con veintiún años en aquellos momentos. Aunque los Cardenales lo habían invitado a participar con el club de las grandes ligas en su campo de entrenamiento en Júpiter, Florida, nadie había esperado que compitiera por un puesto. Pero era el 27 de marzo, y aún no lo habían sacado. No les había dado razones a los Cardenales para sacarlo. Estaba bateando muy por encima de .300 como promedio de la primavera, y había impresionado a los mánagers, los jugadores y los fanáticos del equipo, no solo por su habilidad para batear, sino también por su madurez y su conocimiento general del béisbol.

Cuando faltaba menos de una semana del béisbol de exhibición, Pujols entró a la caja del bateador en la primera parte del noveno inning contra los Bravos de Atlanta en su residencia de primavera, en Disney World. Matt Whiteside estaba lanzando por los Bravos, que llevaban la delantera 5–4. Elí Marrero, de los Cardenales, acababa de batear de jonrón la pelota más allá del tablero en el jardín izquierdo–centro para poner al Saint Louis a una diferencia de una carrera. Pujols, que no se iba a quedar detrás, bateó con toda fuerza la pelota que le lanzó Whiteside y la envió volando *por encima* de ese mismo tablero, para empatar el juego a cinco carreras.

«Hermoso», dijo Mike Easler, el entrenador de bateo de los Cardenales. «Fue asombroso. Solo demuestra lo que va a llegar a ser ese muchacho».

Sin embargo, ¿bastaba para mover a Pujols, con todo un año de experiencia en el béisbol profesional, a la lista del Día de Inauguración?

Ciertamente, los Cardenales no parecían necesitar a Pujols cuando los jugadores viajaron a Júpiter en febrero para comenzar el entrenamiento de la primavera de 2001. El equipo había ganado la división en el año 2000 antes de caer frente a los Mets en la Serie del Campeonato de la Liga Nacional, y el núcleo básico de la lista había regresado intacto a principios de la temporada de 2001.

El Saint Louis tenía una sólida ofensiva con Marc McGwire, el rey de los jonrones en una sola temporada, en primera base, Jim Edmonds en el jardín central, J. D. Drew en el derecho, Edgar Rentería como shortstop, Ray Lankford en la izquierda y Fernando Viña en segunda base. El veterano receptor Mike Matheny dirigiría un personal de lanzamiento en el que se incluían Matt Morris y Rick Ankiel, unos jóvenes prometedores, y veteranos como Andy Benes, Woody Williams y Darryl Kile (quien había ganado veinte juegos en el año 2000). Durante el tiempo entre temporadas, se marchó el tercera base Fernando Tatis, negociado con los Expos de Montreal a cambio de Dustin Hermanson y Steve Kline, de manera que la tercera base era uno de los pocos signos de interrogación que tenía el equipo. Pero la gerencia del Saint Louis esperaba que Craig Paquette y Plácido Polanco realizaran un trabajo adecuado manteniendo en buen estado la esquina caliente hasta que Pujols, el valioso prospecto del equipo, estuviera listo para reclamar esta posición en 2002.

Después de aquella temporada estelar en las ligas menores en el 2000, Pujols se había ganado esta invitación al campamento de entrenamiento de los Cardenales como jugador fuera de lista. Los altos jefes de Saint Louis habían estado intrigados con lo que habían visto del meteórico ascenso de Pujols a través del sistema de preparación el año anterior, y querían ver más de cerca a lo que podrían esperar de él en el futuro. En su único año de béisbol profesional, Pujols había sido el Jugador del Año de los Cardenales en las Ligas Menores. Había bateado de .314 durante la temporada, con diecinueve jonrones y noventa y seis carreras impulsadas, y había sido el Jugador Más Valioso de los juegos de desempate en la Liga de la Costa del Pacífico después de haber sido promovido a la Triple-A en el Memphis.

«Fue un año increíble», dijo Pujols durante el campamento de entrenamiento de 2001. «Pero ya está en el pasado. De manera que es necesario volver a esforzarse este año y tratar de hacer lo mismo, solo que mejor. Me estoy concentrando en este año. Lo que hice el año pasado fue una bendición de Dios. No sufrí heridas y me mantuve fuerte hasta el final. Ahora me corresponde trabajar tan duro como pueda para dar el siguiente paso».

Pero a pesar del heroísmo que manifestó en el año 2000, nadie que estuviera bien de la mente pensaba que Pujols entraría en el año 2001 en el equipo. Desde el principio del campamento lo destinaron a comenzar la temporada con los Redbirds de Memphis para que madurara más. En su camiseta llevaba el número 68, y ese número no se lo asignan a nadie si piensan que tiene una oportunidad de entrar en la lista. A menos que sea buen interceptor.

Tal vez Pujols no estuviera en el deporte que le correspondía para usar el número 68, pero su físico les habría hecho sentir celos a muchos defensas de fútbol rugby. Desde el momento en que llegó al campamento, sus compañeros de equipo, sus entrenadores e incluso los miembros del personal de entrenamiento se fijaron en él.

«Era el espécimen físico más impresionante que yo había visto», dice el Dr. Ken Yamaguchi, del personal médico de los Cardenales, quien ayudó a administrarles los exámenes físicos a los jugadores. «Era una roca».

Para los jugadores, el campamento se puede convertir en su primer año en un tiempo de presiones y retos inmensos, en especial para prospectos que se estén tratando de promocionar. Aunque no haya una competencia abierta por ocupar un lugar en la lista oficial, los atletas profesionales quieren hacer un buen papel, y el entrenamiento de primavera les proporciona una oportunidad para exhibir sus talentos ante la gente que ellos necesitan que los vean.

«Todo el mundo quiere causar una buena impresión», dice Ben Zobrist, de los Rays de Tampa Bay. «El jugador les quiere demostrar al mánager y a los entrenadores que es capaz de jugar a ese nivel. Puede ser un tiempo muy importante para alguien que está tratando de entrar en la lista».

Pujols manejó bien las presiones. Los entrenadores comenzaron a observar no solo sus habilidades en el campo, sino también su madurez y su sensato enfoque del juego.

«Tiene presencia y una gran cantidad de talento», dijo Tony La Russa, mánager de los Cardenales. «Esta es la primera vez que lo veo, y lleva dentro una fortaleza personal real que es muy impresionante. Algunos de los jugadores jóvenes tienen tendencia a considerar esto como una especie de vacación de primavera. Necesitan tiempo para crecer. En cambio Pujols lo tiene todo muy claro. Tiene un enfoque serio y maduro de la situación. Es casi demasiado bueno para ser cierto».

La Russa no se daba cuenta de su visión de futuro, puesto que Pujols aún tenía que demostrar todo lo que él podía hacer con un bate de béisbol. Pero comenzó a prever lo que iba a suceder. En un juego dentro del mismo equipo antes que comenzaran los juegos de exhibición, Pujols hizo un triple y bateó de jonrón, impulsando dos carreras, para llevar a su equipo a una victoria de 6-3. En una exhibición hecha el 10 de marzo contra los Mets, bateó su primer jonrón de la primavera e impulsó otra carrera en una línea baja. Dos días más tarde, se anotó otro jonrón, impulsando esta vez dos carreras. El 17 de marzo, contra los Expos, hizo dos dobletes. Al día siguiente hizo dos hits más y anotó una carrera.

«Este hombre va a ser una estrella», dijo el entrenador Easler. «Y tampoco estoy hablando de una estrellita, sino de una gran estrella. No le digan que yo dije esto, pero va a ser otro Edgar Martínez».

Pujols se ganó la admiración de Easler casi inmediatamente, y Easler ni siquiera tuvo que verlo batear. Todo lo que tuvo que hacer fue oír el sonido de las pelotas cuando las bateaba Pujols.

«Son solo unos pocos los que pueden hacer ese sonido», le diría más tarde Easler a *USA Today*. «Willie Stargell, Dave Parker, Dave Winfield, Mike Schmidt. Estoy hablando de hombres de esa categoría. La pelota explota al salir del bate, y él tiene el suficiente talento como para usar su poder en el movimiento del bate y salir disparado por la parte opuesta para llegar a primera base».

El primer grupo de eliminaciones en la lista de Saint Louis se produjo el 12 de marzo. Diecinueve jugadores fueron reasignados a un campamento de las ligas menores. Pujols no era uno de ellos, y ya para entonces, lo que se decía en voz baja se iba diciendo cada vez más alto. Al fin y al cabo, tal vez Pujols sea lo suficientemente bueno como para entrar en el equipo, comenzaron a pensar los fanáticos. Aunque Paquette y Polanco también estaban haciendo una primavera sólida, esa sección de la tercera base no llenaba de energía a la Nación de los Cardenales de la misma manera que lo hacía Pujols. Sin embargo, La Russa se mantenía escéptico.

La Russa no quería que Pujols saliera del campamento con el equipo, si no tenía un lugar donde jugar de manera regular. El entrenador de los Cardenales pensaba que Pujols se beneficiaría más con un tiempo de juego regular en Memphis, que sentado en la banca en Saint Louis, y es difícil discutir con la lógica de ese pensamiento. Sin embargo, Pujols estaba bateando muy por encima de los .300 en la primavera. Estaba impulsando carreras y bateando de una manera poderosa. Estaba jugando una defensa adecuada. Así comenzó a convencer a algunos de los jugadores de que él se merecía un lugar en el equipo.

«Yo no creo que puedas perder con él de ninguna de las dos maneras», le dijo McGwire. «Si lo envías allí, no tienes nada que perder. Si lo conservas, tampoco vas a perder nada. Pero lo más lógico es enviarlo a la Triple–A y salir con el pie derecho, y después, si sucede algo, traerlo de vuelta».

Todavía a fines de marzo, Pujols parecía destinado para Memphis. Sin embargo, a La Russa y Walt Jocketty, el mánager general de los Cardenales, les seguía siendo difícil tomar la decisión. Tal parecía que cada vez que estaban a punto de enviarlo a Memphis, Pujols hacía algo —como lanzar un jonrón para empatar el juego por encima del tablero de anotaciones— para hacerlos repensar si sería sabio tomar esa decisión. A esa proeza la siguió el día siguiente un hit que impulsó dos carreras, siendo Ugueth Urbina el lanzador de cierre del Montreal. Después del juego, los Cardenales le informaron a Pujols que iría a la Costa del Pacífico con el equipo para los tres juegos finales de exhibición antes del comienzo de la temporada. Con un estilo muy típico de Pujols, se anotó dos hits en el primer juego en Oakland.

Pujols desplegó durante el entrenamiento de primavera no solo su destreza en la ofensiva, sino también su versatilidad. Jugó tercera base. Jugó jardín izquierdo. Jugó jardín derecho. Jugó primera base. Hasta jugó shortstop. Los entrenadores del Saint Louis acusaban de broma a La Russa de poner a Pujols a jugar en una posición en la que fallaría, con lo cual tendría una excusa para enviarlo a Memphis.

Cuando el entrenamiento de primavera iba llegando a su fin, Pujols, John Mabry y Bernard Gilkey se estaban disputando el puesto final en la lista. La Russa estaba encantado con la capacidad y la ética de trabajo de Pujols, pero seguía luchando con la pregunta sobre si podría recibir el tiempo de juego necesario para que sus habilidades se siguieran desarrollando.

Entonces sucedió algo imprevisto. Bobby Bonilla, que había firmado con los Cardenales como agente libre y estaba incluido en la lista para el día inaugural, se dañó el ligamento de una de las corvas, de manera que comenzaría la temporada en la lista de deshabilitados. Una lesión aparentemente tan poco importante nunca ha tenido unas consecuencias tan drásticas para la historia del juego, a menos que tengamos en cuenta el dolor de cabeza fingido de Wally Pipp, que le abrió las puertas a un jovencito llamado Lou Gehrig para que se hiciera cargo de la primera base de los Yankees en 1925.

La lesión de Bonilla significaba que Pujols, que era diestro, sería una opción viable para conseguir una cantidad considerable de tiempo de juego en el jardín izquierdo en los primeros juegos de la temporada, puesto que el Saint Louis se tendría que enfrentar a varios lanzadores zurdos. Todo el que conozca algo sobre La Russa sabe que es un gran defensor de que se ponga a jugar a los que se pueden equiparar entre sí. De repente, La Russa tenía todas las razones que necesitaba para que Pujols se quedara con el equipo durante el principio de la temporada. Lo peor que podría pasar era que Pujols pudiera salir al bate varias veces con el club de las grandes ligas durante unos cuantos días, y después se le enviara a Memphis para que madurara más en sus habilidades, una vez que Bonilla se recuperara.

La Russa le explicó todo esto a Pujols cuando le dio la noticia al joven bateador el domingo 1° de abril, que no solo había entrado en el equipo, sino que estaría en el jardín izquierdo para el juego inaugural de los Cardenales contra Colorado.

«Hay muchas conversaciones que son dolorosas», dijo La Russa, refiriéndose a los momentos en que les tiene que decir a los jugadores que no se les ha incluido en el equipo. «Hay diez malas por cada una buena, así que lo mejor que se puede hacer es disfrutar la buena».

Aunque La Russa disfrutó mucho al darle la noticia, Pujols se sintió más emocionado aún. Pero no tenía intención de considerar que su misión había quedado cumplida.

«Todavía estoy trabajando duro cada vez que llego al campo de pelota», decía Pujols en aquellos tiempos. «Me dijeron que había sido incluido en el club, pero todavía tengo que trabajar duro para permanecer en él durante todo el año».

La mano invisible de la divina providencia parecía estarlo empujando hacia el siguiente nivel. Pujols no sabía lo que tendría para él el futuro, pero sí sabía que Dios le había dado una magnífica oportunidad, y tenía el plan de sacarle el mejor partido posible.

La era de Albert Pujols en el Saint Louis había comenzado.

SEGUNDA PARTE

MI PLATAFORMA: ALBERT EN LAS GRANDES LIGAS

CAPÍTULO DIEZ

EL NOVATO DEL AÑO

Tenemos un nuevo héroe en nuestra ciudad.
—*Jack Buck, legendario cronista de Saint Louis*

E l lanzador conocido como Big Unit [La Gran Unidad] echó una mirada desde su montículo para captar la señal del receptor Damian Miller en el segundo juego de la Serie de la División de la Liga Nacional en el año 2001. Con sus
dos metros de estatura, el zurdo Randy Johnson es intimidante en casi cualquier
circunstancia. Había logrado una anotación de 21-6 para los Diamondbacks de
Arizona en 2001, con un promedio de carreras ganadas de 2,49 y la asombrosa
cantidad de 372 outs de bateadores; suficiente para obtener el Premio Cy Young.

Subiéndose al montículo como si fuera un coloso, Johnson ahora se alzaba
contra los Cardenales en el Parque de Béisbol de Bank One en Phoenix, con los
Diamondbacks poseedores ya de una ventaja de 1 a 0 en la serie. Curt Schilling
lo había logrado el día anterior, permitiendo solo tres hits y venciendo al Saint
Louis con un estrecho margen de 1-0.

El novato Albert Pujols estaba de pie en la caja del bateador, contemplando
al larguirucho de Johnson. Aunque Pujols había logrado una de las mejores
temporadas de novato en la historia del béisbol hasta el momento —y había
bateado muy bien los lanzamientos de Johnson aquel año—, ya no se trataba de
la temporada regular. Eran los juegos de desempate. Y a Pujols le había costado
desempeñar un buen papel en los juegos recientes, logrando solo cuatro hits en
sus veintiuna veces finales al bate para terminar la temporada y obteniendo un
simple cero en las cuatro veces que estuvo al bate en el primer juego.

Con dos outs en la primera parte del primer inning, Edgar Rentería recibió
una base por bola, llegando a la primera base como beneficiario de una de las
pocas bases por bolas concedidas por Johnson. Pujols, bateando para limpiar
el cuadro, al principio parecía dirigirse a un final similar, puesto que Johnson
le había lanzado tres bolas directas al primera base de los Cardenales.

Entonces fue cuando a Pujols le cantaron un strike, y bateó de foul el siguiente lanzamiento de Johnson para llenar el conteo. Rentería estaría moviéndose de la primera base, pero la Gran Unidad tenía en mente ponchar al bateador para poner un punto de admiración en el primer inning y preparar la escena para el resto de sus salidas. Tomó velocidad y lanzó una bola rápida de 155 kilómetros por hora hacia el home. Pero iba mal dirigida; arriba y afuera sobre el home. Pujols bateó la pelota lanzada por Johnson a 110 metros por la línea del campo derecho y de esa manera con su jonrón se anotaron dos carreras que le darían al Saint Louis una temprana ventaja de 2-0.

Era todo el apoyo que Woody Williams, el iniciador del Saint Louis, necesitaría, puesto que los Cardenales respondieron con una victoria de 4-1 para igualar la serie en un juego por equipo. «Aquello fue grande», dice Williams del jonrón de Pujols. «Que él saliera y bateara de línea por el campo derecho en un juego de desempate de esa magnitud, con un estadio repleto y uno de los mejores lanzadores de todos los tiempos en el campo, habla mucho de su carácter».

«Un muchacho fuerte», dijo Johnson después del juego acerca de su choque con Pujols. «Una mala ubicación».

«Solo trato de ser agresivo, observar lo que me lanzan y batear fuerte la pelota hacia donde se pueda», les dijo Pujols a los reporteros acerca de su encuentro con Johnson. «Yo no trato de superar nada. Confío en mis manos y hago lo mejor que puedo con la pelota que me lanzan».

Mientras tanto, Tony La Russa, el mánager del Saint Louis, no estaba seguro sobre qué decir acerca del decisivo jonrón de Pujols.

«Ha bateado tantos hits decisivos, que detestaría faltarles al respeto a algunos de los otros hits grandiosos que nos trajeron hasta aquí», dijo La Russa. «Detestaría poner este hit por delante de los demás, porque él ha tenido muchos más».

La Russa no esperaba hacer una declaración así al comenzar la temporada. Sí, el fenómeno Pujols —basado en parte en la fuerte exhibición dada durante el entrenamiento de la primavera, y en parte en la lesión sufrida por Bobby Bonilla— había llegado a la lista de jugadores de los Cardenales para el Día Inaugural, y estaba entre los que comenzarían la temporada contra el Colorado en un equipo del Saint Louis que se sentía fuertemente seguro al comenzar la campaña del 2001. Pero se suponía que aquel arreglo era temporal, y los Cardenales esperaban con toda seguridad que se enviaría a Pujols de vuelta a Memphis cuando Bonilla pudiera volver a jugar. Hasta el *St. Louis Post-Dispatch*, en sus «cápsulas» sobre los jugadores al comenzar la temporada, declaraba con gran seguridad acerca de Pujols: «En su futuro inmediato hay más maduración en Memphis».

No obstante, Pujols tenía planes de quedarse. Ahora que usaba un número 5, más respetable, en su uniforme, le bateó un sencillo a Mike Hampton en el séptimo inning de aquel primer juego contra los Rockies. Ese sería su primer hit en las grandes ligas. Fue lo único digno de notar aquel día para los Cardenales, que perdieron 8–0. Los dos días siguientes significaron dos derrotas más para el Saint Louis. Pujols quedó en 0 de 5 en su segundo juego, y no pudo alcanzar la base en su única vez al bate como bateador sustituto el 5 de abril. Los Rockies barrieron con los Cardenales en la inauguración de la temporada.

Esa barrida no era lo que los fanáticos del Saint Louis habían previsto para comenzar el nuevo año. Y las cosas no se veían demasiado prometedoras al día siguiente, cuando los Cardenales viajaron de Denver a Phoenix para jugar un conjunto de tres juegos con el Arizona, con el primera base McGwire, que era un fuerte bateador, fuera del juego con una rodilla lesionada, y el centro Jim Edmonds en la banca con un dedo gordo adolorido. Ellos dos se habían combinado para conseguir setenta y cuatro jonrones en el año 2000, y se esperaba que proporcionaran la mayor parte del impulso que se necesitaba en la alineación del 2001.

Sin embargo, el resto del equipo, incluyendo a Pujols, se dedicó a mejorar la situación. Comenzando en el campo derecho, Pujols bateó su primer hit en el juego contra Armando Reynoso en el segundo inning. En el cuarto, llegó al home con Ray Lankford en primera base y un out, mientras los Cardenales estaban en desventaja 2–0. Reynoso lanzó una curva, que Pujols depositó de inmediato en las gradas del campo izquierdo para anotarse su primer jonrón en las grandes ligas y empatar el número de carreras.

Un inning más tarde, con los Cardenales perdiendo 4–3, Pujols bateó con fuerza su tercer hit de la noche, un doble sobre el campo izquierdo que impulsó una carrera de Lankford para empatar el juego. Entonces Pujols anotó en un hit sencillo de Mike Matheny como parte de un inning con ocho carreras que marcó una victoria de 12 a 9 para el Saint Louis. Los dos días siguientes fueron parecidos. El 7 de abril, después de dos hits y tres carreras impulsados, con una victoria de 8–4, Pujols bateó para limpiar las bases contra Johnson en el final de la serie. La Gran Unidad logró ponchar a Pujols en su primera vez al bate, pero no pudo duplicar ese logro en el tercer inning. Pujols se enfrentó a Johnson con un empate de dos carreras, dos hombres en base y dos outs; lo que Mike Shannon, el cronista de mucho tiempo del Saint Louis llamaría «la locura de las parejas». Pujols bateó una pelota lanzada por Johnson hacia lo más profundo del campo central para un doblete de dos carreras que le dio al Saint Louis una ventaja que ya no perdería, y los Cardenales acabaron con los Diamondbacks para alcanzar .500 en la temporada.

La serie de Arizona fue una especie de fiesta de salida para Pujols, quien llevó adelante la ofensiva de los Cardenales, bateando de .500 (7 de 14), con un jonrón y ocho carreras impulsadas en tres juegos.

«[Pujols] es un jugador ganador», dijo La Russa durante la serie. «Actúa como si tuviera gran experiencia, pero no es así como se relaciona con los jugadores. No tiene todas las respuestas, y tiene un respeto total». El mánager de los Cardenales describiría más tarde a Pujols diciendo que era algo así «como el preferido del equipo».

«A estos muchachos les encanta Albert Pujols», dijo La Russa acerca de los jugadores de los Cardenales. «Le darían una buena entrada a golpes a alguien que se atreviera a meterse con él por la calle».

Es posible que el estallido de Pujols contra el Arizona haya salvado su lugar en la lista de jugadores. Con Bonilla listo para salir de la lista de deshabilitados a tiempo para la inauguración en casa el 9 de abril contra el Colorado, los Cardenales tuvieron que hacer cambios en la lista de jugadores para crearle un lugar. Todo el tiempo, el plan era que Pujols volviera a Memphis cuando regresara Bonilla. Pero después que Pujols exhibió el hecho de que tenía un bateo indispensable en el centro mismo de la alineación de los jugadores, los Cardenales enviaron a John Mabry a los Marlins de la Florida para que ganara algo de dinero. El lugar de Pujols en el equipo quedaba asegurado por el momento.

De inmediato se hizo evidente que aquel cambio en la lista había sido sabio. Jugando en la inauguración de la temporada ante una multitud en el Estadio Busch por vez primera, Pujols se enfrentó a Denny Neagle ya avanzado el segundo inning para un jonrón que impulsó otra carrera y le dio al Saint Louis una ventaja de 2 a 0. El jonrón era el primero que anotaba un novato de los Cardenales en una inauguración de temporada desde que lo había logrado Wally Moon en 1954. El Saint Louis respondió con fidelidad, exigiendo que se le diera a Pujols su primer reconocimiento oficial por su excelencia en el juego. Jack Buck, el legendario cronista de los Cardenales, le dio a Pujols el título del «nuevo héroe de la ciudad».

Pujols salió en el noveno inning con ningún out y hombres en primera y tercera. El juego estaba empatado 2 a 2. Sin embargo, los Rockies prefirieron darle base por bola intencionalmente para llenar las bases. Con Elí Marrero en home y un out, José Jiménez, lanzador del Colorado, hizo un lanzamiento loco que le permitió a Lankford anotar la carrera que ganó el juego.

Los fanáticos de los Cardenales estaban comenzando a adquirir el sentido de las cosas que se podían esperar de Pujols. Y les gustaba lo que veían.

«Fue asombrosa la manera en que pasó desde A hasta B como jugador», dice Rick Horton, cronista de los Cardenales. «Eso es lo que me impresionó más de él. Era un shortstop de las ligas menores para mi amigo Tom Lawless, quien fue su mánager en A–ball. Era un buen jugador. Pero entonces pasó de allí a esta campaña para convertirse en un jugador que de repente llegó al equipo desde el entrenamiento de primavera, cosa que nadie pensaba que lograría. Y dejó de ser un infielder para convertirse en un jardinero, y después se convirtió en un tercera base, y más tarde, primera base. Solo el hecho de verlo crecer como jugador fue en realidad lo primero que me impresionó de él».

Pero más que sus habilidades en el campo, Horton —y muchos otros— observó algo más en Pujols y su manera de entender el juego.

«Parecía ser muy gregario y amistoso, y encantado de poder jugar béisbol, y ese es un rasgo que sigue teniendo», dice Horton. «Trae consigo una gran pasión por el béisbol. Es sumamente difícil emocionarse por jugar béisbol todos los días, pero él lo logra».

Después de ir 3 por 4, con dos carreras anotadas el 15 de abril contra el Houston, Pujols estaba bateando un elevado .429 en la temporada joven, lo mejor en la Liga Nacional. Una semana más tarde, también contra los Astros, bateó dos jonrones e impulsó las tres carreras de los Cardenales, que perdieron 4-3. Cuando el Houston mantuvo a Pujols sin batear en cuatro veces al bate el 21 de abril, esto detuvo una cadena de trece juegos en los que Pujols había bateado, y que comenzó en el cuarto juego de la temporada. Sin inmutarse, al día siguiente Pujols bateó dos jonrones contra los Astros para comenzar otra serie de hits que duró nueve juegos.

En esa serie se incluyeron tres juegos celebrados a fines de abril con los Mets de Nueva York, la primera vez que los dos clubes se encontraban desde que el de Nueva York había sacado al Saint Louis de los desempates el año anterior. Pujols bateó dos hits e impulsó tres carreras en el primer juego de la serie, una paliza de 9 a 0 por parte de los Cardenales. Al día siguiente, bateó su octavo jonrón de la temporada, empatando con Kent Hrbek en la mayor cantidad de jonrones bateados en abril por un novato. Hrbek había establecido el récord en 1982.

«Todo lo que estoy haciendo es tratar de cumplir con mi trabajo», dijo Pujols en aquella ocasión. «No me interesa el récord».

Lo que sí le interesaba a Pujols era ganar y ser un compañero de juego excelente. Exhibió su tenacidad y su valentía durante aquel primer juego contra los Mets. Con los Cardenales en posesión de una larga ventaja en el juego, Pujols, jugando en tercera base, se sintió ofendido por Mark Hirschbeck, el árbitro de tercera base, que en un momento se dijo a sí mismo: «Lanza strikes».

Pujols interpretó ese comentario como un ataque al lanzador del Saint Louis y le gritó a Hirschbeck, provocando una pequeña discusión entre los dos. Ambos se reunieron antes del siguiente juego para aclarar la situación, pero el estallido de Pujols demostró que era un jugador dispuesto a defender a sus compañeros de equipo, aunque él solo fuera un novato de veintiún años.

Pujols ganó los honores de Novato del Mes en la Liga Nacional en abril. Pero los Cardenales terminaron el mes a tres juegos del primer lugar, y en quinto lugar de una división agrupada de la Liga Nacional Central. Habían caído hasta estar cuatro juegos y medio el 7 de mayo, antes de comenzar una serie de diez victorias que los lanzó al primer lugar con un juego celebrado el 17 de mayo. Durante aquellos juegos, Pujols siguió destruyendo a los lanzadores de la Liga Nacional: pasó a 15 por 35 (.429), con cinco jonrones y doce carreras impulsadas. Tres de esos jonrones se produjeron en juegos consecutivos. Ya en aquellos momentos estaba firmemente instalado en la alineación del Saint Louis, y de nuevo fue nombrado Novato del Año en el mes de mayo. La idea de enviarlo a Memphis para que madurara más, cayó en el olvido, y Pujols estaba ya en el Saint Louis para quedarse.

Además de volverse permanente su situación en la alineación del Saint Louis, Pujols también estaba comenzando a ganarse los corazones de los fanáticos del Saint Louis y convirtiéndose en el evidente heredero de McGwire como ícono del Saint Louis. Aunque la reputación de McGwire sufrió en años posteriores cuando los expertos y los fanáticos del béisbol lo relacionaron con el escándalo de los esteroides que manchó la fama del deporte, en aquellos momentos, Mark McGwire *era* el béisbol en Saint Louis. Había electrizado el deporte en 1998 con su exhibición de jonrones con Sammy Sosa, de los Cachorros, anotando setenta jonrones para hacer añicos el récord de Roger Maris en una sola temporada con sesenta y uno, que había permanecido en pie desde 1961. Como repetición en 1999, bateó sesenta y cinco jonrones más. Las camisetas de Mark McGwire eran omnipresentes en Saint Louis, sobre todo en el Estadio Busch, donde los fanáticos acudían a montones para observarlo *mientras practicaba bateo*. Hasta la legislatura de Missouri le había cambiado el nombre a una extensión de ocho kilómetros de la Carretera Interestatal 70 en Saint Louis, llamándola «Mark McGwire Highway».

Aunque impedido por una lesión ocurrida durante la temporada del año 2000, y limitado a solo ochenta y nueve juegos, McGwire se las arregló para batear treinta y dos jonrones y batear de .305 como cuarto bate. Pero los augurios que predecían la desaparición del gran bateador se estaban comenzando a hacer cada vez más significativos. Era de suponer que McGwire ya estuviera saludable para la temporada del 2001, pero a mediados de abril, una rodilla en mal estado lo envió a la lista de deshabilitados, en la cual se pasaría las seis semanas siguientes.

En su ausencia, La Russa comenzó a acudir regularmente a Pujols para ocupar el puesto de McGwire como cuarto bate en la alineación del Saint Louis. Y los fanáticos del Saint Louis se fueron enamorando cada vez más del potencial del novato, y de la forma en que el jugaba y se comportaba fuera del campo. Una encuesta del *St. Louis Post-Dispatch* entre más de cuatro mil fanáticos respondía a la pregunta: «Con el primera base Mark McGwire fuera de escena por el momento, ¿quién es su jugador favorito para la posición en los Cardenales? Pujols fue el primero de la lista para el cuarenta por ciento de los que votaron, con Jim Edmonds en un segundo lugar distante, con un veinticuatro por ciento.

Pujols disfrutó de un regreso a casa en junio cuando los Cardenales viajaron por todo el estado para una serie de tres juegos en Kansas City. Todos sus amigos, parientes, antiguos compañeros de equipo y entrenadores inundaron el Estadio Kauffman para contemplar a Pujols en un uniforme de las grandes ligas. Una vez estuvo viviendo a poca distancia del estadio, y muchas veces se sentó como espectador para ver jugar a los Royals. Ahora, solo tres años después de terminar la secundaria, ya no estaba observando desde las gradas. Estaba en el campo como uno de los novatos más destacados en el deporte.

«Mientras estaba allí sentado observándolo, sentí un escalofrío al pensar que en una ocasión yo había escrito en lápiz su nombre en mi alineación, y ahora, miraba al campo, y allí estaba», dice Dave Fry, su entrenador de la secundaria. «Me siento muy orgulloso de él».

Pujols no desilusionó a los que acudieron a verlo jugar. En el juego inaugural contra los Royals, bateó tres hits, incluyendo un jonrón con un lanzamiento de Chad Durbin en el noveno inning, e impulsó tres carreras. Pero aún no fue suficiente, porque los Cardenales perdieron 7–4. Al día siguiente, Pujols anotó otro hit en otro juego perdido por el Saint Louis, y en el juego final de la serie, bateó 3 de 5, pero un jonrón de Mark Sweeney al final del decimotercer inning selló la derrota para Kansas City.

El 26 de junio, contra los Rojos, Pujols bateó un lanzamiento de Chris Nichting para su jonrón número veintiuno, empatando a Ray Jablonski en el récord para los novatos de los Cardenales. Jablonski había establecido el récord en 1953. Pujols rompió el récord el 14 de julio, y reclamó un nuevo récord para él solo, con dos carreras anotadas con el lanzamiento de José Lima, de los Tigers.

Su estelar actuación en la primera mitad de la temporada le ganó a Pujols un lugar como reserva en el equipo de Estrellas de la Liga Nacional. Pujols se convirtió en el primer novato de los Cardenales de Saint Louis en entrar en este grupo, desde la entrada del tercer base Eddie Kazak en 1949. En el clásico de mediados del verano en el Campo Safeco de Seattle, Pujols recibió base por bola en su única aparición en el home y jugó segunda base —una posición que nunca había ocupado en toda la temporada— en la defensa en el octavo inning.

«Estupendo», dijo Pujols acerca de su selección para el equipo. «Hay una gran cantidad de jugadores que no han llegado a él, y habrían merecido llegar. Yo tengo buenos números y creo que me lo merezco. Pero como dije, en realidad no era importante que lo lograra o no».

A pesar de esos buenos números de Pujols, los Cardenales no se pudieron mantener a la cabeza de la división. A fines de mayo, se habían deslizado al segundo lugar, con dos juegos y medio detrás del Chicago. Una caída continua en junio y julio dejó al Saint Louis ocho juegos detrás en el descanso de las Estrellas a mediados de julio, y quedaron otro juego más por detrás, después de perder contra el Detroit en el primer juego de la segunda mitad.

Cuando iba terminando el mes de julio, los Cardenales tuvieron que tomar algunas decisiones para trazar sus planes para el resto de la temporada. La fecha límite del 31 de julio para los intercambios se acercaba. ¿Comprarían, o venderían? ¿Tratarían de añadir uno o dos jugadores clave que los volvieran a poner en forma en la competencia, o soltarían algunos veteranos que estaban pidiendo otros equipos que trataban de llegar a una posición en los juegos de desempate? Walt Jocketty, el mánager general, pareció responder a esas preguntas el 31 de julio, cuando negoció el paso a los Giants de Jason Christensen, especialista zurdo en relevos, a cambio de Kevin Joseph, de las ligas menores, indicando que la temporada le parecía una causa perdida.

Mientras tanto, Pujols estaba pasando por problemas en el home por vez primera. Durante todo un mes, desde fines de junio hasta fines de julio, vio caer su promedio de .354 a .318. Bateó un mísero .209 durante ese tiempo, incluyendo un desliz de 2 por 35, con solo tres jonrones y ocho carreras impulsadas. Tal vez se estuviera agotando. Y tal vez el conocimiento de su debilitación se estuviera esparciendo por la liga, permitiendo que los lanzadores lo explotaran. ¿Hasta dónde podría caer?

Pujols respondió a estas preguntas con una actuación de 3 por 5 el día 28 de julio, que pareció ser una señal de vida por parte de su dormido bate. Dos días más tarde, comenzó una tendencia que callaría para siempre a todos los negativistas. Se embarcó en una serie de actuaciones que duró diecisiete juegos e hizo subir su promedio a .332 el 16 de agosto. Desde el 31 de julio hasta el 5 de septiembre, bateó con seguridad en treinta y cuatro de los treinta y seis juegos.

«Era asombroso el hecho de que cuando estudiábamos la forma de jugar contra él en nuestras reuniones, era como si ya hubiera estado quince años en la liga», dice Doug Glanville, quien fuera jardinero de los Phillies y los Cachorros. «Tuvimos pocas respuestas en cuanto a la forma de lanzarle la bola desde la primera vez que nos enfrentamos a él. Años más tarde, yo ya estoy retirado y ellos siguen sin tener una respuesta para él».

La resurrección de Pujols avivó un resurgimiento en los Cardenales. Siguiendo a los Cachorros a ocho juegos de distancia el 8 de agosto, el Saint Louis logró ganar once juegos seguidos para ponerse a dos juegos y medio de los Astros, que ocupaban el primer lugar y habían superado al Chicago en las listas realizadas de acuerdo a su récord de actuación el 19 de agosto. Pero los Cardenales aún no parecían poder saltar por encima de aquel obstáculo. Perdieron cinco de seis juegos a fines de agosto y, después de perder un juego el 2 de septiembre contra Los Ángeles, cayeron hasta hallarse siete juegos por detrás del Houston, que iba al frente de la división, con solo un mes para que terminara la serie. Aunque Pujols estuviera pasando por una de las mejores temporadas de todos los tiempos para un novato, los Cardenales, a pesar de su optimismo al comenzar la temporada, parecían destinados a pasarse el mes de octubre en el campo de golf, en lugar de ir a los juegos de desempate.

Sin embargo, los Cardenales se negaron a dejar de luchar. Barrieron en una serie de tres juegos en San Diego, en la cual Pujols bateó seis hits y tuvo jonrones en los tres juegos (incluyendo el bateado contra Bud Smith en el Día del Trabajo, en el que no permitió ningún otro hit) para llevar su total de la temporada a treinta y cuatro. Impulsó cinco carreras, llevando su total de carreras impulsadas a 109. Pujols estaba acercándose al récord de jonrones de novatos en la Liga Nacional (treinta y ocho, récord establecido por Wally Berger, de los Bravos de Boston en 1930 e igualado por Frank Robinson, de los Rojos de Cincinnati, en 1956), y también al récord de carreras impulsadas por un novato (establecido por Berger con un total de 119 en 1930).

Después de perder contra Los Ángeles 7–1 el día 7 de septiembre, los Cardenales ganaron los nueve juegos siguientes, pasando al segundo lugar, tres juegos y medio por detrás del Houston. Durante esos nueve juegos victoriosos,

Pujols bateó de .400 (14 por 35), con dos jonrones y diecisiete carreras impulsadas, superando a Berger en el número de carreras impulsadas en todos los tiempos por un novato de la Liga Nacional. Luego de una interrupción de la temporada durante seis días después de los ataques terroristas del 11 de septiembre a las torres del World Trade Center, Pujols impulsó la carrera que ganó el primer juego de los Cardenales el 17 de septiembre. Al día siguiente, disfrutó de su primera actuación en la que impulsó cinco carreras.

El Saint Louis perdió ante el Pittsburg el 23 de septiembre, y cayó también frente al Houston al día siguiente, pero después ganó cinco juegos seguidos para ponerse a la distancia de un solo juego. El 2 de octubre, Pujols anduvo por todas las bases. Bateó tres hits, incluyendo un doble; le dieron una base por bola y anotó tres carreras, mientras los Cardenales triunfaban contra el Milwaukee 6–1 para obtener su sexta victoria consecutiva. Con una pérdida 4–1 del Houston frente al San Francisco, los Cardenales y los Astros se hallaban ahora empatados en el primer lugar de la división, con solo cinco juegos más por jugar. La concentración de septiembre también significaba que los Cardenales se hallaban cerca de asegurarse el comodín, aunque no ganaran la división, puesto que tenían una ventaja de cuatro juegos sobre los Gigantes.

Al final, el comodín fue lo que el Saint Louis tuvo que aceptar. Su equipo tenía un juego de ventaja sobre el Houston, lo cual preparaba la escena para un triple encuentro con los Astros en Saint Louis en la última serie de la temporada regular del año. En el primer juego, a pesar de siete innings sin movimiento proporcionados por Woody Williams (adquirido de los Padres a cambio de Ray Lankford a principios de agosto), los Cardenales solo se las arreglaron para anotarles una carrera a los lanzadores del Houston, y la zona de calentamiento tuvo que ceder una ventaja de 1–0 para darles el triunfo a los Astros. El Saint Louis se reanimó para ganar el segundo juego, adelantándose al Houston por un juego en el receso de nuevo, pero los Astros aporrearon a Darryl Kile para lograr siete carreras en el final de temporada y arrebatar la victoria. Ambos equipos terminaron la temporada con un récord de 93–69 que los empataría en el primer lugar de la división, pero el Houston desempató, ganando la serie de la temporada contra los Cardenales 9–7. Los Astros eran oficialmente los campeones de la división, pero los Cardenales pasarían a los desempates gracias al comodín.

A pesar de una exhibición de un dos por doce (.167) en la serie final con el Houston, Pujols había logrado reunir una de las temporadas de novato más grandiosas en la historia del béisbol. En 161 juegos (Pujols estuvo sentado durante un solo juego en toda la estación), terminó con un promedio de bateo de .329 (el sexto en la Liga Nacional), treinta y siete jonrones (empatado en el décimo lugar) y 130 carreras impulsadas (empatado en el quinto lugar). Su porcentaje de slugging de .610 fue el séptimo de la liga, y su OPS (en base más slugging) de 1,013 fue el octavo.

Veamos ahora la actuación de los jugadores de otras posiciones que tuvieron una temporada notable como novatos:

- Fred Lynn, de los Medias Rojas de Boston, 1975. En aquellos momentos, Lynn fue el único jugador en ganar los premios del Novato del Año y del Jugador Más Valioso en la misma estación. Bateó de .331, con 21 jonrones y 105 carreras impulsadas, y estuvo al frente de la liga con 103 carreras, 47 dobletes, un porcentaje de slugging de .566 y un OPS de .967.

- Mark McGwire, Atléticos de Oakland, 1987. McGwire estableció en las grandes ligas un récord de novato con 49 jonrones. Impulsó 118 carreras y estuvo al frente de la liga con un porcentaje de slugging de .618, bateando .289.

- Frank Robinson, Rojos de Cincinnati, 1956. Robinson, con solo veinte años de edad, empató con el récord de Wally Berger en la Liga Nacional como novato con 38 jonrones y 83 carreras impulsadas. Bateó de .290 y estuvo al frente de la liga con 122 carreras.

- Wally Berger, Bravos de Boston, 1930. Berger bateó 38 jonrones, impulsó 119 carreras y bateó de .310.

- Mike Piazza, Dodgers de Los Ángeles,1993. Piazza bateó de .318 con 35 jonrones y 112 carreras impulsadas.

- «Shoeless» Joe Jackson, Indios del Cleveland, 1911. Jackson había jugado brevemente en cada una de las tres temporadas anteriores, pero la temporada de 1911 a los veintiún años fue técnicamente su año de novato. Bateó de .408 con un porcentaje en base de .468, y robó 41 bases para acompañar siete jonrones (en la era de la bola muerta) y 83 carreras impulsadas.

- Ted Williams, Medias Rojas del Boston, 1939. Williams bateó 31 jonrones e impulsó 145 carreras, estableciendo un récord de novato en las grandes ligas; bateó de .327, con un OBP de .432 y un porcentaje de slugging de .609.

- Dick Allen, Phillies del Filadelfia, 1963. Allen bateó de .318 con 29 jonrones y 91 carreras impulsadas, quedando al frente de la liga en cuanto a carreras con 125 y triples con 13. Pero también se ponchó 138 veces, la más alta cantidad dentro de la liga.

En la Liga Americana, Ichiro Suzuki también estaba logrando unos números increíbles. Aunque era veterano del béisbol profesional en el Japón, Suzuki hizo su debut en las grandes ligas en el año 2001, con veintisiete años de edad. Bateó de .350 para ponerse al frente de la liga, logró 242 hits y robó cincuenta y seis bases, números suficientes tanto para los honores del Novato del Año como para los del Jugador Más Valioso, lo cual hizo de él y de Lynn los únicos dos de todos los tiempos en lograr esta hazaña.

De manera que Pujols ciertamente encajaba en el grupo de mejores novatos de temporada de todos los tiempos. Lo logró con una sola temporada de experiencia profesional, y lo logró mientras jugaba regularmente en cuatro posiciones distintas (tercera base, primera base, jardín izquierdo y jardín dere-cho). Su éxito como Novato del Año en la Liga Nacional estaba asegurado. Hasta había quienes lo promocionaban como el Jugador Más Valioso de la Liga.

Sin embargo, todo aquello era secundario para Pujols, quien había insistido durante toda la temporada en que las estadísticas y los récords individuales significaban poco para él si los Cardenales no ganaban. En esos momentos, su atención estaba dirigida hacia los Diamondbacks, con los cuales se enfrentaría el Saint Louis en la Serie de División de la Liga Nacional.

El Arizona, uno de los dos equipos más nuevos del béisbol (junto con el Tampa Bay), era un equipo de expansión que se añadió a la liga en 1998. Después de terminar en un esperado último lugar en 1998, los Diamondbacks causaron revuelo cuando contrataron a Randy Johnson como agente libre des-pués de la temporada. Su adquisición pagó dividendos de inmediato, puesto que los Diamondbacks ganaron la Liga Nacional del Oeste 1999 (perdiendo en la Serie de División de la Liga Nacional contra los Mets) antes de caer a un ter-cer lugar en la división en el año 2000, a pesar de haber adquirido a mediados de temporada a Curt Schilling, otro lanzador estrella.

En el 2001, los Diamondbacks habían vuelto a dominar. Se hicieron con el primer lugar de la división a mediados de agosto y mantuvieron alejado al San Francisco (con Barry Bonds y su temporada de setenta y tres jonrones al frente) durante el resto de la temporada. Guiados en la ofensiva por Luis González (.325, cincuenta y siete jonrones, 142 carreras impulsadas en 2001), Reggie Sanders y Mark Grace, los Diamondbacks tenían su golpe más podero-so en Johnson y Schilling, sobre todo en una serie corta. Los dos combinados tenían cuarenta y tres victorias, una de las combinaciones más poderosas de dos jugadores que ha visto jamás el béisbol.

Después que Schilling echó abajo a los Cardenales en el primer juego y Pujols le bateó largo y profundo a Johnson en el segundo, ayudando al Saint Louis a igualarse en la serie, los juegos pasaron de Phoenix al Estadio Busch. Los Cardenales iban al frente 2–1 antes que el Arizona anotara cuatro carreras en el sexto inning, lanzando primero Darryl Kile y relevándolo después Mike Matthews. El Saint Louis no pudo superar ese déficit, y así quedó al borde de la eliminación.

Sin embargo, el novato lanzador Bud Smith mantuvo vivas las esperanzas de los Cardenales, lanzando cinco fuertes innings en el cuarto juego, y per-mitiendo solo una carrera. Fernando Viña y Jim Edmonds proporcionaron la mayor parte del poder de ofensiva del Saint Louis y llevaron al equipo a una victoria de 4–1 que hizo forzoso un quinto juego decisivo. Pujols anotó 0 por 3 en el segundo juego consecutivo.

Aunque Matt Morris lanzó de una manera brillante para el Saint Louis en el juego final, permitiendo solo una carrera en ocho innings, Schilling lo igualó prácticamente, lanzamiento por lanzamiento. En la segunda parte del noveno inning, con el marcador empatado 1–1, Tony Womack anotó la carrera ganadora para los Diamondbacks, quienes siguieron para derrotar al Atlanta en la Serie del Campeonato de la Liga Nacional y a los Yankees en la Serie Mundial.

Aunque nuevamente Pujols no logró batear en el quinto juego, y terminó la serie con solo dos hits en dieciocho veces al bate, sus apuros posteriores a la temporada no lograron manchar la forma brillante en que se había manifestado durante toda la temporada. Como se esperaba, fue unánimemente escogido como el Novato del Año en la Liga Nacional. Y aunque ciertamente fue el Jugador Más valioso de los Cardenales en el 2001, al frente del equipo en cuanto a promedio, jonrones, carreras impulsadas, dobles, carreras y total de embasamientos, no pudo superar a Barry Bonds y la temporada en la cual este superó los récords para ganarse los honores de Jugador Más Valioso de la Liga Nacional. Pujols terminó en cuarto lugar en la votación, detrás de Bonds, Sammy Sosa y Luis González.

«Estoy emocionado; me siento contento. Es un año bendecido», dijo Pujols acerca de su premio de Novato del Año. «Es un honor estupendo. Solo se puede ganar un año. Me siento honrado de tenerlo».

La selección de Pujols como Novato del Año era una conclusión que todo el mundo daba por segura al terminar la temporada. Lo que no se sabía era la situación de McGwire con los Cardenales. «Big Mac» regresó a la alineación del Saint Louis a fines de mayo después de un tiempo en la lista de deshabilitados, pero solo era el cascarón de lo que había sido en el pasado, molesto aún con una rodilla adolorida y sin el poder que antes lo caracterizaba en el home. El McGwire antes tan poderoso todavía se las arregló para batear veintinueve jonrones en una acción limitada, pero su porcentaje de bateo era un pálido .187, y se ponchó 118 veces en solo 364 veces al bate. Estaba tan perdido McGwire en el home, que en el noveno inning del quinto juego en la Serie de División de la Liga Nacional, con Edmonds en primera, ningún out y el juego camino de una victoria, La Russa usó al jardinero reserva Kerry Robinson para batear en lugar de McGwire, el hombre que había anotado 583 jonrones.

Se trataba de un ignominioso final para una carrera que había hecho historia. En noviembre, McGwire anunciaría que se retiraba del juego. Sencillamente, su cuerpo no le permitía volver a jugar a un nivel de élite. De manera que con el líder y rostro de la franquicia relegado ya a la historia, el momento era el perfecto para que Pujols recogiera el manto de McGwire. Acababa de terminar una de las mejores temporadas de novato que el béisbol había presenciado. ¿Qué haría para repetir la hazaña?

CAPÍTULO ONCE

TIEMPO DE REÍR Y TIEMPO DE LLORAR

Les pido una oración por la familia de los Cardenales de Saint Louis.
—*Joe Girardi, receptor de los Cachorros de Chicago*

Joe Girardi, receptor de los Cachorros de Chicago, se acercó a un micrófono instalado frente al home de Wrigley Field para entregarle un enigmático mensaje a una multitud inquieta. En la asoleada tarde del 22 de junio de 2002, los Cardenales y sus odiados rivales tenían programado un encuentro que sería televisado por toda la nación.

El Saint Louis se hallaba en el primer lugar de la Liga Nacional Central, con los Cachorros en un quinto lugar distante, diez juegos detrás. Sin embargo, las posiciones importan poco en la rivalidad entre los Cardenales y los Cachorros, y todos los juegos que se celebran entre los dos equipos son grandiosos, con una atmósfera que más pareciera un juego de desempate. Pero la expectación anterior a este juego se había convertido en curiosidad, porque el momento de comenzar había llegado, y después había pasado, sin indicación alguna de que se fuera a jugar béisbol. Cuando Girardi se acercó al micrófono, sus compañeros de equipo del Chicago, vestidos con los brillantes uniformes que usan en casa, formaron un fondo de tres líneas de fondo detrás de él.

«Gracias por su paciencia», dijo Girardi, visiblemente emocionado. «Lamento informarles que debido a una tragedia sucedida en la familia de los Cardenales, el juego de hoy ha sido cancelado».

Hizo una pausa y después reanudó sus observaciones, en respuesta a algunos abucheos que comenzaron a oírse desde las gradas.

«Tengan la bondad de ser respetuosos cuando sepan por fin qué ha sucedido», continuó diciendo. «Les pido una oración por la familia de los Cardenales de Saint Louis».

Lo que sabían Girardi y el resto de los miembros del equipo de los Cachorros era que los Cardenales habían perdido a un compañero de su equipo. El lanzador Darryl Kile, de treinta y tres años, había sido encontrado muerto aquella mañana en su cuarto del hotel. Era la segunda muerte en la familia de béisbol del Saint Louis en menos de una semana, puesto que Jack Buck, quien había sido durante largo tiempo el cronista de los Cardenales, había fallecido el 18 de junio. Pero el que Buck falleciera a sus setenta y siete años era algo más de esperarse. Se había estado debilitando físicamente, y todo el mundo sabía que su fin estaba cerca. La noticia acerca de la muerte de Kile —un atleta saludable en la mejor edad de la vida— fue abrupta y les proporcionó un duro golpe.

«Darryl siempre estaba presente», dijo Pujols acerca de su compañero de equipo fallecido. «A lo mejor estábamos a cuatro o cinco carreras de distancia del otro equipo, y allí seguía él, dándole ánimo a todo el mundo. Es duro para nosotros. Lo queríamos. Nunca se perdía el principio de un juego. Estaba siempre presente para ayudar a sus compañeros. Habría hecho cuanto hiciera falta por cualquiera de nosotros. Esto va a ser duro».

Las muertes de Kile y de Buck fueron momentos de definición para los Cardenales en el año 2002, y pusieron a prueba el temple y el carácter de un equipo que había comenzado la temporada con un vacío en medio de su alineación. Mark McGwire, el líder del equipo, y su cuarto bate, había sorprendido a todos al terminar la temporada, anunciando que se retiraba del juego. Sería Pujols quien ocuparía aquel lugar... y solo era su segunda temporada. Eso era seguro. Pero, ¿en qué lugar del campo se hallaría Pujols después de haber estado saltando entre la tercera base, la primera, el jardín izquierdo y el jardín derecho durante su año de novato?

Tony La Russa respondió este interrogante aun antes que comenzara el entrenamiento de invierno. Los Cardenales habían firmado con el agente libre Tino Martínez para que jugara primera base, y el mánager del Saint Louis anunció que Pujols sería el tercera base regular del equipo en el año 2002. Aunque Plácido Polanco había jugado suficientemente bien para reclamar ese puesto, La Russa lo quería en un papel de supersub, en el cual ocuparía posiciones tanto en el campo interior como en los jardines, y decidiría quiénes jugarían cada día. La Russa estaba proyectando a Pujols como tercera base para largo tiempo en las grandes ligas, y consideró que ponerlo en esa posición de manera regular apresuraría su desarrollo en ella.

Sin embargo, las evidencias disponibles sugirieron que tal vez la decisión de La Russa haya sido un tanto apresurada. En el mejor de los casos, diríamos que la defensa de Pujols en la tercera base durante el 2001 había sido débil. A pesar de su excelente actuación en el home, Pujols tenía un porcentaje fildeo de solo .938 mientras jugaba tercera base, donde cometió diez errores en cincuenta y cinco juegos. Esas mismas tendencias continuaron a principios del entrenamiento de primavera en el 2002. En sus primeros diez juegos de exhibición en tercera base, cometió cuatro errores, proporcionándoles una buena cantidad de municiones a los críticos de La Russa.

Mientras tanto, La Russa tenía la esperanza de que surgiera alguien que ocupara la posición vacante en el jardín izquierdo. Pero a juzgar por su pobre actuación, ninguno de los candidatos para esa posición parecía quererla demasiado. Así que, cuando solo faltaba una semana para terminar el entrenamiento de primavera, La Russa dio marcha atrás y dijo que Pujols podía jugar principalmente en el jardín izquierdo, mientras Polanco tenía las cosas bajo control en la esquina caliente.

«Yo me quedé totalmente sorprendido», le dijo Pujols al *Post-Dispatch* en aquellos momentos. «No tenía ni idea de que eso era lo que él estaba pensando. No estoy enojado ni molesto con él, porque esto ayuda al equipo. Pero sí estoy sorprendido».

Además del drama de la primavera sobre dónde debía jugar Pujols, él también tuvo que entrar en negociaciones con los Cardenales para su contrato. Aunque el equipo tenía los derechos sobre él, y le habría podido asignar un sueldo para 2002, típicamente no es prudente insultar a uno de los jugadores más valiosos que uno tiene en su organización. Así que, después de un poco de regateo, Pujols y los Cardenales estuvieron de acuerdo en un contrato por un año con un valor de $600.000, más un bono adicional de $50.000 si Pujols lograba entrar en el equipo de las Estrellas. Era el trato más rico en la historia del equipo para un jugador en su segundo año.

Con el sueldo fijado y la posición también, Pujols pudo volver su atención al campo, donde los Cardenales esperaban nuevamente una contienda por la corona de la Liga Nacional Central. McGwire se habría marchado, pero había otros esperando dar el paso y llenar el vacío que dejaba. J. D. Drew había manifestado algunos destellos de lucimiento en su joven carrera, y había bateado veintisiete jonrones en solo 109 juegos en el 2001, con un bateo de .323. Jim Edmonds aún era una fuerza, tanto ofensiva como defensiva; los Cardenales regresaron a una rotación de veteranos que comprendía a Matt Morris, Andy Benes, Woody Williams y Kile, y el equipo había fortalecido su zona de calentamiento al contratar a Jason Isringhausen después de la temporada.

Después estaba Pujols, quien había llenado de fuego la imaginación de los fanáticos del Saint Louis durante su temporada de novato. En el béisbol se sostiene el cliché de la mala suerte del segundo año, pero la mayor parte de la Nación de los Cardenales estaba de acuerdo con la evaluación hecha por Bernie Miklasz, cronista del *Post-Dispatch*: «Si es cierto que existe esa famosa mala suerte del segundo año, podemos estar seguros de que AP va a entrarle a batazos hasta hacerla estallar. Después de una excelente temporada de novato, no aflojó, y tiene la cabeza bien puesta. Tiene hambre de más».

De hecho, en el Día Inaugural contra los Rockies, con los Cardenales llevando una ventaja de 2–1 en el cuarto inning, Pujols se presentó en home con las bases llenas y bateó hacia el jardín derecho un lanzamiento de Mike Hampton para hacer un doble y limpiar las bases. En aquel día obtuvo un 2 por 4, con tres carreras impulsadas y tres anotadas en la victoria del Saint Louis, de 10 a 2, y pareció estar reanudando su actuación donde la había dejado en el 2001.

Pocos días más tarde, con los Cardenales en el primer lugar de la Liga Nacional Central, Pujols tuvo la oportunidad de enfrentarse con la Gran Unidad por vez primera en la temporada del 2002. Para Randy Johnson fue una segunda vez, igual a la primera. Pujols le bateó dos veces, incluyendo su segundo jonrón de la temporada, pero no bastó para que el Saint Louis pudiera ganar.

«Este es un equipo que tiene buenos bateadores en mi contra, tiene un plan de juego y lo lleva a cabo», dijo Johnson después del juego. «Pujols es estupendo al bate en mi contra. Todavía estoy tratando de descubrir la forma de poncharlo».

Johnson nunca la llegó a descubrir. Pujols tiene un promedio de bateo de .458 en su carrera contra el futuro miembro del Salón de la Fama, con cinco jonrones y trece carreras impulsadas en veinticuatro veces al bate.

«Yo tengo un gran respeto por ese jugador», dijo Pujols. «Es un lanzador increíble. Como lanza tan fuerte, hay que mantenerse relajado contra él. Uno no se debe contraerse para tratar de dominar a un hombre que lanza la pelota a sesenta o sesenta y un kilómetros por hora. No se puede. Hay que ser rápido».

Después de diecisiete juegos en la temporada, Pujols estaba bateando de .308. Sus números en cuanto a poder habían descendido un poco, con solo tres jonrones, pero aún estaba impulsando carreras (quince). No obstante, en las dos semanas siguientes, Pujols se puso algo lento en home. Ya el 7 de mayo, su promedio había descendido al punto más bajo de toda la temporada, .267, con cinco jonrones y veintiuna carreras impulsadas.

«Estoy un poco molesto por mi manera de enfocar las cosas», dijo a principios de temporada. «No he sido realmente constante. Pero estoy seguro de que en algún momento me voy a sentir feliz donde estoy».

Y así fue. Pujols pasó a batear con seguridad en dieciocho de sus veinte juegos siguientes, para levantar su promedio a .289. Y el poder comenzó a regresar. El 4 de junio conectó un jonrón por segundo juego consecutivo, lo que le daba doce en el año, e impulsó dos carreras, mientras los Cardenales vencían al Cincinnati, que iba al frente de la división, para colocarse a un juego de distancia del primer lugar. Dos días más tarde, Pujols regresó a Kansas City, donde una vez más castigó a los Royals por no haber explorado de la manera debida los talentos que tenían en su propio patio. En la serie de tres juegos, bateó siete hits, anotó un jonrón e impulsó seis carreras.

Pero pronto el béisbol le tuvo que ceder el lugar a la vida. Jack Buck, el querido comentarista de los Cardenales, quien se había convertido en una institución en la ciudad y se había ganado los corazones de millones de personas con su humor y su filantropía, murió el 18 de junio. Cuatro días más tarde, el equipo perdió también a Kile. De repente, el béisbol no les pareció tan importante a Pujols, ni al resto de sus compañeros de equipo. Pero después de la cancelación del juego del 22 de junio en Chicago, los Cardenales decidieron ir al campo al día siguiente, porque llegaron a la conclusión de que eso sería lo que Kile habría querido que hicieran.

De manera que, con el corazón adolorido por la pérdida de su compañero y amigo, Pujols y los Cardenales volvieron al campo el domingo por la tarde, en un juego que adquirió un significado mucho mayor que las típicas batallas entre los Cachorros y los Cardenales. El Saint Louis, emocionalmente exhausto, no pudo vencer a Kerry Wood, y los Cachorros ganaron con facilidad, 8–3. Pujols proporcionó casi el único momento destacado para los Redbirds en aquel día, al batearle a Wood un jonrón con dos carreras impulsadas en el octavo inning.

Durante el resto de la temporada, Pujols y los Cardenales llevarían en la manga de sus camisetas un parche negro que decía «DK 57», en memoria de Kile, y también otro parche en memoria de Buck. Por difícil que haya sido seguir adelante, el Saint Louis tenía asuntos que atender; esto es, una competencia por el banderín. Los Cardenales tenían una pequeña ventaja de un juego sobre el Cincinnati cuando los Rojos llegaron al Estadio Busch para una serie de tres juegos en el fin de semana del 28 al 30 de junio. En el primer juego, Pujols bateó dos hits, impulsó dos carreras y anotó dos veces, mientras el Saint Louis superaba al Cincy 3–2 para aumentar a dos juegos su ventaja en la división. Sin embargo, el día siguiente fue otra historia. Un costoso error de Pujols en el jardín izquierdo en un fly de rutina permitió que el corredor primero anotara. Los Rojos terminarían ganando el juego 4–2.

«No, hombre, no hay excusa», dijo Pujols después del juego. «Sencillamente, yo dejé caer la pelota».

El Cincinnati también se hizo con el juego siguiente para empatar con los Cardenales en la división. Pero entonces, tal vez impulsado por su error, Pujols se volvió un bólido. Bateó tres jonrones en los cuatro juegos siguientes, todos ellos ganados por el Saint Louis y llevaron al equipo a una ventaja de tres juegos. En la primera parte de la temporada, Pujols había bateado de .294 con veintiún jonrones y sesenta y seis carreras impulsadas, lo cual significaba una pequeña caída de su promedio comparado con el de su año de novato, pero unos totales idénticos de jonrones y de carreras impulsadas; sin embargo, no pudo entrar en el equipo de las Estrellas cuando los fanáticos no votaron por él, y Bob Brenly, el mánager del Arizona, no lo escogió como sustituto. Fue el único tiempo en los nueve primeros años de su carrera en el cual Pujols no estaría en la lista de las Estrellas.

Pujols le restó importancia a aquel desaire, insistiendo en que el bono que le costó no significaba mucho y que prefería usar el descanso para pasar un tiempo con su familia. Pero el desaire puede haber servido para inspirarlo a hacer grandes cosas en la segunda mitad de la temporada. En agosto, bateó de .368 con nueve jonrones y treinta y dos carreras impulsadas. En septiembre solo bateó dos jonrones, pero impulsó diecinueve carreras más y bateó de .348.

Bateó de .436 durante un conjunto de diez juegos a fines de agosto, con tres jonrones y diez carreras impulsadas.

Durante todo este tiempo, Pujols estuvo pasando por una variedad de lesiones dolorosas en la segunda mitad, incluyendo un músculo dañado en una ingle y un hombro caído.

Él no era el único que pasaba por ese tipo de dolencias. Los Cardenales en general sufrieron una lesión tras otra en el 2002, y el personal de lanzadores fue el que quedó más diezmado. La Russa tuvo que usar veintiséis lanzadores durante la estación, entre ellos catorce principiantes distintos. La adquisición por cambio de Chuck Finley a última hora ayudó a facilitar la rotación, y un cambio con los Phillies por el destacado tercera base Scott Rolen le dio a los Cardenales una fuerza nueva en el corazón mismo de su alineación. Sin embargo, la llegada de Rolen significó la marcha de Polanco, uno de los mejores amigos de Pujols en el equipo. Polanco fue a Filadelfia junto con Bud Smith y Mike Timlin en el cambio por Rolen.

Así como le fue a Pujols a lo largo de los juegos, también le fue al Saint Louis. Los Cardenales se desplazaron velozmente hasta tener un récord de 97–65, su mejor récord en diecisiete años, ganando el título de la división con una saludable diferencia de trece juegos.

Después de unos comienzos más lentos que en su año de novato, Pujols obtuvo unos totales de temporada que no llegaban a los de 2001, pero se les acercaban. Bateó de .314 con 34 jonrones, 127 carreras impulsadas y 118 carreras anotadas. Su total de carreras impulsadas fue el segundo en la liga, siendo el primero el de Lance Berkman con 128. Pujols redujo también sus ponches al bate de 93 a 69. Lo más significativo de todo es que se convirtió en el primer jugador de la historia del béisbol que comenzó una carrera con dos temporadas en las que bateó más de .300, con 30 jonrones, 100 carreras impulsadas y 100 carreras anotadas.

También se convirtió en el quinto de los Cardenales de todos los tiempos en tener temporadas continuas de treinta jonrones (los otros cuatro fueron Stan Musial, McGwire, Edmonds y Ray Lankford). También fue el segundo de los Cardenales (además de Ray Jablonski) en impulsar más de cien carreras en sus dos primeras temporadas.

De no haber sido por Barry Bonds, que tuvo una de las temporadas más grandiosas de todos los tiempos en la historia del béisbol, Pujols habría ganado su primer premio al Jugador Más Valioso. Bonds metió 73 jonrones en 2001 para romper el récord de Mark McGwire en una sola temporada, pero sus estadísticas generales del 2002 fueron más impresionantes aún. Bateó 46 jonrones con 110 carreras impulsadas, y estuvo al frente de la liga con un promedio de bateo de .370. Bonds obtuvo un increíble total de 198 bases por bolas, rompiendo la marca de 177 en las grandes ligas, que él mismo había establecido en el 2001 (de nuevo rompería su propio récord en el 2004, cuando le dieron base por bola 232 veces). Su porcentaje de veces en base para el año fue de

.582, su porcentaje de slugging fue de .799 y su veces en base más slugging fue de 1, 381. Pujols fue excelente en el 2002, pero no pudo competir con los números de Bonds. Así, Bonds fue seleccionado de manera unánime para el premio al Jugador Más Valioso, mientras que Pujols terminó en un segundo lugar distante.

Pero a principios de octubre, a Pujols no le preocupaban sus estadísticas, ni las de Bonds, ni la carrera por el premio del Jugador Más valioso. Todo lo que le importaba era el reencuentro entre los Cardenales y el Arizona en la Serie de la División de la Liga Nacional. Poco había cambiado para los Diamondbacks, quienes habían mantenido a distancia a Bonds y a los Gigantes, ganadores del comodín, para capturar la Liga Nacional del Oeste. Aún eran un equipo rico en lanzadores, con Randy Johnson y Curt Schilling combinándose para ganar cuarenta y siete veces durante la temporada. Johnson, a 24–5 con un promedio de carreras ganadas de 2.32 y 334 bateadores ponchados, ganaría por cuarta vez seguida el premio Cy Young por su actuación.

En cambio, el Saint Louis tenía en su arsenal algunas armas adicionales que no habían estado allí en el 2001: la emoción y la venganza. Cuando los Cardenales se habían hecho con la División Central de la Liga Nacional y el equipo celebraba en el campo, Pujols llevó la camiseta de Kile al campo en un perchero de ropa. Según se avecinaban los juegos de desempate, el recuerdo de Kile seguía inspirando al equipo. Los Cardenales entraron al tiempo posterior a la temporada con un récord de 21–4 en los últimos veinticinco juegos. Estaban calientes, y estaban listos.

Esto se hizo evidente con gran rapidez. Aunque los Diamondbacks mantenían la ventaja psicológica de estar en su propio campo, gracias a un récord mejor, los Cardenales se lanzaron sobre Johnson muy pronto en el primer juego. Edmonds le bateó a la Gran Unidad profundamente en el primer inning, para darle al Saint Louis una ventaja de 2–0, y con las carreras empatadas a dos en el cuarto inning, Pujols continuó su dominio sobre Johnson. Bateó un triple profundo por el campo central y anotó cuando Rolen le bateó de jonrón a Johnson, sacando del parque la pelota. La arremetida continuó hasta que los Cardenales llegaron a una victoria de 12 a 2.

Schilling tranquilizó los bates del Saint Louis en el segundo juego, pero el Arizona no pudo montar ninguna ofensiva propia. Tras unos sólidos outs de Finley, los Cardenales se las arreglaron para conseguir un triunfo 2–1, que enviaría la serie de vuelta a Busch. Con todo, la victoria tuvo su precio: una lesión de hombro para Rolen que lo sacó de la serie. En el tercer juego, los Diamondbacks tenían una ventaja de 2–1 en la segunda mitad del tercer inning, cuando Pujols le bateó un sencillo a Miguel Batista para impulsar una carrera de Viña y empatar el juego. El Saint Louis terminaría ganando 6–3 y terminando así su venganza, forzando un empate con el San Francisco en la Serie del Campeonato de la Liga Nacional.

Ya para entonces, los Cardenales se habían convertido en los favoritos sentimentales para representar a la Liga Nacional en la Serie Mundial. Con todo lo que habían pasado, un puesto en la Serie Mundial parecía como un final de libro de cuentos para una tumultuosa temporada. Pero Bonds y los Gigantes se interponían para que eso no pasara, y no estaban dispuestos a marcharse calladamente.

Pujols conectó un jonrón en el primer juego de la serie, pero lo logró cuando los Cardenales ya estaban perdiendo 7-1. Los Gigantes le ganaron el primer juego al Saint Louis 9-6, y Jason Schmidt frustró la ofensiva del Saint Louis en el segundo juego para llevar al San Francisco a una victoria 4-1 y una ventaja de 2-0 en la serie, en la cual el San Francisco iba a la cabeza. Los Cardenales reaccionaron para ganar el tercer juego, pero no pudieron hallar la ofensiva necesaria para edificar sobre esa victoria. Perdieron los dos juegos siguientes, debido en parte a un bateo muy rígido. El equipo solo pudo anotar tres hits en treinta y nueve veces al bate con corredores en posiciones donde habrían podido anotar en la serie. Así terminó esta temporada emocionalmente cargada y mentalmente agotadora de los Cardenales.

«Si Darryl y Jack Buck estuvieran aquí, no creo que se sentirían desilusionados», dijo Pujols, reflexionando sobre la temporada. «Creo que estarían felices de la forma en que terminamos. Hay que tener en cuenta lo que nos sucedió durante toda la temporada en cuanto a lanzamientos y lesiones. Fue algo realmente especial para todos. Queríamos la Serie Mundial, pero no sucedió. Eso no la debe convertirse en un fracaso».

CAPÍTULO DOCE

LOS PEREGRINOS PROGRESAN

Lo que más valoro en Albert y Deidre es la ternura de su corazón con respecto al Señor. Están creciendo en la gracia y el conocimiento de lo que significa que Cristo sea el Señor de su vida.

—*Pastor Phil Hunter, West County Community Church*

Hace cuatrocientos años, sucedió en Inglaterra que un hombre estuvo doce años metido en una fría celda de piedra en una prisión por predicar sin licencia. Este hombre, John Bunyan, aprovechó su tiempo lo mejor que pudo escribiendo un libro que desde entonces nunca ha dejado de imprimirse: *El Progreso del Peregrino*.

El principal personaje en este relato alegórico es Cristiano, un hombre que busca la manera de escapar de la «Ciudad de la Destrucción» y termina viajando en medio de pruebas y dificultades hacia la «Ciudad Celestial». Por medio de esta alegoría, Bunyan enseña la verdad bíblica de que la salvación del pecado es un don inmediato de Dios que convierte en santo a un pecador. Pero aunque la salvación de Cristiano se produce casi a principios de la historia, tiene que recorrer un largo camino de pruebas y tentaciones que lo van purificando.

La vida cristiana consiste tanto en un acto inicial de Dios, como en el progreso continuo del peregrino. La persona no se puede ganar su salvación tratando de progresar por sí misma, pero tampoco la persona que ha sido salva puede decidir sentarse para quedarse con su fe donde está (o dar marcha atrás).

De acuerdo con lo anterior, Albert y Dee Dee Pujols no son perfectos, pero están progresando. Todd Perry, director ejecutivo de la Fundación de la Familia Pujols, dice que Dios les ha dado a todos ellos la notoriedad y la atención del público por etapas, porque si todo hubiera llegado junto en el año 2001, no habrían sido capaces de manejarlo. En cambio, ha sido un lento progreso.

«Estas personas han abrazado la fe —Albert, Kurt Warner, quien sea— pero no esperemos de ellas la perfección», dice Rick Horton, cronista del Saint Louis.

«Han sido muchas las personas que se me han acercado para decirme: "Es imposible que Albert sea cristiano. No puede ser cristiano. Es demasiado gruñón". Pero el mensaje cristiano tiene tanto que ver con la gracia y la misericordia de Dios en nuestra vida, como con el gozo que tenemos por estar conectados con él; no se trata de un producto que surge de repente».

Aunque nadie piensa que Pujols viva sin cometer errores, él es reconocido por su fuerte carácter moral y sus convicciones cristianas. «Algunas veces, a los jugadores de béisbol se les da mala reputación por ciertas cosas. Se oye hablar del asunto en los noticieros», dice Kyle McClellan, lanzador de los Cardenales. «De ninguna manera me estoy exponiendo a decirle que nunca va a oír algo así acerca de Albert. Él es tan correcto como se puede ser. Y eso lo considera como un gran logro. Nunca lo sacan a relucir en los noticieros por razones incorrectas. Cada vez que se oye hablar de él, es o bien de lo grandioso que es en el campo, o de lo grandioso que es fuera del campo. No le da oportunidad a nadie para que lo eche abajo. Yo creo que eso demuestra que hay una fuerte presencia del Señor en su vida y que va por el camino correcto».

Uno de los fundamentos del crecimiento de Pujols como cristiano ha sido la lectura y el estudio de la Biblia. La Biblia alimenta al cristiano: «Deseen con ansias la leche pura de la palabra,[a] como niños recién nacidos. Así, por medio de ella, crecerán en su salvación» (1 Pedro 2:2). Es la Biblia la que guía a los peregrinos: «Tu palabra es una lámpara a mis pies; es una luz en mi sendero.» (Salmo 119:105).

Cuando Pujols llegó a Saint Louis, comenzó a estudiar la Biblia con su pastor, Phil Hunter, y con los tres hijos varones de este. «El Pastor Hunter desarrolló un sistema llamado "Quién es Jesús"», escribió el cronista deportivo Lee Warren, «para enseñar a los cristianos acerca de las diversas cualidades del carácter de Cristo, de la A a la Z. Pujols hizo todo ese estudio con él».

Walt Enoch, antiguo líder de Capilla de béisbol de los Cardenales, recuerda uno de los primeros ejemplos de la dedicación de Pujols a la Biblia: «En el año en que llegó [a las ligas mayores], recuerdo claramente que se encontró conmigo cuando entraba desde el estacionamiento, para pedirme un ejemplar de *Nuestro Pan Diario* [un folleto de estudio bíblico]. En aquellos tiempos teníamos un estudio bíblico para los jugadores y sus esposas en el entrenamiento de primavera, y él acudía a ese estudio bíblico acompañado por su esposa».

Entre los jugadores de béisbol, los estudios bíblicos se producen en los estadios por medio de una organización llamada Capilla de béisbol. Grant Williams, quien fuera placador de ofensiva de los Rams de Saint Louis, es el líder de la Capilla de béisbol de los Cardenales. Se sienta con los jugadores al comenzar el año y les pregunta qué clase de estudio quieren hacer. Williams dice que algo de lo que está seguro con respecto a Pujols, es que no quiere leer un libro *acerca* de la Biblia; todo lo que quiere es mantenerse dentro de la propia Biblia. Según él, Pujols insistía: «Puede estudiar cualquier libro de la Biblia que quiera, pero necesitamos mantenernos dentro de la Biblia».

Pujols asiste fielmente. «Yo les doy un texto el día anterior, diciendo: "Estudio bíblico mañana". A cualquiera le puede ser fácil no asistir a algunos de los estudios», dice Williams. «Pero Albert siempre está allí —en todos los cultos, en todos los estudios bíblicos, en medio de una larga temporada, los miércoles a las dos de la tarde cuando habría podido llegar a las tres— siempre está presente. Creo que este año se perdió una capilla, y después vino para pedir disculpas».

Inconforme con ser uno más en el lugar, Pujols interviene en los comentarios y las reflexiones personales. «En una gran cantidad de ocasiones, Albert habla y presenta su lado de una discusión, así como sus pensamientos y sus experiencias», dice McClellan. «La gente no comprende que este hombre tiene que ver con tantas cosas de las que nosotros ni siquiera tenemos idea. Tiran de él y lo tratan de arrastrar de muchas maneras distintas. Cuando se sienta allí, y se sincera en medio del estudio, habla de la forma en que se enfrenta a las situaciones, de lo fuerte que es su fe, de lo mucho que se apoya en ella —él y su esposa— y de cómo una gran cantidad de las decisiones que toma las ha pensado detenidamente, y ha orado mucho por ellas».

Otro catalizador del crecimiento como cristiano se presenta cuando los creyentes establecidos se identifican con los nuevos cristianos por medio de la mentoría y la responsabilidad mutua. Así como un jugador veterano de béisbol puede poner bajo su protección a un novato, y enseñarle a partir del caudal de sus propias experiencias, también un cristiano maduro les puede dar una ayuda y unos consejos de incalculable valor a aquellos que están comenzando la vida cristiana.

Eso fue lo que sucedió a principios del peregrinaje de Pujols. Su primer pastor, Jeff Adams, dice: «Cuando Albert estaba en su temporada de novato en el Saint Louis, Dee se sentía muy animada por el hecho de que había varios jugadores que eran creyentes y que lo tomaron por su cuenta para trabajar con el. Tenían estudios bíblicos y oraban juntos cuando andaban viajando».

Pujols se refirió a esas experiencias en una entrevista con James Dobson: «Cuando Mike Matheny estaba en nuestro equipo, fue él mayormente el que se encargó de mí en el año 2001. Yo hacía poco que era creyente, y no tenía idea de lo difícil que iba a ser. Matheny era uno de los líderes del equipo, y me dijo: "Todo va a salir bien, hermano. Solo relájate y haz lo que debes hacer"».

La responsabilidad mutua que tuvo Pujols desde el principio con otros cristianos tuvo un valor incalculable. «Nos solíamos reunir después del juego», le dijo. «A veces nos daba la una de la mañana y aún estábamos hablando acerca de las grandes cosas que Dios ha hecho en nuestra vida. Había un buen grupo de cristianos en el equipo —Mike Matheney, Woody Williams y J. D. Drew— que aún estaban en la habitación a las dos de la mañana, aunque tuviéramos juego al día siguiente. Así era de grande la presión, y lo importante que era que tuviéramos esa relación con Dios».

El cristiano no se avergüenza del evangelio (Romanos 1:16), sino que se identifica públicamente con Cristo, respondiendo a sus palabras: «A cualquiera que me reconozca delante de los demás, yo también lo reconoceré delante de mi Padre que está en el cielo» (Mateo 10:32). La fe cristiana de Pujols ha sido frontal y central. «En el mundo del béisbol es difícil mantenerla en secreto», dice Horton. «Desde el principio mismo, a Albert se lo ha considerado como un hombre de fe. La capilla de las ligas menores hace un gran trabajo al ministrarles a unos jóvenes que se encuentran en sus años de formación en el béisbol. Así que creo que todo esto es en realidad un secreto a voces».

La vida cristiana no protege a la persona de las pruebas, las presiones ni el sufrimiento. Identificarse con Cristo, el Salvador que sufrió en sí mismo el ser clavado en una cruz romana, comprende la fe en sus palabras: «En este mundo afrontarán aflicciones, pero ¡anímense! Yo he vencido al mundo» (Juan 16:33). Albert y Dee Dee no han sido inmunes a los tiempos difíciles. «Yo no me cambiaría con él», dice Perry. «Habría algunas cosas maravillosas por el hecho de ser Albert Pujols, pero hace falta una persona muy, muy especial, para enfrentarse a lo que ellos se tienen que enfrentar».

Sin embargo, ¿cambia la situación el hecho de ser cristianos cuando nos golpean las tormentas de la vida? «Albert ha tenido sus luchas. Lucha con una gran cantidad de cosas», dice Perry. «Si no fuera por el Señor, él sería una persona totalmente distinta, porque yo creo que en Albert hay ciertos rasgos de personalidad —como los hay en mí— que pueden hacer guerra contra su lado espiritual».

La Biblia le enseña al cristiano que tenga por sumo gozo el hallarse en medio de las pruebas de la vida, «pues ya saben que la prueba de su fe produce constancia. Y la constancia debe llevar a feliz término la obra, para que sean perfectos e íntegros, sin que les falte nada» (Santiago 1:3–4). Las pruebas perfeccionan a los cristianos, moldeándolos a semejanza de Cristo.

Es bueno que un jugador profesional de béisbol, y también su esposa, recuerden esto cuando las presiones que produce el vivir bajo la lupa de la opinión pública los golpeen. «Él piensa tanto acerca de su juego, que algunas veces, cuando se siente estresado o frustrado, se pone a caminar, sintiéndose decaído», le dijo Dee Dee a *Sports Illustrated* en el año 2003, aún en un momento temprano de su carrera. «Yo siempre le recuerdo que siempre que siga dando lo mejor de sí, ¿qué más puede hacer?».

Woody Williams, antiguo compañero suyo de equipo, dice: «Todos somos culpables de tomarnos el juego de béisbol con demasiada seriedad, hasta el punto en que nos comienza a afectar realmente, pero yo lo he visto a él crecer hasta el punto de ser capaz de disfrutar lo que está haciendo, y disfrutar el juego. Controla sus propias emociones».

Haciéndose eco de este sentimiento, McClellan dice: «Albert es un fuerte seguidor de Cristo. Yo creo que se puede marchar al final del día y decir: "Tal vez no haya triunfado hoy en el campo, pero en la vida hay otras cosas más importantes que el béisbol"».

Al igual que su manera de jugar béisbol, el caminar cristiano de Pujols y su liderazgo se caracterizan sobre todo por su pasión y su constancia. «A veces se emociona realmente, y una vez que algo lo sacude, se puede notar que se apasiona con ello», dice McClellan. «Yo pienso que trata de mantenerse callado, pero entonces surge algo, y ya no se puede aguantar. A veces, cuando estamos viajando, el líder de capilla del otro equipo está ocupado, o no hay mucho tiempo para la capilla. Pero Albert se ofrece, diciendo: "Yo la voy a dirigir. Vamos. Le voy a dar la Palabra a todo el mundo"».

El Pastor Adams dice: «Albert tiene una fe que parece tan sólida como una roca; esa clase de fe como la de un niño que dice: "Esto es así, y este soy yo", y de allí no hay quien lo mueva. Esto es muy coherente con la forma en que lo hace todo en su vida».

O, como dijo Dee Dee en una entrevista: «¿Sabe? Nosotros nos hemos entregado a Dios y a los planes que él tiene para nuestra vida».

CAPÍTULO TRECE

UN TESORO NACIONAL

Pujols no es ningún imbécil; sencillamente tiene la obsesión de batear...
—*Bernie Miklasz, cronista deportivo del Saint Louis Post-Dispatch*

Tony La Russa sabía que se estaba tomando un riesgo colosal al poner a Pujols en el jardín izquierdo contra los Marlins de la Florida a principios de la temporada de 2003. Bernie Miklasz, cronista del *St. Louis Post-Dispatch*, dijo que posiblemente haya sido el riesgo más grande que se había tomado el mánager en toda su carrera. El jefe de los mánagers del Saint Louis reconoció incluso que estaba poniendo en juego su propio empleo al hacerlo.

«Si esto no funciona; si algo sale mal, yo renuncio», se informó que había dicho La Russa. «Ustedes no van a tener tiempo para despedirme».

Pero La Russa estaba desesperado. Los Cardenales habían perdido cinco juegos seguidos, víctimas de una ofensiva más bien débil que solo había anotado once jonrones durante todo ese tiempo. Y ahora se dirigían a Miami para una serie que los enfrentaría a la intimidante combinación de A. J. Burnett, Josh Beckett y Brad Penny durante los tres juegos siguientes. Una serie de cinco juegos perdidos se podía convertir con facilidad en una serie de ocho bajo esas condiciones, como La Russa sabía demasiado bien.

Así que estuvo dispuesto a correr el riesgo. Las circunstancias lo exigían, y el 25 de abril le dio a Pujols unas instrucciones explícitas mientras patrullaba el jardín izquierdo: «No lances la pelota. Pase lo que pase, no la lances».

Algo así podrá parecer una indicación rara de un mánager a uno de sus jardineros, pero Pujols tenía problemas con un codo, en especial un ligamento colateral del cúbito que se había dañado una semana antes. Lo usual es que los jugadores que se rasgan ese ligamento se tengan que someter a lo que le llaman «cirugía de Tommy John» para reconstruirlo (llamada así por el lanzador que fue el primero que se sometió con éxito a la operación). Eso puede retirar de la acción a un jugador por seis meses o más. Por fortuna, la lesión de Pujols solo era un esguince, y el personal médico de los Cardenales le ordenó que no lanzara una pelota de béisbol durante tres semanas, para que el esguince no empeorara y se rasgara el tendón antes de sanarse.

Su incapacidad para lanzar significaba que Pujols quedó relegado a un papel de bateo limitado, dándole solo una vez al bate por juego, y dañando seriamente la ofensiva de los Cardenales. El Saint Louis ganó el primer juego con Pujols en la banca, pero entonces los juegos perdidos comenzaron a acumularse: cuatro seguidos antes que La Russa decidiera poner a Pujols en primera base el 24 de abril para un encuentro contra Mike Hampton, lanzador zurdo de los Bravos, contra el cual Pujols había bateado bien, mientras que a Tino Martínez, el primera base, le había sido difícil. Aunque Pujols fue al bate tres veces en el juego, los Cardenales perdieron 4–3 de todas maneras, para extender su serie de juegos perdidos a cinco.

Ahora que se acercaba la serie contra los Marlins, La Russa decidió correr el riesgo. Él *necesitaba* a Pujols en el jardín izquierdo, porque *necesitaba* la ofensiva que sabía que Pujols le podía proveer. Así que se puso en peligro a sí mismo, a la temporada de Pujols, y tal vez incluso a la carrera misma de Pujols en el béisbol. Estaba dispuesto a hacerlo, solo porque tenía una profunda fe en que Pujols seguiría sus órdenes al pie de la letra, aun en medio del calor del juego. Otros jugadores de menor calidad tal vez sucumbirían ante la tentación, y se soltarían lanzando una bala hacia el infield si tenían que hacer una jugada. Pero La Russa sabía que podía confiar en que Pujols haría lo correcto. Si alguien bateaba la pelota hacia el jardín izquierdo, Pujols tenía órdenes estrictas de tirarle la pelota suavemente, o a Edgar Rentería, el shortstop, quien se lanzaría con facilidad a recogerla, o a Jim Edmonds, el jugador del campo central, quien haría lo mismo.

«Él no puede hacer la mayor parte de las jugadas, y vamos a tener que hacer algunos "ajustes para poder jugar bien», dijo La Russa. «Me dijo: "Yo puedo tirar la pelota", y yo le contesté: "No, no puedes". Lo que me permite hacerlo es el hecho de que él es el jugador más listo del que yo he sido mánager en toda mi vida. Creo que será lo suficiente listo con respecto a esto también».

En la primera parte del primer inning, Burnett ponchó a Fernando Viña, el primer bateador, y parecía que los problemas del Saint Louis en la ofensiva continuarían. Pero entonces, Orlando Palmeiro hizo un doblete, llevando a Pujols al bate, puesto que La Russa lo había hecho pasar de su puesto ordinario de cuarto bate a tercero en el orden de bateo, permitiéndole así que pudiera tal vez tener alguna vez extra al bate antes que lo quitaran en los últimos innings para que se dedicara a la defensiva. Pujols justificó el riesgo que se tomó La Russa, bateando cuando estaban 1–0 un lanzamiento de Burnett por encima de la cerca del jardín derecho que les dio a los Cardenales una rápida ventaja de 2–0. Aquella noche estallaron con un total de nueve carreras, rompiendo la serie de derrotas que llevaban. Después de caer 5–3 contra los Marlins al día siguiente, el Saint Louis logró obtener una serie de siete juegos ganados que lo dejó empatado al frente de la división a principios de mayo. Y Pujols seguiría siendo tercer bate durante años.

El primer lugar era donde los Cardenales y la mayor parte de los expertos del béisbol esperaban que estuviera el equipo en aquellos momentos. Aunque la derrota ante el San Francisco en la Serie del Campeonato de la Liga Nacional del año 2002 fue «la patada más fuerte en el estómago que he sentido jamás», en palabras de La Russa, el Saint Louis parecía en posición para jugar otra postemporada en el 2003 después del año que habían soportado en el 2002. Sí, hubo interrogantes desde el principio. J. D. Drew, el interrogante perpetuo, tuvo cirugía en una rodilla en octubre y no estaría listo para comenzar la temporada. El cerrador Jason Isringhausen también tuvo una cirugía de hombro en octubre y perdería tiempo al principio de la temporada. El equipo había reordenado su alineación. Andy Benes y Chuck Finley quedaron fuera de la rotación, y entró Brett Tomko a ocupar uno de los puestos.

Pero aun con las incertidumbres, los Cardenales tenían la ventaja de jugar en lo que ellos consideraban una Liga Nacional Central débil. Y tal vez lo más importante de todo, el medio de la alineación del Saint Louis nunca había parecido más fuerte: Edmons de tercer bate, Pujols de cuarto y Scott Rolen de quinto. Si se añade a este conjunto como shortstop a Edgar Rentería, el ganador del Guante de Oro, el cual tendría después la mejor temporada de su carrera en el año 2003, bateando de .330 e impulsando cien carreras, ciertamente, los Cardenales tenían una alineación potente.

Aunque los que bateaban menos necesitaban las semanas del entrenamiento de primavera para recuperar su tiempo y su ritmo, Pujols parecía preparado para comenzar a batear desde el principio. Bateó firme en los quince primeros juegos de la primavera en los que jugó, marcando un promedio de bateo de .447 con seis jonrones y veintidós carreras impulsadas durante esa serie de juegos. Ni siquiera las negociaciones de contactos con las que estaba envuelto lo desconcertaron. Aunque las conversaciones sobre un trato a largo plazo iban muy lentas, Pujols y los Cardenales hicieron en marzo un acuerdo de un año por un valor de $900.000, el contrato de un año más sustancioso para un jugador con menos de tres años de servicio en las grandes ligas. «Novecientos mil dólares son mucho dinero», dijo Pujols. «Pero yo no pienso en el dinero. Pienso en salir al campo para ayudar a mi equipo a ganar. Si me mantengo saludable, ayudaré al equipo y conseguiré mis estadísticas... Si uno presenta buenos números todos los años, terminarán pagándole lo que vale».

Como había hecho en sus dos primeras estaciones, Pujols comenzó a aumentar esas cifras inmediatamente. Los Cardenales ganaron los dos primeros juegos del año contra el Milwaukee, y Pujols impulsó una carrera en cada uno de ellos. En los finales de la serie, rompió un empate de cero carreras en la segunda parte del quinto inning, bateando fuertemente un lanzamiento de Matt Kinney para anotar de jonrón e impulsar otra carrera. Un doble de Pujols que ayudó a anotar una carrera un inning más tarde, amplió la distancia, y los Cardenales se mantuvieron en su posición para completar el juego con una victoria de 6–4.

Su labor ofensiva siempre estaba presente (Pujols bateó de .382 durante el primer mes de la temporada), pero una serie de lesiones limitaron su tiempo de juego. Se perdió un juego después de haber sido golpeado en la mano por un lanzamiento de Curt Leskanic, y una lesión menor en el ligamento de la corva también lo molestaba, antes de tener la lesión en el codo, de la cual siguió sufriendo durante semanas.

En uno de los juegos más emocionantes del año, el día 23 de mayo, los Cardenales iban a la zaga del Pittsburgh 7-5 en la primera mitad del noveno inning. Después que Drew salió a jugar en el jardín que le correspondía, Pujols bateó un sencillo y más tarde hizo que anotaran otros dos bateadores en un lanzamiento de Rolen que le costó tres carreras y le dio al Saint Louis una ventaja de 8-7. Los Piratas empataron el juego en el noveno, pero los Cardenales les respondieron con dos carreras en la primera mitad del décimo con un trío de carreras impulsadas por Drew, quien después anotaría gracias a un batazo de sacrificio de Pujols. Los Cardenales se mantuvieron firmes y ganaron 10-8, en un juego en el cual Pujols logró un 5 de 6 (el primer juego de su carrera en que hizo cinco hits), anotó dos carreras e impulsó otras dos.

Su fuerte bateo continuó durante el mes de junio, bateándoles sobre todo a los lanzadores de la Liga Americana en los primeros juegos interligas del año. Contra los Orioles del Baltimore, estos tenían una ventaja de 6-5 en el octavo inning. Pujols, que ya estaba en 3 de 3 en aquel juego, entró para enfrentarse a Jorge Julio, el lanzador finalista del Baltimore, con dos outs y las bases llenas. Pujols bateó un doble hacia la esquina del campo izquierdo, limpiando las bases y dándoles a los Cardenales una ventaja de 8-6 que mantendrían hasta el final.

«Sin duda alguna, es un jugador excepcional», le dijo Cal Eldred, el lanzador de relevo del Saint Louis al *Post-Dispatch* después del juego. «Lo que llama la atención de él es que se puede ver mal en un lanzamiento, y el siguiente lanzamiento, aunque sea bueno por parte del lanzador, llega por el lugar preciso. Y su compostura es tremenda. Le encantan ese tipo de situaciones».

Durante los doce juegos interligas celebrados a principios de junio —contra Toronto, Baltimore, Boston y Nueva York— Pujols bateó de .438 con tres jonrones y doce carreras impulsadas. Su promedio de bateo ascendió a un .394 a fines de junio, poniéndolo al frente de la liga, y sus heroicidades llevaron a Mike Shannon, cronista de los Cardenales, a darle el apodo de «La Máquina», un apodo que se le ha quedado.

Mientras hacía lo que los fanáticos de los Cardenales se habían acostumbrado a verlo hacer en el campo, Pujols también estaba comenzando a mostrarle a la ciudad de Saint Louis cómo era él fuera del campo. Presidió el 28 de abril junto a Andy McCollum, de los Rams de Saint Louis, una función anual de golf con fines benéficos destinada a recoger dinero para la Asociación del Síndrome de Down, y allí manifestó su generosidad y su afecto por los niños con el síndrome de Down que iría creciendo aun más en los años siguientes. En aquella ocasión, Pujols compró dos vacaciones en la Florida, con un costo total de

$6.000, en una subasta para recoger fondos, y enseguida les dio aquellos viajes a las familias de dos niños con el síndrome de Down.

Una era Kathleen Mertz, quien se había convertido en amiga de Pujols en los últimos meses. Fue ella la que lanzó la primera bola en un juego del 2002, como parte del Día de la Caminata de Amigos, y fue Pujols quien recibió la pelota. Cuando salieron del campo, Kathleen, entonces de diez años, con su camiseta de Albert Pujols puesta, le pidió que bateara un jonrón para ella. Él le cumplió su deseo, bateando un jonrón que metió tres carreras en el primer inning.

Otra característica que Pujols exhibió durante la temporada de 2003 fue la lealtad, y la disposición a defender en público a sus amigos y colegas ante las críticas. Pronto acudió en defensa de Sammy Sosa cuando se descubrió que el bateador de los Cachorros de Chicago estaba usando un bate con corcho en un juego. La explicación de Sosa era que había tomado accidentalmente el bate que no debía, y que había usado el bate con corcho solo una vez para hacer una exhibición ante los fanáticos durante una práctica de bateo. Muchos medios de información dudaron de sus palabras, y Sosa se llevó una paliza en sus relaciones públicas por aquel incidente. Sin embargo, Pujols no era uno de los que se lanzaron contra él.

«Sosa es un gran jugador, un gran bateador y un gran hombre», dijo Pujols. «Yo no sé por qué la gente no lo puede dejar en paz. Cometió un error... pidió disculpas. ¿Qué más quieren que haga?».

Pero a pesar de que Pujols estaba bateando en el medio de la alineación del Saint Louis, los Cardenales parecían no estar tomando impulso alguno. Jugaban en una división débil, y durante gran parte de la primera mitad de la temporada anduvieron a tropezones, manteniéndose en un récord que solo en unos pocos juegos superó los .500. La alineación se había vuelto especialmente problemática, y hubo un momento en que no aprovecharon nueve oportunidades entre catorce de embasar. El equipo en pleno parecía sumergido en un letargo, y atrajo las críticas de Miklasz, quien lo acusó de «cómodo... sin vida... y sin inspiración».

Aun así, hasta con los problemas y la actuación menos que estelar en el campo, los Cardenales se las arreglaron para para mantenerse dentro del grupo de equipos competidores por el banderín a lo largo de la primera mitad de la temporada, y Pujols fue una de las principales razones de que lo lograran. Después de ganarse en mayo los honores de Jugador del Mes en las Grandes Ligas, Pujols repitió su hazaña de junio reuniendo cincuenta y un hits durante el mes. Era la primera vez que alguien tenía cincuenta hits en un mes desde que lo había logrado en agosto de 1984 Von Hayes, del Filadelfia. A fines de junio, el promedio de Pujols al frente de la liga subió a .394.

Su firme y eficiente enfoque del uso del bate le ganó la continua admiración de La Russa, quien decía de él que era «el mejor jugador cuyo mánager he sido en toda mi vida». En esta lista se incluyen nombres de estrellas como Mark McGwire, Carlton Fisk, Rickey Henderson, y otros miembros del Salón de la Fama. «Es un grandioso elogio, porque he tenido la fortuna de ser el mánager de algunos entre los grandes», dijo La Russa en una entrevista. «Pero es un placer total ser el mánager de Albert. Me siento dichoso y afortunado de tenerlo en mi equipo».

«Yo busqué a Tony y le pregunté si era cierto que él decía eso de mí, que yo era el mejor del cual él había sido mánager», dijo Pujols en ese tiempo. «Y le dije que era un gran honor. Si algo logra, es motivarme aun más a vivir de acuerdo a lo que él dijo de mí. Solo quiero hacer todo lo que pueda para mejorar».

Aunque La Russa se haya sentido tan entusiasmado y valorara tanto la ética de trabajo de Pujols, algunos se preguntaban si en ocasiones Pujols no estaría demasiado concentrado. Esto dijo Miklasz en una columna del *Post-Dispatch*:

> Camina por todo el club con el ceño perpetuamente fruncido; se encierra mentalmente. Estudia videos, le hace ajustes a su manera de batear y se toma sesiones extra en la caja de bateo, mientras que sus compañeros de equipo están relajándose antes del juego. La intensidad de Pujols es tan fuerte, que en ocasiones molesta a otros Cardenales, que se preguntan por qué él es tan distante. Pujols no es ningún imbécil; sencillamente tiene la obsesión de batear y no tiene tiempo para charlas inútiles ni para hacer bromas.

Quienes lo conocen mejor estarían de acuerdo con la afirmación de Miklasz de que Pujols no es ningún imbécil. Sí, es franco. Y sí, está dedicado a desarrollar sus habilidades, pero no para su propia glorificación.

«Él reconoce que Dios le dio talento, pero hombre, piensa trabajar hasta agotarse para ser lo mejor que puede llegar a ser», dice Jeff Adams, el pastor de Pujols en la iglesia Kansas City Baptist Temple. «Sencillamente, es un hombre muy serio. Uno sabe que cuando dice algo —"Dios me dio este talento"—, lo dice de veras, a diferencia de alguien que tal vez haría una danza para Jesús cuando anota un tanto. Lo de Albert es genuino. No está dispuesto a hacer nada que sea fingido. Sencillamente, no. Y tampoco tiene demasiada paciencia con nadie que lo haga».

«De ahí su relación con la prensa», sigue diciendo Adams. «No es el tipo de persona que va a tratar de decirle palabras bonitas por gusto a nadie. Va a decir las cosas como son, y si a usted no le gusta, mejor se aguanta».

No obstante, su entrega a mejorar su bateo no es el único aspecto de su vida en el cual Pujols se siente tenazmente decidido a triunfar.

«Albert no hace nada, a menos que lo haga al ciento por ciento», dice Adams. «Así que cuando juega béisbol, va a hacer lo mejor de cuanto pueda ser. Y lo mismo hace con su fe. Cuando toma la decisión de seguir a Jesús, la toma en serio. No hay marcha atrás. No hay ningún fingimiento en absoluto. Sigue la misma disciplina que tiene en el campo, la misma ética de trabajo que lo hace entrenarse durante ocho horas diarias; esa es su manera de vivir. Pone por delante a su familia. Pone por delante a Dios. Y va en serio. Así de sencillo».

Antes del receso de las Estrellas, cuando se enfrentó al San Diego, bateó para llegar a primera base en el tercer inning, de manera que impulsó a Bo

Hart hasta el home y les dio a los Cardenales una ventaja de 3–2. En el quinto inning, con los Cardenales perdiendo 6–3, de nuevo bateó de manera que llegó al home después de Bo Hart como parte de un inning en el cual el Saint Louis anotó cuatro carreras que le dieron la ventaja.

El San Diego empató el juego en el noveno inning, y en el undécimo, con Drew en primera base y ningún out, Pujols le bateó de jonrón a Matt Herges, de manera que se anotaron dos carreras. Fue el primer jonrón que le dio fin a un juego en la joven carrera de Pujols. Pero los Padres, en especial el receptor Gary Bennett, pensaron que Pujols se estaba pasando demasiado tiempo admirando su batazo antes de comenzar a trotar alrededor de las bases. Bennett le gritó a Pujols, y le siguieron gritando al día siguiente, cuando Adam Eaton, el lanzador del San Diego, le lanzó un pelotazo en medio de la espalda en su primera aparición, evidentemente como venganza por lo que los Padres consideraban su alarde de la noche anterior.

«La bateó con todas sus fuerzas, y se quedó observándola, y observándola, y observándola», dijo Bennet en un recuento de la Prensa Asociada. «Mira, lo hiciste bien. Ahora recorre las bases. Aquello irritó a muchos de nosotros».

Pujols aceptó lo sucedido y se preparó para recibir la base que le correspondía por el golpe. Pero Bennett no se quiso conformar con eso, de manera que se puso cara a cara con Pujols y comenzó a gritarle de nuevo, haciendo que dos bancas se vaciaran. Pujols respondió lanzándole un puñetazo a Bennett antes que los pudieran separar a los dos para después echarlos del campo. Unos pocos días después, le dieron a Pujols una suspensión de dos juegos en la liga por sus acciones en la reyerta.

«Yo fui el que tiré el puñetazo. Me habrían debido [echar]», dijo Pujols acerca del incidente. «Es algo en lo que uno reacciona. Forma parte del juego».

La expulsión le puso fin a una primera mitad estelar para Pujols, en la cual había bateado de .368, el mejor promedio de la liga (de vuelta a la tierra poco después de su ridículo mes de junio), con veintisiete jonrones y ochenta y seis carreras impulsadas. Aquello era el territorio de la Triple Corona, un hito que el béisbol no había visto desde 1967, cuando Carl Yastrzemski había logrado algo similar. Los veintisiete jonrones de Pujols solo se hallaban tres por detrás de Barry Bonds, quien iba al frente de la liga con treinta, y sus ochenta y seis carreras impulsadas solo estaban cinco por detrás de las noventa y una con la que Preston Wilson iba al frente de la liga.

Los Cardenales entraron al receso en segundo lugar, dos juegos por detrás del Houston. Pujols se ganó un lugar inicial en el equipo de las Estrellas (a pesar de haber estado detrás hasta el mismo final en la votación de los fanáticos), junto con otros cuatro Cardenales: Edmonds, Rentería, Rolen y Williams. Compitió en su primer Home Run Derby [Derby de Jonroneros] el día antes del juego de las Estrellas en Chicago, terminando en segundo lugar detrás de Garrett Anderson, pero empatando un récord en el clásico con veintiséis jonrones en las tres primeras rondas de la competencia y despertando la emoción de los cuarenta y ocho mil fanáticos que había en el U. S. Cellular Field al amenazar en la segunda ronda con romper un récord de ronda simple. Al día siguiente, anotó su primer hit en los Juegos de las Estrellas, un sencillo que impulsó una carrera, respondiendo a un lanzamiento de Eddie Guardado, del Minnesota, en un juego de la Liga Nacional que perdieron 7-6.

La presencia en la escena nacional durante las festividades de las Estrellas, así como los importantes artículos presentados por ESPN, *Sports Illustrated*, Fox Sports y *Sporting News*, significan que Pujols se estaba convirtiendo rápidamente en un jugador cada vez más valorado fuera del Saint Louis. En toda la nación, los fanáticos del béisbol comenzaron a observar las hazañas del bateador de treinta y tres años, y no solo el hecho de que podía sacudir bien sacudida una pelota de béisbol. Pudieron observar su generosidad y lo que gozaba al jugar. Observaron la manera en que animaba a sus compañeros de equipo y siempre desviaba de sí mismo la atención para dirigirla a las contribuciones de ellos. Observaron que Pujols era más que un simple jugador de una sola dimensión que se limitaba a batear jonrones. No; él hacía de todo. Aunque no era de pies ligeros, se robaba una base extra cada vez que tenía la oportunidad, incluso cuando el lanzador opuesto se olvidaba de que él estaba en primera. Realmente, Pujols parecía poseer un sexto sentido cuando se trataba de jugar béisbol y de hacer las cosas que necesitaba hacer para que ganara su equipo.

El aumento de atención —y con él, el aumento de presión— no logró desviar la labor de Pujols en la ofensiva. El juego del 12 de julio contra el San Diego fue el comienzo de una serie de juegos en los que bateaba continuamente, que llegarían a los treinta consecutivos antes que los Phillies la detuvieran a fines de agosto. Durante toda aquella serie de juegos, el 20 de julio, Pujols bateó el lanzamiento de Odalis Pérez, de los Dodgers, para conectar su jonrón número veintinueve de la temporada, pero es más significativo aún que se tratara del jonrón número cien de su carrera. Se convirtió en el cuarto jugador de todos los tiempos (junto con Joe DiMaggio, Eddie Mathews y Ralph Kiner, miembros del Salón de la Fama todos ellos) en alcanzar la marca de cien jonrones en su tercera estación. A los 23 años y 185 días, alcanzó la marca a una edad más joven que todos los jugadores en la historia del béisbol, con excepción de solo seis.

«Sí, son cien jonrones. ¿Y qué?», dijo Pujols, restándole importancia a su hazaña. «Me alegro de ser uno de los más jóvenes, pero no es para tanto. Tengo mucho más que lograr… Ahora estoy jugando para batear cien jonrones más».

Lo más importante para Pujols es que también estaba jugando para ayudar a su equipo a llegar a los juegos de desempate por cuarto año consecutivo. Los Cardenales perdieron en cuatro juegos con el Houston y comenzaron a alejarse. Ya el 24 de agosto, habían pasado a un empate en el primer lugar con los Astros, pero los Cachorros lo habían convertido en una carrera entre tres equipos, y los seguían por solo medio juego. Ahora llegaba a la ciudad el Chicago con una serie fundamental de tres juegos que se convirtió en el tema del libro *Three Nights in August*, de Buzz Bissinger.

Esto es lo que escribe Bissinger acerca de Pujols:

No había nada que se pareciera a Pujols. Esta clase de jugadores no se aparecen una vez en la vida; en realidad, nunca aparecen. Sin embargo, Pujols tenía otra cualidad que La Russa valoraba más aún, tal vez porque él mismo se había hecho mayor en el juego durante los años sesenta. Era la generosidad en medio de esta época de máximo egoísmo, el gozo en los logros de los demás que era superior al gozo que Pujols sentía ante sus propios logros. Le gustaba el béisbol; todo el béisbol; no era que se dignara a jugarlo. Era el primero en saltar al primer escalón del dugout para celebrar que otro había bateado. Caminaba a primera cuando le tocaba caminar. Le gustaban el reto y la sorpresa de batear de sacrificio con hombres en las bases. Todo esto convertía a Pujols en una nueva superestrella chapada a la antigua, en el mismo molde de otros grandes de los Cardenales, como Red Schoendienst, Stan Musial y Lou Brock. «Los números y el dinero se cuidan solos», decía La Russa acerca de él. «Solo sale a jugar para ganar. Por eso lo admiro».

En aquella serie, los Cardenales ganaron dos de tres juegos con los Cachorros, y siguieron subiendo y bajando con los Astros durante los días siguientes: empatados, un juego por encima, empatados, medio juego por encima, medio juego por debajo. El 31 de agosto, contra el Cincinnati, Pujols bateó dos jonrones e impulsó las cinco carreras de los Cardenales. De esa manera, el Saint Louis dejó fuera al Cincinnati para capturar de nuevo el primer puesto en la división por un juego de ventaja. Mientras tanto, los Cachorros seguían acechando en el tercer lugar, solo esperando una oportunidad para subir.

La consiguieron en la primera semana de septiembre, cuando los Cardenales tomaron rumbo norte hasta Wrigley para una serie de cinco juegos, debido a una cancelación anterior por lluvia. El Saint Louis se aferró a su ventaja de un juego sobre el Houston, con los Cachorros a dos juegos y medio por detrás, cuando comenzó la serie. Los Cachorros se enfrentaron con rapidez a los cardenales en el primer juego de la serie, y Mark Prior no dejó batear a Pujols en una victoria de 7–0 para el Chicago. Al día siguiente, en un maratónico primer juego doble, los Cachorros anotaron dos carreras en la segunda parte del decimoquinto inning para ganar de nuevo, y Pujols volvió a quedar en 0 de 5 veces al bate, además de dejar caer un fly (esto fue lo que cantó el árbitro; Pujols sostuvo que él atrapó la bola y la dejó caer mientras la transfería para lanzarla); tampoco pudo llegar a segunda base mientras estaba en el diamante. Joe Strauss, reportero del *Post-Dispatch,* escribió que aquella salida probablemente fuera el peor juego que tuvo Pujols en la temporada.

El Saint Louis se recuperó al final de la noche, pero los Cachorros ganaron los dos juegos siguientes para ganar cuatro de cinco y saltar por encima de los Cardenales en las posiciones de la división. Fue una serie que tanto a los Cardenales como a Pujols les gustaría olvidar. Pujols solo bateó de .211 en los cinco juegos, sin ningún jonrón y con una sola carrera impulsada, y la serie resultó ser el golpe mortal para las esperanzas de los Cardenales de llegar a los juegos de desempate. El Saint Louis perdió de nuevo al día siguiente contra el Cincinnati, quedando a dos juegos por debajo de los Astros, y nunca se les acercarían a más de juego y medio el resto del tiempo. No bastó siquiera que ganaran seis de los últimos siete juegos, y los Cardenales terminaron el año en tercer lugar, tres juegos por detrás de los Cachorros, que ganaron la división.

Aunque los Cardenales habían quedado fuera de la cacería de los juegos de desempate, Pujols estaba en una carrera propia muy cerrada por el título de bateo de la Liga Nacional. Había estado en el primer lugar de la liga en cuanto a bateo todo el año, y faltando poco más de una semana de la temporada, presentaba un promedio de .364. Todd Helton, de los Rockies de Colorado, era segundo con .353. Pero entonces Helton tomó impulso: 3 de 4 contra el San Diego, 1 de 3 contra Arizona, 2 de 3 contra Arizona, 1 de 4 contra Arizona, 1 de 3 contra el San Diego. Al entrar en el último juego de la temporada, Helton tenía 207 de 579 en todo el año, lo cual daba un promedio de .3575.

Mientras tanto, Pujols se estaba atrasando un poco. Después de tener un 0 de 5 contra Arizona el 26 de septiembre, y 0 de 3 al día siguiente, Pujols llevó al juego final un promedio de .3584 (210 de 586). Había que discutir la corona del mejor bateador. En su primera vez al bate contra Brandon Webb en el juego final, Pujols se ponchó, lo cual hizo que su promedio bajara a .3577. Helton, contra Jake Peavy, de los Padres, bateó un sencillo en su primera vez al bate, lo cual le daría una ventaja momentánea de .3586 en el bateo. Pujols bateó por las bases en su segunda vez al bate, mientras que Helton anotó una bola alta. Esto permitió que Pujols recuperara el primer lugar: .3588 a .3580.

Una bola rodada en el tercer inning hizo que Pujols bajara a .3582, mientras que a Helson le sucedió lo mismo en su tercera vez al bate, para caer a .3573. Pujols hizo un doble en el séptimo inning —subiendo su promedio de bateo a .3593— y Helton también anotó un sencillo en su cuarta aparición al bate, subiendo su promedio de bateo a .3584. Cuando Pujols se ponchó en su oportunidad final al bate en la temporada, lo cual le dio un promedio de bateo de .3587, se quedó sentado en el club con sus compañeros de equipo observando el final del juego de los Rockies que había comenzado una hora más tarde. Helton fue al bate en el octavo inning. Un hit le daría el título, pero los Padres lo enviaron a primera base intencionalmente, manteniendo su promedio en .3584, inmediatamente por debajo de Pujols por el más pequeño de los márgenes; de hecho, el más pequeño en la historia de la Liga Nacional.

Así fue como Pujols ganó su primera corona de bateador, habiendo metido 43 jonrones e impulsado 124 carreras. La Triple Corona se le escapó (terminó empatado en el cuarto lugar en los jonrones, y empatado en el cuarto en las carreras impulsadas), pero ocupó el primer lugar en la liga con 212 hits, 137 carreras, 51 dobles y un total de 394 bases. Entre sus logros durante la temporada, se destacan los siguientes:

- Su promedio de bateo fue el más alto para un jugador de los Cardenales desde 1937, su número de carreras fue el más elevado para el equipo desde 1948, sus hits el mayor número para el equipo desde 1985 y su número de dobles el mayor desde 1953.
- Empató con Ralph Kiner (quien lo hizo desde 1946 hasta 1948) en el mayor número de jonrones en las tres primeras temporadas de un jugador en las ligas mayores (114).
- Él y Edmonds se convirtieron en los primeros compañeros de equipo de los Cardenales que habían bateado treinta y cinco jonrones o más en la misma temporada.
- Se convirtió en el octavo jugador en la historia de las grandes ligas que bateó cincuenta dobles y cuarenta jonrones en una sola temporada.
- Fue el tercer jugador de todos los tiempos en batear por lo menos treinta jonrones en cada una de sus tres primeras temporadas, y el primer jugador de todos los tiempos en batear de .300 con treinta jonrones por lo menos, cien carreras impulsadas y cien carreras anotadas en cada uno de sus tres primeros años.
- Fue el campeón de bateo más joven en la historia de la Liga Nacional (con 23 años y 256 días).
- Se unió a Rogers Hornsby como el otro único Cardenal que bateó más de cuarenta jonrones y más de doscientos hits en la misma temporada.

«Ciertamente, no hay ningún jugador que haya logrado lo que ha logrado Pujols en sus tres primeros años de carrera en las grandes ligas», escribió William Gildea, del *Washington Post.* «Ninguno: ni Ruth ni Cobb, DiMaggio o Williams, Mays o Mantle, Brett o Gwynn. Ninguno antes de José Alberto Pujols, quien procede de la República Dominicana, logró por lo menos treinta jonrones, cien carreras anotadas y cien carreras impulsadas durante cada una de sus tres primeras temporadas».

Los premios posteriores a la temporada comenzaron a llegar. Primero fue el Premio al Jugador del Año, de *Sporting News,* seguido por el Premio Hank Aaron (otorgado al mejor bateador en general de cada liga), el Silver Slugger (para los que mejor jugaron a la ofensiva en cada posición) y el Premio Players Choice. Si los Cardenales hubieran llegado a los juegos de desempate, Pujols habría tenido la posibilidad de recibir su primer premio al Jugador Más Valioso. Pero por segundo año consecutivo, terminó en segundo lugar en la votación sobre el JMV, detrás de Bonds.

«Estos últimos tres años son asombrosos. Lo que he hecho es increíble», diría Pujols al final de la temporada. «Creo que este año es realmente especial. Aunque es muy probable que no podamos ir a la postemporada como en los últimos tres años, ha sido un tiempo muy especial».

Aún Pujols no se daba cuenta de que aquello tan «especial» solo estaba comenzando.

CAPÍTULO CATORCE

CASI

Cada vez que salgo al campo, es para glorificar a Dios.
—*Albert Pujols*

A llí estaban los Cardenales, en el banco de la tierra prometida del béisbol —la Serie Mundial—, que no habían visto desde 1987. Esa clase de sequía sufrida por el Saint Louis, cuyos fanáticos están acostumbrados a verlos ganar, pareció una eternidad. Desde los días de Ozzie Smith, Willie McGee, Terry Pendleton y Tommy Herr, los Cardenales no habían jugado en el Clásico de Otoño, pero ahora estaban a solo un triunfo de distancia, y era el Houston, su rival en la división, el que se interponía en su camino.

Con la Serie del Campeonato de la Liga Nacional del 2004 empatada a tres juegos cada uno, los Cardenales tendrían que superar a Roger Clemens si querían probar lo que es jugar en la Serie Mundial. Aquel veloz lanzador de cuarenta y un años de edad tal vez estaría ya decayendo en su carrera, pero seguía siendo un formidable oponente. Clemens había ganado dieciocho juegos para los Astros en el año 2004, perdiendo solo cuatro, con un promedio de carreras anotadas de 2,98. Su actuación le ganaría su séptimo —sí, séptimo— premio Cy Young.

Las esperanzas del Saint Louis descansaban sobre los hombros —y el brazo derecho— de Jeff Suppan. La nueva adquisición de los Cardenales antes de la temporada del 2004, Suppan, era exactamente la clase de lanzador que le encantaba a Dave Duncan, el entrenador de lanzamiento del Saint Louis. Suppan era un trabajador incansable. Había lanzado cada cinco días y acumulado más de doscientos innings durante cinco años consecutivos antes de llegar al Saint Louis. El séptimo juego era una revancha del tercero, en el cual Clemens les había sacado el mejor partido posible a Suppan y a los Cardenales: 5–2. Ahora la venganza le tocaba a Suppan.

A nadie le sorprendió que el juego se convirtiera en un duelo entre lanzadores, mientras un inning tras otro pasaba a la historia. El Houston anotó una carrera en el primer inning, y otra más en el tercero, pero en los innings intermedios, Suppan se había plantado y ponchó a nueve bateadores seguidos. Los Cardenales seguierron adelante con su única carrera en el juego, cuando Tony Womack anotó en el tercer inning gracias a un sacrificio de Suppan. Al llegar al sexto inning, Clemens, quien mantenía una ventaja de 2–1, había estado lanzando y solo había permitido tres hits hasta aquel momento de la noche. Los fanáticos del Saint Louis no pudieron menos que notar que al reloj de arena se le estaba acabando la arena.

Desesperado por lograr una buena ofensiva, y con Suppan anotado para ser el primero al bate en la segunda parte del sexto inning, Tony La Russa se fue a su banca. Roger Cedeño era su escogido para batear de emergencia por Suppan, y el veloz Cedeño recompensó la decisión de su mánager bateándole a Clemens un sencillo al centro. Edgar Rentería bateó de sacrificio para que Cedeño se moviera hasta una posición en que pudiera anotar una carrera; después vino al bate Larry Walker, quien había sido añadido a los Cardenales ya entrada la temporada. Walker bateó una bola baja dirigida a la segunda base, pero Cedeño pasó a tercera base en la jugada.

Esto hizo que Pujols saliera a batear, con dos outs y una valiosa carrera del empate a 27 metros en la persona de Cedeño. Durante la temporada regular, Pujols estaba bateando de .333 con dos outs y corredores en posición de anotar. Para hasta el momento, en sus encuentros Clemens había logrado dominar a Pujols. El bateador de los Cardenales no había podido conectar un hit contra el Rocket en el tercer juego, y solo se las había arreglado para conectar uno contra él en siete veces al bate durante toda la temporada. No obstante, Clemens descubrió muy pronto que cuando de Pujols se trata, los éxitos del pasado no indican nada con respecto a la actuación del futuro.

En el primer lanzamiento del Rocket, a Pujols le cantaron un strike. El segundo lanzamiento igualó el conteo 1–1, pero Pujols bateó de foul el tercer lanzamiento para volver al hoyo. Batearle a Clemens con cualquier conteo que sea, es difícil, pero batearle a Clemens con dos strikes es casi imposible. A lo largo de su carrera, Clemens hacía bajar a los bateadores a un promedio de .153 después que conseguía el segundo strike. Ciertamente, tenía controlado a Pujols.

Sin embargo, Pujols tenía otros planes. Bateó con fuerza el siguiente lanzamiento de Clemens de línea por el jardín izquierdo para impulsar dos carreras, empatando el juego y dándoles a los fanáticos de los Cardenales una razón para sentirse optimistas. No tuvieron que esperar mucho, porque Scott Rolen castigó en el siguiente lanzamiento a Clemens con un jonrón que hizo entrar dos carreras, dándoles a los cardenales una ventaja de 4–2, que era todo lo que necesitaban, venciendo al Houston 5–2 y ganando su puesto en la Serie Mundial por vez primera en diecisiete años.

«En esos momentos, todo lo que uno quiere es un buen lanzamiento para poder batear», le dijo Pujols al *Post-Dispatch*. «Uno no piensa en la cantidad de veces que ha tenido problemas. Ya sabe que el lanzador es el mejor de todos. Ve la pelota y la batea. Y eso fue lo que sucedió».

Ciertamente, la temporada de 2004 fue especial en Saint Louis, pero antes de que pudiera comenzar, los Cardenales tuvieron que resolver la cuestión pendiente del contrato con Pujols, un asunto que preocupaba mucho al equipo y a sus fanáticos. Los Cardenales tenían los derechos sobre Pujols hasta la temporada del 2006, pero con tres años de jugar en las grandes ligas, Pujols era elegible por vez primera para un arbitraje por su sueldo. Lo que eso significa es que si los Cardenales y Pujols no se podían poner de acuerdo en un contrato de un año, o en un acuerdo de varios años antes de la fecha del arbitraje, sería un panel de árbitros el que determinaría el sueldo de Pujols para el 2004.

Con las estadísticas que había reunido durante sus tres temporadas, Pujols estaba a punto de romper el récord por la cantidad de dinero otorgada a un jugador elegible para el arbitraje por vez primera. En el año 2003 había ganado un sueldo base de $900.000 y $50.000 adicionales por haber llegado al equipo de las Estrellas. En el proceso de arbitraje, sometió una cifra de diez millones y medio de dólares. Los Cardenales le respondieron ofreciéndole siete millones. Basándose en las reglas establecidas, los árbitros tendrían que escoger una cifra o la otra, sin ningún campo intermedio.

Sin embargo, los Cardenales no se sentían contentos con la idea de llevar a Pujols al arbitraje. Se verían obligados a comparecer ante el panel de árbitros para dar las razones por las cuales Pujols no valía los diez millones y medio que había pedido. Un proceso así podía llevar a resentimientos y tensiones en las relaciones, y los Cardenales querían evitar todo esto si les era posible. Al fin y al cabo, se estaba hablando del jugador más valioso del equipo; un jugador que acababa de presentar tres temporadas distintas a todo cuanto el béisbol había visto antes. Ofenderlo no sería la manera más prudente de actuar, y los Cardenales lo sabían.

Mientras tanto, al parecer Pujols había ofendido a algunos de los fanáticos del Saint Louis con comentarios que había hecho mientras seguía adelante el proceso de negociación del contrato. A pesar de que los fanáticos de los Cardenales tenían la esperanza de que Pujols le diera al equipo un descuento por tratarse de su ciudad, Pujols anuló esas ideas.

«Se trata de un negocio. No hay concesiones», le dijo al *Post-Dispatch*. «Ustedes traten de conseguir lo que se merecen. Eso es lo que yo quiero. Me parece que mis cifras hablan solas. No quiero ser arrogante en cuanto a esto, ni cambiar de actitud. Como ya dije, se trata de un negocio. Yo he cuidado mi negocio en los últimos tres años, de manera que tengo la esperanza de que se me trate con respeto. Eso es todo lo que pido».

Este tipo de comentarios no siempre caían bien entre los fieles al Saint Louis, quienes parecían olvidar que ambas partes se hallaban en medio de una negociación, y nunca es buen negocio mostrar las cartas antes que se termine el juego. También es fácil ofenderse y proclamar superioridad moral cuando no es la negociación del sueldo de uno la que se está llevando a cabo en público.

En defensa de Pujols hay que decir que los Cardenales habían recibido bastante provecho de sus logros en las tres últimas temporadas. Lo habían utilizado con un precio excesivamente bajo, y por aquella cantidad de dinero habían conseguido mucho más de lo que jamás habrían podido soñar. Pujols conocía el valor que él tenía para el equipo, y también sabía el valor que tendría para otros equipos, si los Cardenales no le ofrecían un sueldo comparable con lo que él podría conseguir en otros lugares después de la temporada de 2006, cuando se pudiera convertir en agente libre.

Los Cardenales se las arreglaron para evitar el proceso de arbitraje y asegurarse a Pujols a largo plazo cuando llegaron a un acuerdo con él inmediatamente antes de la vista del arbitraje para un contrato de siete años y cien millones de dólares que lo mantendría en el Saint Louis hasta el año 2010, con una opción al club para 2011 que le pagaría dieciséis millones. Aquel contrato era el más elevado de todos los firmados por los Cardenales —de hecho, el más grande en la historia del béisbol para un jugador con tres años de experiencia—, o sea, que el fuerte trabajo de Pujols y su determinación le habían pagado inmensamente. Se había convertido en un hombre rico, y pronto esa riqueza beneficiaría a un número incalculable de personas.

«Esto es lo que yo soñaba antes de comenzar a jugar béisbol», dijo en aquellos momentos Pujols. «Todo está sucediendo. Las cosas están saliendo muy bien. Esto es parte del sueño que siempre tuve de niño: tener una familia estupenda, unos amigos estupendos, una carrera que también esperaba que fuera estupenda, y mantenerme saludable».

Pero Pujols señaló de inmediato que, aunque el dinero sería de beneficio para su familia, no cambiaría su forma de jugar, y que al fin y al cabo, no era suyo.

«Estoy convencido de que la gente pensará: "¿Qué puede hacer con tanto dinero?"», dijo. «Pero ese dinero no es mío. Es un dinero que he tomado prestado de Dios. Y él me ha permitido usarlo. Todo cuanto Dios quiera que haga con él, eso es lo que voy a hacer. Ahora mismo, la cuestión no es el dinero. Se trata de mí mismo; de prepararme para la temporada del año 2004, y también del equipo. Si uno juega, pero no gana un campeonato, no importa la cantidad de dinero que gane».

Una vez firmado su contrato y sus finanzas en orden, Pujols se pudo concentrar en el béisbol. Los Cardenales estaban buscando la manera de recuperarse de la desalentadora temporada de 2003, en la cual se perdieron los juegos de desempate después de tres apariciones seguidas en la postemporada. El equipo había pasado una sacudida masiva antes del entrenamiento de primavera. Para comenzar, negociaron a Tino Martínez con el Tampa Bay. La salida de Martínez le abriría el camino a Pujols para encargarse de manera permanente de la primera base. Durante sus tres primeros años con el equipo, Pujols había ido saltando entre el outfield, la tercera base y la primera, pero la primera parecía ser la posición para la que estaba mejor preparado, en especial con los problemas del codo que le seguían, que significaban una amenaza si tenía que estar tirando continuamente la pelota. Jugar primera le permitiría asentarse en una posición de manera estable, y esa posición limitaría su necesidad de lanzar la pelota.

Walt Jocketty, el mánager general, también echó a andar un trato muy efectivo con el Atlanta, intercambiando a J. D. Drew por el lanzador Jason Marquis, quien se uniría a la rotación del Saint Louis en 2004 y ganaría quince juegos; el especialista izquierdo Ray King, y Adam Wainwright, proclamado como un prospecto con futuro, que pronto se desarrollaría para convertirse en uno de los lanzadores más distinguidos del béisbol. Además de Suppan, el jardineros Reggie Sanders entró al equipo como agente libre, y reemplazó a Drew en el jardín derecho. Por vez primera el equipo estaba esperando una contribución de parte del lanzador de salida Chris Carpenter, quien se había perdido toda la temporada del 2003 a causa de una lesión.

Sin embargo, aun con todos esos cambios periféricos, el núcleo de los Cardenales quedó intacto para el 2004. Pujols, Rolen y Edmonds —y Rentería en menor grado— se convertirían en una fuerza devastadora en el centro del alineamiento del Saint Louis, con Matt Morris y Woody Williams asegurando todavía la rotación. Pujols estaba decidido a reducir sus ponches y aumentar sus bases por bolas en el 2004, aunque en realidad no necesitara demasiadas mejoras (en el 2003 se ponchó sesenta y cinco veces y le dieron setenta y nueve bases por bolas).

Al parecer, la competencia principal de los Cardenales serían los Cachorros, que después de perder la Serie de la Liga Nacional Central y echándole la culpa al pobre fanático Steve Bartman, habían mejorado el equipo al negociar por Derrek Lee y adquirir de nuevo al lanzador estrella Greg Maddux como agente libre. Y los Astros, con los «Bés Asesinos» —Lance Berkman, Jeff Bagwell y Craig Biggio— siempre eran una amenaza.

Después de perder tres de sus cuatro primeros juegos, el Saint Louis se recuperó para barrer con los Diamondbacks del Arizona en Phoenix. En la final de la serie, Pujols le bateó largo y tendido su lanzamiento a Randy Johnson en el primer inning para anotarse su cuarto jonrón de la temporada, empatado en el primer puesto de la liga, y darles a los Cardenales una rápida ventaja. Más tarde impulsó una segunda carrera bateando bajo, y en el séptimo inning, enfrentándose de nuevo a Johnson, bateó un doble para que anotara So Taguchi.

Los Astros llegaron y barrieron con el Saint Louis en la siguiente serie de tres juegos, pero los Cardenales lograron la revancha unos pocos días más tarde con una barrida de tres juegos contra el Houston en el Minute Maid Park. En el primer juego, Pujols le bateó a Wade Miller un jonrón que impulsó dos carreras en el sexto inning para romper un empate 1-1 y los Cardenales ganaron 5–3. El juego final de la serie fue un emocionante 2–1 en el que ganó el Saint Louis, anotando Sanders gracias a un sacrificio del novato Héctor Luna. Pujols, quien había tomado por su cuenta al joven Luna, saltó sobre el dugout y fue el primero en felicitarlo por haber impulsado la carrera que les había dado la victoria. Era Pujols en su mejor expresión: aunque no estuvo envuelto en la jugada decisiva, actuó como si lo hubiera estado, y expresó una felicidad genuina por los éxitos de sus compañeros de equipo. «Aléngrense con los que están alegres» es un mandato bíblico que él se toma muy en serio.

«Me sentía emocionado por él», dijo Pujols. «Él nos mira a nosotros como líderes; como compañeros de los cuales quiere estar siempre cerca para que lo puedan ayudar, porque el inglés es su segundo idioma. DK [Darryl Kile] me rodeó con su brazo cuando llegué. Ahora yo estoy rodeando con el mío a Héctor y a los jóvenes que vayan viniendo. De eso se trata... Todo cuanto yo pueda hacer por ayudarlo a salir adelante [a Luna], lo voy a hacer. Es una cuestión de ser compañero de equipo. Yo soy miembro del equipo. Quiero ser un ganador».

A pesar de haber barrido temprano a los Diamondbacks y al Houston, los Cardenales siguieron fallando a principios de la temporada, permaneciendo alrededor de los .500 y cayendo nada menos que a cuatro juegos y medio por detrás de los Astros, que iban al frente de la división a mediados de mayo. Pujols, aunque estaba bateando, impulsando carreras (diecisiete en abril y dieciocho en mayo) y clasificándose entre los líderes de la liga en cuanto a carreras anotadas, no era el mismo Pujols. Parecía estar fallando en el bateo con mucha frecuencia, tratando de enviarlo todo al lado izquierdo, en lugar de ir al campo opuesto. Después de una salida de 1 por 5 en un juego perdido contra el Pittsburgh 11–8 el 26 de mayo, su promedio de la temporada era de .279, un poco por encima del .267 al que había caído a principios de mes, pero muy lejos de los niveles que se había establecido para sí mismo.

Tres juegos más tarde, Pujols estalló contra el Houston, bateando 4 de 5, con dos jonrones y tres carreras impulsadas en un juego que ganó el Saint Louis 10–3, quedando así en el segundo lugar, a dos juegos y medio por detrás de Cincinnati. Mitchell Page, el entrenador de bateo, hizo una predicción después de observar la actuación de Pujols: «Ahora nos podemos montar todos en su espalda y salir a dar un paseo», dijo Page.

Aquellas palabras resultaron proféticas. Pujols tuvo dos hits más y otro jonrón al día siguiente en un juego contra el Houston en el que perdió 7–1. En el primero de una serie de cuatro juegos en Pittsburgh, añadió otros dos hits y dos carreras impulsadas. En el segundo juego, bateó 5 de 5 (el segundo juego con cinco hits en su carrera) con un jonrón y tres carreras impulsadas en un juego ganado por el Saint Louis. De hecho, incluyendo la actuación de 4 de 5 contra el Houston que lanzó su fuerte ofensiva, Pujols bateó de .581 en una serie de ocho juegos seguidos, con cinco jonrones y once carreras impulsadas, levantando su promedio de la temporada a un .325, más típico de él. Los

Cardenales ganaron siete de esos ocho juegos, colocándose a un juego de distancia del primer lugar.

Una victoria aplastante de 12–4 por parte de los Cachorros el 9 de junio hizo que el Saint Louis pasara a empatar en el primer lugar, y con otro juego ganado 12–7 sobre Texas el 11 de junio, los Cardenales pasaron a tener nueve juegos sobre el promedio de .500 (35–26), de manera que su nivel de actuación estaba muy por encima de los demás en aquellos momentos, y eran los únicos poseedores del primer lugar en la división. No lo perderían durante el resto de la temporada.

Los Cardenales ganaron ocho juegos de nueve para terminar la primera mitad de la temporada, y mantuvieron un primer puesto con una distancia de siete juegos en el receso de las Estrellas. Pujols, con un promedio de .304, veintidós jonrones y sesenta carreras impulsadas, se ganó de nuevo un puesto inicial en el Juego de las Estrellas. Hizo un 2 por 3 en la exhibición, con dos dobles y dos carreras impulsadas, pero la Liga Nacional perdió su octavo juego seguido ante la Liga Americana: 9–4. Y aunque sus estadísticas de la primera mitad eran buenas, Pujols solo estaba comenzando.

Su mejor juego de la temporada fue el del 20 de julio contra los Cachorros en Wrigley. Un doble de Pujols en el primer inning, lanzando Glendon Rusch, hizo que anotara Tony Womack y les dio a los Cardenales una rápida ventaja de 1–0. Pero entonces, Matt Morris, el lanzador del Saint Louis, se vino abajo en el segundo inning. Le dio base por bola a Moisés Alou al principio del inning y le sirvió a Derrek Lee un jonrón que impulsó dos carreras, para darles a los Cachorros una ventaja de 2–1 que era solo el comienzo. El Chicago lograría batear cinco veces más en el inning, y cuando por fin llegó Cal Eldred para sustituir a Morris, los Cachorros ya habían anotado siete veces.

Con los Cachorros delante 7–1, el juego parecía haber terminado… para todos, menos para Pujols. Con un out en el inning siguiente, bateó un jonrón solitario para hacer disminuir la ventaja hasta cinco. Su segundo hit del día. Los Cachorros respondieron en el tercero con otra anotación para recuperar una ventaja de seis carreras, y la puntuación siguió así hasta el sexto inning, cuando Pujols bateó una línea por el centro. Tercera vez que bateaba. Más tarde anotaría otra carrera gracias a un sencillo con dos carreras bateado por Edmonds, parte de un inning con cuatro carreras que acercó a los Cardenales a dos carreras de distancia: 8-6.

Pujols dominó el séptimo inning con un batazo que le propinó a un lanzamiento de Kyle Farnsworth. Cuarta vez que bateó, y el Saint Louis quedó detrás por una sola carrera. Pero Pujols aún no había terminado.

Los Cardenales empataron en el octavo con un jonrón de Taguchi. Empatados todavía en la primera mitad del noveno inning, Dusty Baker, el mánager de los Cachorros, le entregaría el juego a LaTroy Hawkins, su lanzador final. Hawkins lanzó y Rentería bateó un sencillo, con lo que Pujols llegó al home a batear. Con un conteo de 1–0, Pujols levantó la pelota que le lanzó

Hawkins hasta lo más profundo de la derecha del jardín central. La pelota se encajó en la red que había encima de la cerca para marcar un jonrón en el que se anotarían dos carreras, dándole al Saint Louis la ventaja de 10–8. Reggie Sanders batearía más tarde de jonrón, aumentando la distancia, antes que Jason Isringhausen asegurara el triunfo en la segunda parte del noveno inning.

Pujols había bateado 5 de 5, con tres jonrones, cinco carreras impulsadas y cuatro carreras anotadas. Era su primer juego con tres jonrones. Y con un estilo muy típico suyo, señaló que el jonrón anotado por Taguchi había sido el mayor jonrón del juego.

«Lo mejor que tiene Albert es que está jugando para ganar», dijo La Russa después del juego. «Está jugando para conseguir un anillo para sí mismo, para sus compañeros del equipo y para los fanáticos de los Cardenales. Eso es lo que yo admiro más en él. No hay nada que se le compare. El verdadero ganador deja que los números, las estadísticas y el dinero se presenten. Eso es lo que hace».

Pujols batearía de .374 en julio, con nueve jonrones y veintidós carreras impulsadas. Mientras tanto, los Cardenales irían caminando hasta la increíble marca de 20–5 en el mes, ampliando su distancia de los demás en el primer lugar de la división a diez juegos y medio. El 4 de agosto, contra el Montreal, Pujols bateó su jonrón número treinta del año, lo cual lo convirtió en el primer jugador en la historia de las ligas mayores que comenzó su carrera con cuatro temporadas seguidas de treinta jonrones cada una.

«Lo estupendo es que puedo salir, mantenerme saludable y hacer lo que puedo, y espero poderlo hacer cada año», dijo Pujols. «Si el año próximo bateo treinta, seré el único (en lograrlo en sus primeras cinco temporadas). Es algo en lo que no pienso. Lo que me interesa es ganar».

Y eso fue lo que siguieron haciendo los Cardenales. En agosto, el Saint Louis tuvo un récord de 21–7, pasando a tener un primer puesto en la Liga Nacional Central con quince juegos y medio de diferencia, mientras que Pujols seguía bateando apasionadamente. Como si la ofensiva del equipo no fuera lo suficientemente potente, se le añadió Larry Walker, fuerte bateador del Colorado, en un trato con los Rockies a cambio de tres jugadores de las ligas menores.

Pujols disfrutaba otra vez de números al estilo de los Jugadores Más Valiosos, batallando por ser el primero de la liga en jonrones y carreras impulsadas. Por supuesto, Rolen y Edmonds también aspiraban a este premio. Rolen terminaría la temporada bateando de .314, con 34 jonrones y 124 carreras impulsadas, mientras que Edmond batearía .301, con 42 jonrones y 111 carreras impulsadas. Ambos ganaron el premio del Guante de Oro. Pero aunque Pujols siguió azotando la pelota, en agosto reconoció que había estado jugando durante varias semanas con una lesión en el pie derecho que le causaba un fuerte dolor. Esta lesión, llamada fascitis plantar, es una inflamación del ligamento que conecta al calcañar con los dedos del pie. Las únicas opciones eficaces de tratamiento para esta situación son la cirugía y el descanso, ninguno de los cuales le era atractivo a Pujols tan tarde en la temporada, y con los Cardenales luchando por llegar a los juegos de desempate. Así que se mantuvo firme, confiando más en que el poder de Dios lo fortalecería y lo sanaría, en lugar de someterse a un tratamiento médico que lo habría dejado fuera de juego durante semanas.

«Me molesta, pero cuando cruzo esa línea blanca, estoy listo para jugar», le dijo al *Post-Dispatch*. «La única razón por la que estoy jugando, es que Dios me ha dado poder para jugar. No creo que sea la cirugía la que me vaya a sanar. Creo en Dios, y descansaré después de la temporada, como hizo [Dios] con mi [codo]. Las posibilidades de éxito de un cirujano pueden ser mitad y mitad. No hay un ciento por ciento de seguridad de que me vaya a sanar. Yo sé que Dios puede sanar mejor que la cirugía. Y tenemos esos dos grandes entrenadores que son Barry [Weinberg] y Mark O'Neal. Ellos trabajan el día entero, y todos los días, para asegurarse de que yo esté listo para el juego de las 7 en punto».

Aquella dolencia, aunque era tan dolorosa, no le logró quitar a Pujols su rapidez acostumbrada. En agosto, bateó de .351, con doce jonrones y veintinueve carreras impulsadas, incluyendo un juego contra el Cincinnati el 16 de agosto, en el que bateó 3 de 5, con un jonrón y cinco carreras impulsadas, para llevar a su equipo a una victoria de 10–5. Era el cuarto juego seguido en el cual Pujols bateaba largo y tendido, elevando su rendimiento en la temporada a treinta y siete jonrones, con los que se puso al frente de las grandes ligas. El 29 de agosto, en una victoria 4–0 contra el Pittsburgh, Pujols bateó su jonrón número cuarenta del año, e impulsó dos carreras, lo cual le dio las cien carreras impulsadas por cuarto año consecutivo. ¿Los otros únicos jugadores que impulsaron por lo menos cien carreras en sus cuatro primeros años? Al Simmons, Ted Williams y Joe DiMaggio, todos ellos miembros del Salón de la Fama.

«Cuarenta y cien son números difíciles de alcanzar a este nivel, pero no me importa qué clase de números yo logre, ni con quién me comparen», dijo Pujols. «Solo quiero ser un ganador. Cuando uno comienza a pensar en sus números y en lo que ha hecho en las grandes ligas, es cuando se comienza a sentir cómodo, y yo no quiero hacer eso».

También en agosto, el *Post-Dispatch* reportó un proyecto iniciado por Mike Matheny, receptor del Saint Louis, para edificar un campo de béisbol en Chesterfield, Missouri, destinado a los niños con problemas físicos o mentales. Pujols, que había apartado cien mil dólares de su participación en el Derby de Jonrones del año 2003 para edificar un campo de béisbol en la República Dominicana, cambió de idea y entregó el dinero para el proyecto de Matheny. Este ejemplo de generosidad por parte de Pujols, y su afecto y compasión por los niños con limitaciones, solo era un pequeño adelanto de lo que vendría en los años siguientes.

A medida que iba terminando la temporada, y los Cardenales llegaban a llevar diecisiete juegos y medio de ventaja en septiembre, el Saint Louis tuvo la oportunidad de anotarse el mejor récord de una temporada regular en la historia del equipo. El récord de victorias de la franquicia era de 106, establecido en 1942 por un equipo que formaban Stan Musial, Enos Slaughter, Marty Marion, Terry Moore y Mort Cooper. Otros dos equipos ganaron 105 juegos en 1943 y 1944. Después, hasta 1985, nunca un equipo de los Cardenales había ganado más de cien juegos. Durante el mes de agosto, el equipo había acumulado un récord de 87–44, que lo puso en camino de ganar 107 juegos en la temporada. Durante la semana final de la temporada, el récord de juegos ganados de la franquicia parecía cosa fácil para el equipo, puesto que los Cardenales tenían ya una diferencia de 103 a 52. Pero el Saint Louis tropezó, bajando a un récord de 2–5 y terminando la temporada con un récord final de 105–57, con lo que empataron con la marca del segundo número de juegos ganados en la historia del equipo.

«[Me] costaría mucho trabajo hallar muchos equipos de todos los tiempos a los que se pueda comparar [el equipo de 2004]», dice Woody Williams. «La alineación que teníamos, la defensa que jugábamos, los lanzadores eran buenos. En realidad, ninguno de nosotros era tan abrumadoramente poderoso, pero al mismo tiempo, todos sabíamos lanzar. Teníamos un buen bullpen y no había demasiados vacíos entre nosotros».

Pujols terminó el año bateando de .311 con 46 jonrones (en aquellos momentos, el punto más alto de su carrera) y 123 carreras impulsadas. Sus 133 carreras anotadas lo ponían al frente de la liga, y también sus 389 bases en total. Aunque sus estadísticas eran ciertamente dignas de que se le nombrara el Jugador Más Valioso, Pujols perdió de nuevo el premio, que se le otorgó a Barry Bonds después de terminada la temporada, con Adrien Beltre, de los Dodgers, en el segundo lugar (.334, 48 jonrones y 121 carreras impulsadas). Pujols quedó en tercer lugar. Aunque los Gigantes de Bonds no llegaron a la postemporada, a los votantes los atrajo más su porcentaje de bases, que era de .609, su porcentaje de slugging, que era de .812 y sus 232 bases por bolas, que los fallos del equipo de San Francisco, en el cual jugaba. Rolen y Edmons siguieron a Pujols para completar los cinco primeros. Pujols también ganó el tercer Bateador de Plata de su carrera.

Pero más importante para Pujols que los trofeos que ganaría al final de la temporada, era la postemporada. La última vez que el equipo había ganado 105 juegos —en 1944—, habían vencido a los Saint Louis Browns, sus rivales del otro lado de la ciudad, en la Serie Mundial. Así que los fanáticos estaban esperando mucho del equipo mientras entraba en los juegos de desempate, con los Cardenales asignados a enfrentarse con los Dodgers de Los Ángeles, campeones de la Liga Nacional Oeste, en la primera ronda. Hasta aquel momento de su carrera, los juegos de la postemporada habían sido una de las debilidades de Pujols. En trece juegos, solo había bateado de .213, con dos jonrones y siete carreras impulsadas. Aquello lo remediaría muy pronto.

En la segunda parte del primer inning del primer juego de la Serie de la División de la Liga Nacional, Pujols le bateó una línea profunda a Odalis Pérez para darles la ventaja de 1–0 a los Cardenales. En el sexto innings, siguió a un jonrón de Larry Walker con un sencillo por el centro. Después le anotó un doble a Rentería, y el inning terminó con un ventajoso 6–0 a favor de los Redbirds. El Saint Louis ganó el juego inaugural 8–3, y ganó el segundo con la misma puntuación. El Los Ángeles reaccionó para ganar 4–0 el tercer juego, mientras José Lima frustró la ofensiva del Saint Louis, situando el cuarto juego en la serie de los mejores cinco, y lo que terminaría siendo uno de los momentos más dramáticos de la joven carrera de Pujols.

Con un empate 2–2 en el cuarto inning, Pujols entró a enfrentarse con Wilson Álvarez, con dos outs y dos hombres en base. Álvarez cayó muy pronto 2–0, y daba la impresión de no querer nada que ver con el bateador de los Cardenales. Pujols tomó el tercer lanzamiento por un strike, y después vio pasar la tercera bola. Aunque la primera base no estaba llena, darle la base por bola no habría sido el fin del mundo para los Dodgers.

Pero Álvarez no tomó ese curso de acción. En lugar de darle la base, le lanzó una bola rápida en la mitad interior del hombre, que Pujols elevó sobre la cerca del jardín izquierdo para un jonrón con las bases llenas que hundió por igual el espíritu de los Dodgers y el de sus fanáticos. Un sencillo de Pujols que impulsó una carrera en el séptimo inning aumentó la distancia del Saint Louis a 6–2, que resultó ser la puntuación final.

«Hasta entonces, yo diría que fue el mejor momento de mi carrera», dijo Pujols después del juego. «Perdimos el tercer juego. Estábamos cerrados. Eso no nos sucede con demasiada frecuencia. Así que tuvimos que responder de la manera que los Cardenales han respondido durante toda la temporada. Me alegro de haber podido lograr lo que se logró. Para mí, fue mi mejor batazo hasta ese momento. Tengo la esperanza de que haya muchos más en el futuro. Ahora no nos podemos detener. Esto solo fue un paso más».

Para la serie, Pujols bateó de .333, con dos jonrones y cinco carreras impulsadas. Solo estaba en el calentamiento.

El triunfo aseguró un encuentro entre los Cardenales y los Astros, que eran el comodín, y habían terminado trece juegos por detrás de los Cardenales en la Liga Nacional Central, pero habían vencido a los Bravos en cinco juegos en sus encuentros de la serie de División de la Liga Nacional. Mientras tanto, los Astros habían reforzado su contingente de «Bés Asesinos» con la adquisición en la fecha límite de canje del jardinero Carlos Beltrán. También tenían a Jeff Kent, quien no encajaba en la descripción de los «Bés Asesinos», pero no obstante, había sido el líder de carreras impulsadas en el equipo en el año 2004.

Clemens había lanzado en el cuarto juego de la serie de División de la Liga Nacional, y Roy Oswalt entró en el quinto juego, de manera que el Saint Louis tuvo un respiro. Los dos campeones del Houston no estaban disponibles para comenzar la serie siguiente, de manera que los Cardenales abrirían contra Brandon Backe, y no contra ellos. Tal como hizo en la serie de División de la Liga Nacional, Pujols hizo sentir su presencia muy pronto. Beltrán les había dado a los Astros una rápida ventaja de 2-0 en el primer inning del primer juego con dos carreras logradas del lanzador Woody Williams, del Saint Louis, pero Pujols respondió en la segunda parte del inning con un importante empate del juego gracias a dos carreras debidas a un buen batazo suyo.

El juego volvió a quedar empatado 4-4 en el sexto inning, pero los Cardenales consiguieron entonces seis carreras. Pujols tuvo base por bola en el inning y anotó en un doble de Edmonds que impulsó tres carreras y les dio a los lanzadores del Saint Louis todas las carreras que necesitaron, de manera que los Cardenales vencieron 10-7 en el juego inaugural. En el segundo juego, el Houston iba delante con 3-0 en el quinto inning, cuando un jonrón de Larry Walker que anotó dos carreras, hizo subir al Saint Louis con una diferencia de una sola. Entonces llegó Pujols y le bateó a Rolen para hacer entrar dos carreras, dándoles la ventaja a los Cardenales.

Los Astros amenazaron con recuperar el primer lugar en el sexto inning cuando José Vizcaíno y Brad Ausmus batearon dos sencillos consecutivos. Eric Bruntlett bateó de sacrificio, en frente mismo del home, tratando de mover a los dos corredores a segunda y a tercera. Pujols, a la carga desde el principio en el juego, recogió sin guante la pelota y de inmediato se la tiró a Rolen a la tercera base para forzar a Vizcaíno y mantener a los corredores en primera y segunda. Kiko Calero pudo así resolver el aprieto.

«En cuanto a la jugada de Pujols, más o menos nos la imaginábamos [el Houston estaba sosteniendo el bate sin moverlo]», dijo José Oquendo, el entrenador de tercera base. «Yo habría querido que usara su guante, porque tenía tiempo más que de sobra. Pero así es Pujols. Se emociona. Se olvida de que tiene un guante puesto en la mano. Quiere atrapar la pelota con los dientes».

Con el juego empatado a 4 en el séptimo inning, Pujols se impuso en el inning contra Dan Miceli, bateando de jonrón hacia la pared del jardín izquierdo, para darle al Saint Louis la ventaja. Cuando Rolen lo siguió con su propio jonrón para poner al Saint Louis 6-4, aquel momento se convirtió en la primera vez en todos los tiempos que los jugadores de los Cardenales habían bateado dos jonrones seguidos en la postemporada. Jason Isringhausen mantuvo la ventaja en el noveno para darle al Saint Louis una ventaja de 2-0 en los juegos de la serie.

El Houston ganó el tercer juego por la labor de Clemens (Pujols bateó 1 de 4), y empató la serie ganando el cuarto juego 6-5, a pesar de que Pujols tuvo una noche de 3 de 4, que incluía un jonrón y tres carreras impulsadas. Brad Lidge, el lanzador final del Houston, retiró a Pujols en un fly que fue a parar a la pista de advertencia en la primera parte del noveno, con un out y Larry Walker en primera. Backe llevó a cabo su revancha en el quinto juego, concediendo solo un hit en ocho innings, mientras los Astros ganaban el juego en la segunda mitad del noveno inning por un jonrón que hizo entrar tres carreras, que le bateó Kent a Isringhausen, lo cual le dio al Houston una ventaja de 3-2 en la serie mientras regresaba a Saint Louis.

Los Cardenales estuvieron a punto de ser eliminados al comenzar el sexto juego, y un jonrón de Lance Berkman en la primera mitad del primer inning, lanzando Matt Morris, sirvió poco para causar optimismo en el Saint Louis acerca del resultado final del juego. Pero entonces, Pujols bateó de manera poderosa en la segunda mitad del inning. Lanzando Pete Munro, bateó una bomba que entró dos carreras para darle al Saint Louis la ventaja y a la Nación de los Cardenales la esperanza.

Un doble de Bagwell que impulsó una carrera empató el juego en el tercer inning. Pujols dominó en el cuarto y anotó un sencillo que hizo entrar dos carreras, lanzando Rentería. Esto puso al Saint Louis de nuevo en ventaja, esta vez de 4–2. Los Cardenales todavía seguían al frente en el noveno, 4–3, pero Bagwell empató con un sencillo que impulsó una carrera, lanzando Isringhausen. Esto envió el juego a los innings extra. El número de carreras permaneció empatado en el duodécimo inning, en el cual Pujols se impuso con una base por bola y anotó gracias a un dramático jonrón de Edmonds que aseguró la victoria en el juego y forzó a un séptimo juego decisivo, que ganaron los Cardenales con un jonrón que bateó Rolen lanzando Clemens, después que un doble de Pujols con una carrera impulsada lo había empatado.

«Es una bendición», le dijo Pujols a *USA Today* acerca de su actuación en la postemporada. «Cada vez que salgo al campo, es para glorificar a mi Dios. No me importa quién me esté observando. Sé que hay 52.000 personas viéndome jugar. Todo lo que quiero es cumplir con mi deber, en lugar de tratar de hacer más de lo que puedo».

Pujols ganó los honores de Jugador Más Valioso en la Serie de Campeonato de la Liga Nacional, bateando de .500 (14 de 28), con cuatro jonrones, nueve carreras impulsada y un récord en la serie de la Liga Nacional Central de veinticinco bases en total. Aquello estaba muy bien, pero Pujols aún tenía un asunto sin terminar: una Serie Mundial contra el Boston. Los Medias Rojas habían hecho lo imposible en la serie de la Liga Nacional Central, levantándose desde un déficit de 3–0 contra los detestados Yankees de Nueva York para ganar cuatro juegos seguidos en una de las series de postemporada mejores de todos los tiempos.

En un desquite por la Serie Mundial de 1967, en la cual los Cardenales derrotaron al Boston en siete juegos, la Serie Mundial de 2004 tenía todo el aspecto de ser un momento clásico. El equipo de béisbol con más juegos ganados, los Cardenales, con una poderosa ofensiva y una defensa impecable, contra los Medias Rojas, tratando de ganar su primera Serie Mundial desde 1918 y poner fin de una vez para siempre a la condenada Maldición del Bambino. Pujols, Rolen, Edmonds y Walker contra Manny Ramírez, David Ortiz, Curt Schilling y Pedro Martínez.

Pero lo que puede haber tenido un atractivo aspecto en el papel, resultó un fracaso y un desastre para los Cardenales. El Boston tuvo un primer juego lleno de defectos y errores: 11–9. Pujols bateó 0 de 3. Segundo juego: el Boston ganó 6-2. Pujols bateó 3 de 4, pero el resto de los jugadores del Saint Louis solo se las arreglaron para conectar dos hits. Tercer juego: otro triunfo del Boston, 4-1. Pujols, 1 de 4, uno de los únicos cuatro hits del Saint Louis. Cuarto juego: 3-0 los Medias Rojas, con lo cual acabaron de barrer. Pujols bateó de nuevo 1 de 4, y de nuevo los Cardenales pudieron batear solo cuatro hits.

El temible trío de Pujols, Rolen y Edmonds —el trío que le había dado tanta vida a la ofensiva del Saint Louis durante toda la estación— tuvo una combinación de 6 de 45 en los cuatro juegos (un promedio de .133). Pujols, aunque no impulsó carreras en la serie, bateó cinco de esos seis hits. Rolen no bateó uno solo en quince veces al bate, y Edmonds solo hizo uno en quince veces al bate. Se le puede dar el mérito al personal de lanzadores del Boston, por causarles semejante fracaso a los mejores bateadores de los Cardenales. O se le puede dar ese mérito a los Medias Rojas por batear en los momentos precisos. El hecho es que los Cardenales no fueron una amenaza en la Serie Mundial de 2004, porque los que habían producido las carreras durante toda la temporada, esta vez no produjeron nada.

«Así son las cosas; es parte del juego», dijo Pujols en el *New York Times*. «Si miramos a Manny Ramírez, él no impulsó ninguna carrera en la última serie. Yo no creo que ellos hayan lanzado con tanta fuerza. Sencillamente, nosotros bateamos bien algunas veces, y ellos hicieron unas cuantas jugadas buenas. Ya pasó; ¿qué se puede hacer? Uno no puede decir que quiere que le vuelvan a lanzar la pelota, porque ya eso pasó».

Desilusionado con los resultados de la Serie Mundial, Pujols emplearía la época fuera de temporada en la preparación de un proyecto que cambiaría de manera permanente la vida de muchas personas. Aunque sus logros en el campo de béisbol fueron significativos, Pujols, junto con Deidre, su esposa, estaba a punto de hacer algo mucho mayor.

CAPÍTULO QUINCE

TÚ LEVANTARÁS LOS CIMIENTOS

Deidre y yo siempre hemos sentido que este era el llamado de Dios para nuestra vida, y que su plan con nosotros iba mucho más allá de lo que yo pudiera hacer en el béisbol.
—*Albert Pujols, 5 de mayo de 2005*

En el quinto día del quinto mes del año 2005, el hombre que llevaba el número 5 en su camiseta de los Cardenales del Saint Louis subió a una plataforma junto con su esposa para anunciar el lanzamiento de la Fundación de la Familia Pujols. «Quiero batear un gran jonrón en el campo», dijo Pujols, «pero este es el gran jonrón que quiero batear este año».

Inicialmente, los que se beneficiaron del apoyo de la fundación fueron la Asociación del Síndrome de Down de Saint Louis y el Orfanato «Niños de Cristo», en la República Dominicana.

Dee Dee, exhibiendo una amplia sonrisa, dijo: «Ahora que vamos a entrar en nuestro quinto año aquí en las grandes ligas, sentimos que ya es hora de que poseamos algo que pueda ser nuestro, y que también podamos compartir con toda la gente de este continente y del mundo entero. Tenemos la esperanza de que un día va a ser así de grande».

Todd Perry, Presidente de la Junta de la fundación, recuerda bien el proceso que llevó a su fundación. «Albert acababa de firmar su nuevo contrato [siete años y cien millones de dólares], y los estaban tratando de convencer de muchas partes», dice. «Todas las organizaciones, todas las instituciones de beneficencia, todos los ministerios; todo el mundo quería que Albert le diera algo. Y eso es por parte del sector privado».

Los Pujols se sintieron frustrados ante la evidente falta de deseo que tenían los medios informativos de hablar acerca de la fe de Albert. Los cronistas deportivos tenían órdenes concretas de referirse a sus hazañas en el campo, pero terminaron dejando el cristianismo de Pujols en la banca.

«Todos los reporteros querían meterle un micrófono a Albert por la cara y hablar con él sobre jonrones y carreras impulsadas», dice Perry. «Si él quería hablar acerca de Isabella, o de algo que estuviera sucediendo en su vida o en su fe, aquella sección terminaba en el suelo del cuarto de edición. No querían entrar en eso. Así fue como Albert se volvió muy retraído y encerrado en sí mismo. Pensaba que en realidad, el público solo tenía interés en ver un lado de él».

Mientras tanto, Dee Dee estaba comenzando a hablar en público sobre sus convicciones. «Dee De se había convertido en defensora de los niños con el síndrome de Down, hablaba de las cosas que a ella le importaban; hablaba de su fe y de la relación que ambos tenían con el Señor», dice Perry. «Las personas que la escuchaban, reaccionaban positivamente ante el mensaje. Pero aun así, era difícil para Albert y Dee Dee hacer que se supiera lo que pensaban. A causa de su inmensa historia en el béisbol, el resto de la historia de su vida había quedado tapada».

Perry dice que aunque los esposos Pujols estaban haciendo cheques para apoyar diversas causas, querían tener mejor enfoque y dirección. Perry sabía que había una manera mejor de hacer aquellas cosas.

«Eso fue lo principal de todo lo que hizo que se abriera paso la idea en mi mente», dice. «Pensé que ellos debían fundar algún tipo de fondo o fundación de caridad, para que las cosas que eran importantes para ellos y en las que creían, se volvieran del conocimiento público. Entonces podrían decir: «Estas son las cosas que vamos a apoyar con el ciento por ciento de nuestro tiempo, nuestro esfuerzo y nuestro corazón"».

Perry redactó una proposición en la primavera de 2004, pero no encontraba la oportunidad correcta para presentársela a ellos. En el Día de la Familia Cristiana de 2004 en el estadio, llevó consigo la proposición a un almuerzo en el que iban a estar los esposos Pujols. Dee Dee llegó, pero Albert no estaba por ningún lado.

Perry recuerda que cuando Dee De se levantó para hablar, se tornó muy vulnerable y dijo: «Quiero que oren por nosotros, y en especial por Albert».

«Dee Dee comenzó a hablar de que Albert se estaba volviendo un poco solitario», recuerda Perry. «Era imposible escuchar las cosas que realmente les interesaban a ellos —su voz y su fe— con todo aquel ruido de que él era un gran jugador de béisbol. Dijo que Albert estaba perdiendo la motivación para hablar acerca de las cosas que eran importantes para él, porque era casi como si nadie lo estuviera escuchando»

Mientras Perry escuchaba su petición de oración, consideró la proposición que llevaba metida en su maletín, y pensó: «Dee Dee, aquí mismo lo tengo». Entonces se le acercó y le dijo: «Yo tengo aquello por lo que ustedes han estado orando».

Una semana más tarde, Dee Dee fue a la oficina de Perry y se sentó con él para escuchar sus ideas. «Durante media hora, la fui llevando por todo el contenido de la proposición», dice Perry. «Si usted conoce a Dee Dee, sabrá que para que ella se siente en algún lugar durante media hora sin decir nada… bueno, ese fue el primer milagro que sucedió. Cuando terminé, ella levantó la mirada y me dijo: "Por esto es por lo que hemos estado orando"».

Al reflexionar sobre la armonía en que las cosas fueron cayendo todas en su lugar, Perry dice: «Dios tiene los momentos perfectos. Me puso a mí aquí a trabajar en algo, al mismo tiempo que tenía a los esposos Pujols allí, haciendo otras cosas, y en realidad, ni ellos ni yo teníamos idea de lo que había en el corazón de los demás. Pero cuando nos reunimos, todo encajó de una manera perfecta».

Aunque aquella reunión inicial fue buena, se desarrolló algo de drama en el proceso de toma de decisiones, sobre todo en la vida de Perry. Dee Dee le llevó a Albert la proposición para hablar y orar sobre ella, pero pasarían varias semanas de silencio antes que Perry tuviera contacto de nuevo con ellos.

Aunque Perry disfrutaba de una exitosa carrera en el mercadeo, su compañía le informó un movimiento que pensaban hacer, y que lo sacaría a él con su familia de Saint Louis. Perry recuerda: «En algún punto en medio de todo aquello, mi jefe me llevó a almorzar y me preguntó: ¿Qué te parecería vivir en Kansas?».

«¿*Quiere que le diga la verdad?*», pensó Perry. «No; no creo que la quiera conocer».

Cuando el equipo ejecutivo se mudó para Kansas, Perry tomó el pago de su finiquito y se quedó en Saint Louis.

«Sentí que debía quedarme aquí», dice Perry, «y me pareció que aquello era algo que nosotros podíamos hacer juntos. Pero no se movía nada con respecto al proyecto, así que presioné un poco, diciendo: "Me voy a quedar sin trabajo. Hagamos el proyecto una realidad"».

«Tenía que estar seguro de que aquello no lo estaba haciendo por mí mismo, ni de que se tratara de que fuera a trabajar en las Grandes Ligas de Béisbol… algo al estilo de George Constanza», dice. «Ese fue el momento en el cual, sinceramente llegué a un punto en que oré diciendo: "Señor, edifícalo o elimínalo. Yo estoy totalmente decidido en cuanto al resultado final, cualquiera que sea". Una vez que llegué realmente al punto en que dije aquella oración, y la dije con sinceridad, las cosas comenzaron a marchar».

Pujols invitó a Perry a su casa para hablar, y tenía muchas preguntas que hacerle. «Se veía que había pensado en los impedimentos y en las cosas que en realidad no habíamos dejado bien claras», dice Perry.

Pocos días más tarde, Dee Dee lo llamó y le dijo: «¡Hagámoslo!».

«Fue un día maravilloso», dice Perry. «Yo sabía que Dios tenía un plan, y ahora formaba parte de ese plan, que era mayor que yo».

Aunque Perry no tenía experiencia en dirigir una organización sin fines de lucro, pronto reunió un equipo de consejeros, abogados y contadores. La idea original era inaugurar la fundación en el día inaugural de la temporada de 2005, que siempre era un inolvidable tiempo de celebración y fanfarria en Saint Louis. Pero como el año 2005 estaba señalado como el último año en que el equipo jugaría en el viejo Estadio Busch, el lanzamiento de la fundación quedaría perdido en medio de todos los demás acontecimientos del día.

Así que retrasaron la fecha unas pocas semanas, pero esa fecha tampoco resultó. Por fin decidieron un día que resultó: el primer jueves de mayo: el 5 del 5 del año 5.

«Le puedo asegurar que no tenía ni idea hasta que llegué al estadio», dice Perry, «y vi la fecha en el tablero de anotaciones. Aun hoy, cuando hablo sobre esto, una abrumadora paz relacionada con los tiempos perfectos de Dios me inunda, sabiendo que desde la creación misma de la tierra, aquello estaba planificado para esa fecha y en ese momento. Es algo que me deja totalmente perplejo».

La declaración de misión de la Fundación de la Familia Pujols (FFP) dice: «Vivir y compartir nuestro compromiso con *la fe, la familia y los demás*». Esta triple misión parte de la enseñanza de Jesús, el cual, cuando le preguntaron: «Maestro, ¿cuál es el mandamiento más importante de la ley?», respondió: «Ama al Señor tu Dios con todo tu corazón, con todo tu ser, y con toda tu mente [...]. Éste es el primero y el más importante de los mandamientos. El segundo se parece a éste:: Ama a tu prójimo como a ti mismo» (Mateo 22:36–39).

Los esposos Pujols viven el primer mandamiento —Ama al Señor tu Dios— al caminar en una relación personal con Jesucristo, su Señor. Esto es lo que afirman: «Nuestra fe en Jesucristo es el punto central de la vida de cada uno de nosotros dos, de nuestro matrimonio, nuestra familia y nuestra Fundación. Si se sacara a Jesucristo y nuestra fe en el de la ecuación, ninguna de las demás cosas existiría».

También viven el segundo mandamiento —Ama a tu prójimo— por medio de la obra y la misión de su fundación. Ahora bien, ¿quién es prójimo de los Pujols? Con un mundo tan repleto de gente que sufre, necesitada de amor y compasión, los Pujols entienden con toda razón que una sola familia no puede sanar todos los sufrimientos. Perry dice: «Les deseamos lo mejor a las demás obras de caridad, pero nosotros no lo podemos ser todo para todos».

Aunque los Pujols no pueden atender a las necesidades de todo el mundo, sí pueden acercarse a tocar la vida de gente que, por providencia divina, ya tienen algún tipo de relación con la vida de ellos. «Cuando quitamos todo del medio», dice Perry, «estas son las causas por las que Albert y Deidre sienten mayor pasión, y por razones obvias». De aquí que la declaración oficial de propósito de la FFP afirma: «La Fundación de la Familia Pujols, una organización IRS 501(c) (3), beneficia a personas (a) con el síndrome de Down, (b) discapacitadas y/o con enfermedades que amenazan su vida, y además, (c) a los niños y familias que viven en condiciones de extrema pobreza en la República Dominicana». La misión de la FFP hacia personas discapacitadas y con el síndrome de Down, que surge del amor y la atención que le dan los Pujols a Isabella, su propia hija, se halla descrita en el capítulo 19, mientras que en el capítulo 23 se habla de la historia de la obra que realiza la FFP en la República Dominicana, país del cual es originario Albert.

El apoyo económico de la FFP procede de varias fuentes. En primer lugar, Albert y Dee Dee le proporcionan directamente fuertes sumas anuales. En segundo lugar, hay donantes individuales que contribuyen por la internet, o con un cheque por correo. Al fallecer un ser amado, muchas familias de la zona de Saint Louis han indicado que «en lugar de flores», envíen un donativo a la FFP.

Y los niños también colaboran con entusiasmo. Cuatro jovencitos de los barrios residenciales de Saint Louis vendieron limonada y recogieron $107. Leah Hammann, una joven que tiene el síndrome de Down, celebra una fiesta especial de cumpleaños para sí misma, pidiéndoles a sus amigos que no le compren un regalo, sino que hagan una donación a la FFP. «Cada año, ella renuncia a sus regalos de cumpleaños para que nosotros podamos ampliar nuestros programas», dice Perry. «¡Eso es lo que yo llamo una persona muy especial!».

La fundación también celebra memorables actividades para recaudar fondos, como torneos de golf y banquetes de Navidad. Estas actividades atraen a una muchedumbre de personas que los apoyan y una gran cantidad de celebridades y leyendas de los deportes, como Stan Musial, Lou Brock, Orlando Cepeda y Meadowlark Lemon.

Se venden objetos donados por medio de subastas, tanto silenciosas como en vivo, y es frecuente que haya en esto grandes manifestaciones de generosidad. En el banquete de Navidad «O Night Divine» [«Oh, Noche divina»] del año 2009, Mark Buehrle, el lanzador estrella de los Medias Blancas de Chicago, lanzó la oferta ganadora de $10.000 dólares por un suceso donado por La Russa, llamado «Sea mánager de los Cardenales por un día», solo para volverse y regalárselo a una madre y a su hija, que eran amigas de los esposos Pujols. En la reunión de 2006, Albert hizo una oferta por un reloj Rólex y lo ganó. Después se acercó a su amigo René Knott, el director de deportes de la KSDK, afiliada local de la NBC y subastador invitado del día, y le regaló el reloj.

Es más grande aún el número de gente común y corriente que sostiene la obra de la FFP por otros medios que no son los monetarios: oraciones, correos electrónicos, cartas. En ocasiones, llega tanta correspondencia que es difícil mantenerse al día. Pero se trata de un buen problema cuando uno está llevando adelante una organización no lucrativa. Perry dice: «Realmente, me he sentido asombrado ante la percepción del público, su comprensión de lo que estamos tratando de hacer».

La senda de la vida de Pujols parece dirigirlo a una visita al Salón de la Fama del béisbol. Por tanto, esperando que no haya lesiones mayores, solo se halla a mitad de su carrera como atleta profesional. Pero entonces, ¿qué? ¿Cómo afectará el hecho de que Pujols se retire del béisbol a la obra que hacen él y Dee Dee por medio de la FFP?

Jan Mueller, médico de la zona de Saint Louis que ha viajado en misiones médicas con la FFP, recuerda una tarde en la República Dominicana: «Había un hombre que le estaba hablando a Alberto, entrevistándolo acerca de la labor que hacíamos. Yo les estaba dando tratamiento a los niños, pero estaba lo suficientemente cerca para oír lo que decían. Aquel hombre le hizo una pregunta a Albert y entonces él levantó la mirada y le dijo: "Lo que la gente no entiende es que para esta obra es para lo que yo fui puesto en la tierra, y, cuando se haya acabado el béisbol y ya no sea famoso, aún voy a seguir haciendo esto, porque es lo que Dios me llamó a hacer"».

Todo parece indicar que Albert y Dee Dee tienen una perspectiva a largo plazo en cuanto a sus inversiones en la FFP, para llevar a la realidad de su vida las palabras de Jesús: «No acumulen para sí tesoros en la tierra, donde la polilla y el óxido destruyen, y donde los ladrones se meten a robar. Más bien, acumulen para sí tesoros en el cielo, donde ni la polilla ni el óxido carcomen, ni los ladrones se meten a robar. Porque donde esté tu tesoro, allí estará también tu corazón» (Mateo 6:19–21).

CAPÍTULO DIECISÉIS

EL JUGADOR MÁS VALIOSO

Uno se siente maravillosamente bien. Pero aun así hace falta ser humilde.
No se puede dejar que este premio lo convierta a uno en un orgulloso.
—*Albert Pujols, 16 de noviembre de 2005*

La atmósfera en el vuelo de los Astros de Houston hacia Saint Louis después del quinto juego de la Serie del Campeonato de la Liga Nacional de 2005 era menos que jovial, y el equipo necesitaba la ligereza que pronto le proporcionaría el receptor Brad Ausmus. Al fin y al cabo, los Astros ni siquiera esperaban estar en aquel avión. No querían estar en el avión, y pensaban que habrían ganado la serie en Houston. Pero en lugar de celebrar un viaje a la Serie Mundial, iban camino a Saint Louis para jugar de nuevo con los Cardenales. Pujols había hecho que esto sucediera el día anterior, en la que posiblemente sea la aparición más memorable en el home de toda su carrera.

Los Astros iban por delante de los Cardenales 3–1 en la serie de la Liga Nacional Central, y en el quinto juego llevaban una ventaja de 4–2 al entrar al noveno inning, con su formidable lanzador finalista Brad Lidge en el montículo. Lidge había sido mortal en el 2005, arrasando con cuarenta y dos llegadas a base y un mezquino promedio de 2,29 carreras ganadas. Y como era de esperar, estaba demostrando que no había quien le pudiera batear en el noveno. Ponchó a John Rodríguez. Ponchó a John Mabry. Dos outs y nadie en base. Los Astros tenían todas las razones del mundo para pensar que el juego y la serie ya les pertenecían.

Pero entonces David Eckstein bateó un inesperado hit que lo llevó a primera, después de haber obtenido dos strikes, y Jim Edmonds recibió la base por bola, llevando a Pujols, el de la carrera siempre disponible, al home. Los fanáticos del Houston, unos 43.470, estaban de pie, listos para que Lidge retirara al torpe primera base y terminara la serie entonces y allí mismo. Los fanáticos del Saint Louis estaban orando para que se produjera un milagro. La temporada del 2005 era la última para el Estadio Busch, que había sido el hogar de los Cardenales desde 1966, y la Nación de los Cardenales todo lo que quería era que Pujols enviara a su equipo de vuelta a su ciudad para una última celebración en el viejo estadio.

Lidge tomó impulso y le lanzo a Pujols. La pelota se deslizó, él movió el bate y no le pegó. Lidge llevaba la ventaja, y seguía estando fuerte. Sin embargo, en su segundo lanzamiento, fue Pujols el que pareció más fuerte. Sacudió un segundo lanzamiento de Lidge en la misma zona, poniendo la pelota en órbita. Los que estaban viendo el juego por la televisión pudieron ver con claridad que Andy Pettitte, lanzador del Houston que estaba en el dugout, movía los labios diciendo: «¡Ay, Señor!». La pelota, después de ir muy alto, rebotó de las líneas del tren que estaban muy por encima del jardín izquierdo, mientras en el Minute Maid Park se hacía el silencio, aturdido ante el monstruoso batazo que acababa de dar Pujols. Lidge dejó caer la cabeza detrás del montículo, mientras Pujols recorría las bases. Cuando Pujols llegó al home, lo hizo señalando hacia el cielo, como es su costumbre después de batear de esa forma. Los Cardenales llevaban ahora la ventaja 5-4, y vencerían a los Astros en la segunda parte del noveno inning, para enviar la serie de la Liga Nacional Central de vuelta a Saint Louis, al menos para un juego más en el estadio Busch.

Al día siguiente, mientras los Astros viajaban hacia Saint Louis, Ausmus decidió divertirse un poco a expensas de Lidge. Convenció al piloto para que hiciera un anuncio, una vez que se remontara el avión.

«Señores, si miran por las ventanillas del lado izquierdo del avión, verán la pelota del jonrón de Albert Pujols», dijo el piloto en broma.

El jonrón que le había sacado a Lidge fue el batazo de orden para Pujols durante la temporada del 2005, que comenzó con una serie de interrogantes sin resolver acerca de la salud y la estabilidad de su pie izquierdo. Después de sufrir durante gran parte de la campaña de 2004 por una dolorosa fascitis plantar, Pujols al principio pensaba operarse a fines de ese año para que la operación ayudara a aliviar sus dolores. El procedimiento lo habría dejado enyesado durante unas seis semanas, lo cual le daba amplio tiempo para recuperarse antes del entrenamiento de primavera. Pero en lugar de la operación, escogió una opción no invasiva, usando como tratamiento el sonar de alta frecuencia.

Al principio, el procedimiento lo ayudó, pero al cabo de unas pocas semanas, el dolor fue regresando gradualmente, obligándolo a someterse a un segundo procedimiento que lo mejoró y lo dejó listo para comenzar el entrenamiento de primavera. No obstante, aquella situación tenía a los fanáticos del Saint Louis por lo menos un poco preocupados sobre hasta qué punto se podría mantener durante toda una temporada más.

«Si llega de nuevo hasta ese punto —que tenga que pasar los dolores que pasé el año pasado—, no creo que lo pueda soportar», le dijo Pujols al *Post-Dispatch*. «No quiero volver a pasar por todo ese dolor. Ya lo pasé una vez, y no creo que lo pueda aguantar de nuevo. No es nada bueno para mi cuerpo».

Aunque el pie de Pujols haya sido uno de los interrogantes para el equipo mientras se preparaba para una nueva temporada, el centro de la alineación del Saint Louis no lo era. Pujols, Rolen, Edmonds y ahora Larry Walker, estaban de vuelta para el año 2005, después de llevar a los Cardenales a ciento cinco juegos ganados en el 2004, pero el personal de apoyo alrededor de ellos había cambiado considerablemente. Edgar Rentería, Mike Matheny, Tony Womack y Woody Williams se habían marchado todos, convirtiéndose en agentes libres. Los recién llegados eran David Eckstein como shortstop, Mark Grudzielanek en la segunda base, el novato Yadier Molina como receptor, y Mark Mulder pasando a la rotación, después de haber sido adquirido del Oakland a cambio de Dan Haren.

El tiempo que Pujols estaba en el entrenamiento de primavera lo utilizaba haciendo algo más que centrarse en su propia preparación para la temporada que se aproximaba. Seguía desarrollando su mentoría con jugadores más jóvenes dentro del sistema de los Cardenales, en especial jugadores jóvenes latinoamericanos, algunos de los cuales no hablaban mucho inglés.

«Creo que lo más importante es que yo mismo había vivido eso», le dijo Pujols al *Post-Dispatch*. «Yo estuve allí [en la República Dominicana] un tiempo, y sé lo que exige. Sé lo que es, y lo difícil que resulta llegar aquí sin saber nada de inglés. Yo trato de poner a la disposición de ellos todo lo que necesiten. Si no lo tengo, trato de conseguirlo. No hace falta darles dinero a esos muchachos. Solo hace falta animarlos para que sigan trabajando duro y aprovechen las oportunidades que se les den».

Pujols tenía fama de dedicarse a ayudar a los jugadores hispanos inexpertos del equipo, hasta consiguiéndoles equipamiento, y esa fama comenzó muy temprano en su carrera. No es algo que su contrato le exija, ni algo que haga porque piensa que se espera de él que lo haga. Lo hace porque su corazón lo motiva a hacerlo.

«Quiero ayudar a esos muchachos a salir adelante», dice Pujols. «Amo este juego. Uno juega para los niños, y con la esperanza de hacerse de un buen nombre. No es una cuestión de ganar méritos».

Pujols y los Cardenales tuvieron un buen comienzo en el 2005, cuando Pujols bateó dos veces en el juego inaugural de la temporada, que ganaron ante el Houston. Después de quedar 3 juegos a 4 en sus siete primeros juegos, los Cardenales se dirigieron a Milwaukee para un grupo de tres juegos contra los Brewers, del 15 al 17 de abril. Pujols le bateó de jonrón a Ben Sheets en el cuarto inning del primer juego, su segundo jonrón de la temporada, para romper un empate a cero en un juego que ganó el Saint Louis 3–0. La siguiente vez que salió al bate se ponchó por vez primera desde que había comenzado el entrenamiento de primavera: toda una cadena de ciento una apariciones para batear, sin que lo sacaran out.

Al día siguiente volvió a batear de jonrón para ayudar a los Cardenales a obtener una victoria 5–3 que los haría pasar al primer lugar por medio juego de ventaja. En esa posición permanecerían durante el resto de la temporada, llegando al título de la Liga Nacional Central por segundo año consecutivo, y por tercera vez en las últimas cuatro temporadas. Los Cardenales iban al frente de la división por once juegos y medio de ventaja al llegar el descanso de los juegos de las Estrellas y por dieciséis juegos en la segunda mitad. En todo sentido, aquella temporada fue un verdadero banquete para el Saint Louis.

En abril, Pujols añadió otra línea a su historial cada vez más amplio. Su fotografía en la caja de cereal Wheaties, un honor que volvería a tener en el año 2010.

«Es como ganarse un premio al Jugador Más Valioso», dijo Pujols. «Es emocionante. Es maravilloso. Hay una gran cantidad de jugadores excelentes que Wheaties habría podido escoger, pero me escogieron a mí. Es una honra. Es un gran día».

Aunque Pujols haya considerado su aparición en Wheaties como algo semejante a ganarse el premio al Jugador Más Valioso, este era un honor que se le había estado escabullendo hasta el momento en su joven carrera. En el año 2005, se propuso cambiar esa situación. Frente a los Bravos, el 29 de abril, Pujols le bateó fuertemente a Tim Hudson en el quinto inning, con dos carreras como resultado, para romper un empate a 4. Su jonrón fue el que ganó el juego, y aquel batazo extendió la serie de batazos de Pujols a un total de diez juegos. En el mes de abril en general, Pujols bateó con seguridad en veinte de los veintidós juegos que tuvo el equipo, camino de un promedio de bateo de .322 al final del mes, que iría acompañado de seis jonrones y diecinueve carreras impulsadas.

Pujols continuó dominando los lanzamientos de Odalis Pérez, de los Dodgers de Los Ángeles (anteriormente había estado en 6 de 12 contra Pérez), en un juego el 9 de mayo, durante el cual bateó dos jonrones: uno sin nadie en base en el primer inning y un bombazo de tres carreras en el quinto, de manera que hizo entrar las cuatro carreras con las que los Cardenales ganaron 4–2 y pasaron a nueve juegos sobre .500 y a una ventaja de cinco juegos en la división. Los dos jonrones mejoraron su promedio de bateo hasta un .341.

Al día siguiente, Rolen chocó con Hee Seop Choi, el primera base de los Dodgers, y se lesionó el hombro. Aunque al principio no se pensaba que fuera una lesión seria, Rolen pasó a la lista de deshabilitados y terminó perdiendo más de un mes. Aunque ya era mucho lo que estaba haciendo en el juego ofensivo de los Cardenales, Pujols tendría que hacer más aún con Rolen sin poder jugar. Y demostró estar a la altura de su responsabilidad.

En aquel mismo mes, frente al Pittsburgh y perdiendo 1–0 en el sexto inning, con Walker en primera y Molina en tercera, Pujols entró para enfrentarse a Dave Williams, el lanzador de los Piratas que lo había ponchado en dos turnos anteriores al bate aquella misma tarde. Parecía que una suerte similar le esperaba al primera base de los Cardenales, cuando Williams llegó a un conteo de 0–2. Pujols se mantuvo vivo a base de batear de foul un par de lanzamientos, y después bateó de doble una línea por el jardín izquierdo que hizo que anotaran tanto Walker como Molina. El Saint Louis ganó el juego 4–2, y las dos carreras impulsadas por Pujols lo hicieron empatar en el primer lugar de la liga con un total de treinta y nueve.

«Lo que haya sucedido antes no importa», le dijo Walker al *Post-Dispatch*. «Él se llama Albert Pujols. Eso solo ya dice mucho. Se lo podrá ponchar dos veces, llevarlo a 0–2, pero aún cuenta con un lanzamiento para vencerlo a uno».

La salida de Pujols a batear tuvo su precio. La última bola de foul que Pujols envió a las gradas más allá de la tercera base golpeó en la frente a un niño de dos años llamado Bryson King. Llegó una ambulancia y se llevó a Bryson al Hospital Infantil de Saint Louis, donde lo trataron de una fractura en el cráneo y le dieron de alta un par de días más tarde. Pero antes de volver a su casa, Bryson fue visitado por Pujols, quien se presentó con una caja de tesoros del béisbol: dos guantes de gamuza para batear, un par de zapatos de béisbol suyos, un bate autografiado, una gorra autografiada, pelotas autografiadas y una tarjeta de béisbol también autografiada.

En un juego celebrado el 30 de mayo contra el Colorado, los Rockies iban adelante 3–1 en el séptimo inning. Habiendo ya dos outs, Eckstein obtuvo una base por bola, y Roger Cedeño bateó para llegar a primera, antes que le tocara a Pujols, que clavó un lanzamiento de Jay Witasick sobre la pared del jardín izquierdo, para que se anotaran tres carreras con su jonrón (su decimotercero de la temporada), dándole al Saint Louis una ventaja que mantendría. El bateo de Pujols se hizo más fuerte aún en junio, cuando bateó de .370 y comenzó una serie de diecisiete juegos en los que logró batear. Los Cardenales subieron hasta estar 11 a 6 durante esta serie de juegos, y aumentaron su ventaja en la división a doce juegos y medio.

Pujols estaba bateando de .337 con veintidós jonrones y sesenta y nueve carreras impulsadas al llegar el descanso de las Estrellas a mediados de julio. Derrek Lee, de los Cachorros, estaba teniendo la carrera del año y ganó la votación de los fanáticos en la primera base, pero La Russa nombró a Pujols el bateador designado como abridor, marcando la cuarta posición en la que Pujols jugaría en un Juego de las Estrellas. En el Comerica Park de Detroit, Pujols bateó una vez de dos al bate en el clásico de mediados de verano del año 2005.

El primer juego que se celebró después del descanso fue más de lo mismo para los Cardenales y para Pujols, al enfrentarse a sus rivales, los Astros. Con el juego empatado 2–2 en la primera parte del decimotercer inning, Mike Lamb, del Houston, logró impulsar una carrera por medio de un hit contra el lanzador Ray King, para darle al Houston la ventaja de 3–2. Pujols respondió de inmediato en la segunda parte del inning, con un jonrón que hizo entrar dos carreras, de manera que los Cardenales ganaron el juego.

A fines de julio, los Cardenales tomaron rumbo oeste para un viaje de seis juegos por el camino contra los Padres y los Dodgers. El primer juego contra el San Diego trajo consigo un encuentro con Woody Williams, el antiguo lanzador del Saint Louis. Era un encuentro que Pujols había estado esperando con ansias desde el año anterior, cuando le preguntó a Williams cómo lanzaría contra él, si dejaba el Saint Louis para unirse a otro equipo.

«Yo le dije que lo iba a golpear con una bola por encima del home», dice Williams. «Él me miró, me sonrió y me dijo: "No, no lo digo en broma". La primera vez que le lancé, le tiré una por el mismo medio, y él la bateó. Entonces, la siguiente vez traté de lanzar una bola dentro, y él bateó una línea de 140 metros hasta el jardín izquierdo de Petco, algo que es casi inaudito».

El 5 de agosto, cuando Pujols le bateó su jonrón número treinta de la temporada a John Smoltz, se convirtió en el primer jugador en la historia de las grandes ligas en batear por lo menos treinta jonrones en cada una de sus cinco primeras temporadas. Cuando le hizo un triple a So Taguchi el 31 de agosto, se convirtió en el cuarto jugador en toda la historia (los otros habían sido Ted Williams, Joe DiMaggio y Al Simmons) en tener por lo menos cien carreras impulsadas en cada una de sus cinco primeras temporadas.

Esos fueron los momentos brillantes de un mes que para Pujols sería inolvidable. Con los Cardenales plagados de lesiones que afectaban a algunos jugadores clave —Rolen, Walker y Sanders— y con Edmonds pasando por una temporada menos que estelar, Pujols se sintió obligado a ampliar su zona de bateo y hacer más para cargar sobre sí el peso del equipo. Con frecuencia no bateaba lanzamientos que normalmente habría bateado, en un esfuerzo por ser la máquina productora de carreras que el equipo esperaba que fuera. Como consecuencia, en el mes de agosto sus estadísticas sufrieron. Aunque no era un desastre total, su promedio del mes fue de .287, siete jonrones y dieciséis carreras impulsadas, lo cual estaba lejos de ser la norma que Pujols se había fijado a sí mismo.

Sus promedios mejoraron un poco en septiembre, cuando bateó su jonrón número cuarenta de la temporada (un bran batazo al lanzamiento de Matt Belisle, de Cincinnati), y se convirtió en el tercer jugador más joven en la historia del juego en batear doscientos jonrones, a los 25 años y 257 días de edad. Solo Mel Ott (25 años y 144 días) y Eddie Mathews (25 años y 242 días) eran más jóvenes que él cuando lograron esta hazaña. Pujols se convirtió también en el segundo jugador de la historia de los Cardenales en anotar cuarenta jonrones al mismo tiempo que se robaba quince bases en una temporada. Rogers Hornsby, «el gran Rajá», había sido el primero en lograrlo, cuando bateó cuarenta y cuatro jonrones y robó diecisiete bases en el año 1922.

Pujols terminó la temporada bateando de .330 (el segundo en la liga; el primero fue Lee, con .335) con 41 jonrones y 117 carreras impulsadas, además de unas sorprendentes dieciséis bases robadas. Sus 129 carreras anotadas estaban en primer puesto en la liga, y ahora él era el principal contendiente para su primer premio al Jugador Más valioso, con Andruw Jones, del Atlanta, y Lee, de los Cachorros, como fuertes candidatos también. Lee, con 46 jonrones y 107 carreras impulsadas, había sido una amenaza en cuanto a ganar la Triple Corona hasta bien entrado el año. Mientras tanto, Jones iba al frente de la liga con 51 jonrones y 128 carreras impulsadas, y muchos votantes parecían satisfechos, pasando por alto su mediocre promedio de bateo, que era de .263, y su horrible promedio de bateo con corredores en posiciones para anotar carreras, que era de .207.

Pero antes que llegara ese anuncio, los Cardenales tenían los juegos de desempate ante sí. El equipo, con un récord de 100–62 en el año, iba rumbo a la corona de la división por un margen de once juegos sobre los Astros, cuya marca de 89–73 resultaba buena para el comodín. Mientras que el Houston se enfrentaría al Atlanta en la serie de su división, los Cardenales jugaban contra los Padres, los campeones de la Liga Nacional del Oeste. La Liga Nacional del Oeste había demostrado ser la peor división del béisbol en el año 2005, y los Padres la pudieron ganar a pesar de un récord nada impresionante de 82–80.

Ciertamente, los Cardenales parecían tener la ventaja en el papel, y esa ventaja también se hizo evidente de inmediato en el campo. Le dieron una paliza a Jake Peavy para anotarse ocho carreras, ganando así el primer juego de la serie (Pujols bateó 1 de 3 con dos carreras anotadas), y colocándose 2–0 al frente de la serie después de ganar el segundo juego 6–2 (Pujols bateó 2 de tres con una carrera impulsada y otra anotada). Woody Williams se enfrentó a sus antiguos compañeros de equipo del Saint Louis en el tercer juego, y recordaba bien lo difícil que era lanzarle a Pujols.

En la primera mitad del primer inning, con Eckstein en primera y un out, Williams intentó lanzar alrededor de Pujols. Ya había logrado 3–0 contra él, cuando lanzó por cuarta vez unos veinte centímetros fuera. Pujols alcanzó la pelota con el bate y la golpeó de línea en el vacío derecho del jardín central, para un doble que anotó una carrera.

«Yo ni siquiera le estaba tratando de lanzar al hombre, y ahí lo tienen, en segunda base», dice Williams.

Los Cardenales le sacaron a Williams cinco carreras en menos de dos innings, camino de un triunfo 7–4 y una barrida con los Padres. Al deshacerse los Astros de los Bravos en cuatro juegos, la Serie del Campeonato de la Liga Nacional sería una repetición de la versión de 2004 en la que jugarían los dos rivales de la división. Beltrán y Kent ya no estaban con los Astros, pero los «Bés Asesinos», Bagwell, Biggio y Berkman, todavía estaban allí, así como los centrales en la rotación, que eran Clemens, Oswalt y Pettitte.

El Saint Louis le dio una paliza a Pettitte a principios del primer juego, anotando dos veces en el primer inning, y añadiendo otra carrera en el segundo. Pujols le bateó un sencillo a Ecstein en el quinto inning para darles a los Cardenales una ventaja de 5–0 en un juego que ganarían 5–3.

En el segundo juego, con el Houston al frente 2–0 en el sexto inning, Pujols terminó el inning bateándole a Oswalt sin nadie en las bases, y cortó a la mitad la ventaja del otro equipo. Pero esa sería la única carrera que anotaría el Saint Louis. Los Astros empataron la serie, que se dirigía a Houston para los tres juegos siguientes.

Pujols le anotó dos hits a Clemens en el tercer juego, pero Lidge retiró a Eckstein en el noveno inning con la carrera del empate en base, para mantener la victoria 4–3 en manos del Houston. Pujols rompió un empate a cero en el cuarto juego, con un sacrificio que hizo que Eckstein anotara en el cuarto inning, pero Jason Lane bateó un jonrón en el inning siguiente para empatar el juego 1–1. Con una ventaja de 2–1 a favor de los Astros en el noveno inning, Pujols le bateó un sencillo a Lidge, lo cual aumentó su promedio de bateo en la serie hasta .478. Cuando Walker lo siguió con un sencillo que hizo pasar a Pujols a tercera base, los Cardenales estaban dispuestos a empatar el juego, o algo mejor. Pero Sanders lanzó una por tercera base y Morgan Ensberg, del Houston, lanzó con rapidez al home para sacar out a Pujols, que estaba tratando de anotar una carrera. Entonces John Mabry bateó un doble para terminar el juego, dejando a los Cardenales con un déficit de 3–1 en la serie.

Sin embargo, Pujols no estaba dispuesto a permitir que los Cardenales se desesperaran. «¿Podemos conseguir un milagro?», preguntó después del cuarto juego. «Por supuesto que podemos. Solo tenemos que ganar un juego. Si lo podemos hacer; con solo lograr pasar el día de mañana, serán ellos los que tengan que soportar toda la presión».

La posibilidad de que eso sucediera parecía muy escasa, en especial después que Berkman desempeño su parte en el séptimo inning del quinto juego. Con los Cardenales ganando 2–1, Berkman le bateó de jonrón a Chris Carpenter, impulsando tres carreras. Aquello electrizó a los fanáticos locales. Los Astros ya podían sentir el sabor de la Serie Mundial; su primera Serie Mundial de todos los tiempos. Los ayudantes del clubhouse habían comenzado a colgar plásticos para proteger los armarios de los jugadores del champán que llovería allí dentro en la celebración posterior al juego. Entre los fanáticos del Houston se sentía un murmullo continuo de expectación; estaban listos para explotar en una delirante manifestación de emoción una vez que su equipo eliminara a los Cardenales durante dos innings más.

Todo parecía ir de acuerdo con un libreto para el Houston, hasta el noveno inning, en el cual, con dos outs, Lidge le lanzó a Eckstein, quien metió un hit, y envió a primera a Edmonds, preparándole el trabajo a Pujols, que no había podido batear en toda la noche. Pujols estaba orando para tener una oportunidad en el home.

«Señor, dame la fortaleza que necesito para que me pongan una vez al bate, y espero sacar la cara por mis compañeros de equipo», decía.

Las oraciones de Pujols fueron respondidas, y bateó su dramático jonrón para enviar la serie de vuelta a Saint Louis. «Cuando bateé, fue algo así como: "Vaya. No creo que haya podido hacer eso"», dijo después del juego. «Es el mejor hit que he tenido en mi carrera. Tengo la esperanza de hacer muchos más en esta serie, y algunos más en la Serie Mundial. Están ustedes ante el mejor cerrador del juego. No se los consigue mejores».

Aunque los Cardenales se sentían felices con su victoria tan improbable, aún tenían que enfrentarse a una tarea que era todo un desafío. Sí, Pujols le había dado al Estadio Busch por lo menos un juego más antes que se demoliera el viejo estadio. Oswalt estaba decidido a asegurarse de que aquel juego fuera el único que se jugara. Oswalt era el lanzador inaugural de los Astros en el sexto juego, y era casi intocable. La magia que los Cardenales habían logrado en el quinto juego ya no aparecía por ninguna parte. Pujols bateó 0 de 4, y toda la alineación se las arregló únicamente para batear cuatro hits, puesto que el Houston no quería permitir que se le negara su participación en su primera Serie Mundial. Las luces se apagaron aquella noche en el Estadio Busch por última vez.

«Es difícil perder», dijo Pujols. «El béisbol es algo que uno vive y respira. Y como esto era para el estadio, es triste. Me gustaría que hubiéramos podido jugar una Serie Mundial más aquí».

La consolación llego alrededor de un mes después, el 15 de noviembre, cuando se hizo el anuncio de que la Asociación de Cronistas de Béisbol de los Estados Unidos había votado por Pujols como el Jugador Más Valioso de la Liga Nacional. Los .378 puntos de Pujols y sus dieciocho votos para darle el primer lugar superaron a los .351 de Andruw Jones, quien solo recibió trece votos para el primer lugar. Después de cuatro estaciones de terminar entre los cinco primeros, el 2005 fue el año en que Pujols pudo reclamar el honor individual más deseado de todos. Bernie Miklasz, del *St. Louis Post-Dispatch*, describe la escena:

En la temporada pasada, Deidre Pujols sorprendió a su esposo rega-lándole un auto nuevo para celebrar el banderín de los Cardenales en la Liga Nacional de 2004. El martes, después que él recibiera por vez primera el honor que había merecido durante ya largo tiempo con el premio al Jugador Más Valioso de la Liga Nacional, Albert Pujols se estaba preguntando qué sorpresa le tendría guardada Deidre esta vez. En realidad, Deidre le estaba guardando el más precioso de los rega-los mientras permanecía sentada a su lado, observando cómo Albert recibía los honores de Jugador Más Valioso. Era Sofía, su hija recién nacida, que ella cargaba en sus brazos, y que llevaba una camiseta con las palabras «la niña de papá». «Esto es lo que hay», dijo Deidre con una cálida sonrisa. «Ella es mi presente para Albert». La pequeña Sofía había nacido el 5 de noviembre. Su padre usa el número 5 en su camiseta. Y por supuesto, Pujols ganó por fin el premio al Jugador Mas Valioso en su quinta temporada en las grandes ligas. «Es obvio que nos encanta el número 5 en nuestra familia», dijo Deidre.

El anuncio llegó en el más adecuado de todos los días, hacía notar Joe Ostermeier, del *Belleville News Democrat*: el día de la fiesta católica de San Alberto Magno.

«Anoche dormí dos horas», dijo Pujols el día en que se hizo el anuncio. «Estaba intranquilo esperando este momento. Cuando recibí esa llamada, la sentí casi como aquel jonrón que le bateé a Brad Lidge. Todo el mundo me estaba llamando para decirme lo mucho que me lo merecía. Se siente uno bien. Sin embargo, necesita seguir siendo humilde. Uno no puede permitir que un premio lo haga sentirse demasiado por encima de los demás».

Aunque Pujols y los Cardenales se sentían muy complacidos con su primer premio al Jugador Más valioso, aquel premio solo ayudó a aliviar un poco el dolor infligido por los Astros en su inesperada victoria sobre el Saint Louis en la Serie de la Liga Nacional Central. Los Cardenales habían tenido dos de las mejores temporadas en la historia de su franquicia en los años 2004 y 2005, pero no tenían un campeonato que presentar como resultado. Y en cuanto a Pujols, aquel era el barómetro de su éxito en el béisbol. «Lo que quiero poder valorar al final de mi carrera es un anillo de campeonato», había dicho Pujols durante la temporada de 2005. Tendría que esperar al 2006 para intentarlo de nuevo.

CAPÍTULO DIECISIETE

SERÁS MI TESTIGO

El béisbol no es más que mi plataforma para poner en alto a Jesucristo, mi Señor y Salvador.
—*Albert Pujols*

Jordan Henderson era un jovencito de dieciséis años repleto de capacidades para el béisbol y aspiraciones para el colegio universitario. Pero en julio de 2007, este adolescente de Tennessee murió en un accidente de automóvil. Sus padres, Ken y Doris Frizzell, sufrieron y lloraron como lo hacen todos los padres ante una pérdida de esas dimensiones.

Mientras hacían los preparativos para el funeral de Jordan, sacaron de su billetera un pedazo de papel doblado y gastado. Era un artículo llamado «Mi historia», de Albert Pujols, recortado de *Sharing the Victory*, una revista producida por la Confraternidad de Atletas Cristianos. En unos pocos párrafos, Pujols explica por qué su relación con Dios es «más importante que todo cuanto pueda hacer jamás en el béisbol». Entonces exhorta a su lector a «aceptarlo a él como Señor y Salvador suyo, y tendrá vida eterna y paz aquí en la tierra».

El periódico local, el *Daily News Journal*, reporta que se distribuyeron mil copias del artículo de Pujols en el funeral de Jordan Henderson. Corrió la voz sobre lo ocurrido, y Todd Perry hizo unas cuantas llamadas por teléfono. Doris y Ken fueron llevados a un juego de los Cardenales, en el cual Albert y Dee Dee tuvieron con ellos grandes muestras de amor.

Al año siguiente, todo el equipo en el que había jugado Jordan fue llevado al Estadio Busch para un día especial de campo, una gira por el clubhouse y presenciar el juego desde la suite del dueño. El relato del *Daily News Journal* decía que el equipo «se unió con Pujols, los Frizzell y Greg Hart, un padre de Riverdale, fuera del cuarto de taquillas de los Cardenales, para orar».

Aquella noche, Pujols les dijo: «Asegúrense de mantenerse firmes en Cristo. Si observan el cuadro completo, es de esperar que algunos de estos muchachos la tomen [la vida de Jordan] como ejemplo. Nuestra vida es muy breve».

Albert y Dee Dee, en su condición de seguidores de Cristo, tratan de obedecerle en la misión que les encomendó a sus discípulos antes de ascender al cielo:

> Se me ha dado toda autoridad en el cielo y en la tierra. Por tanto, vayan y hagan discípulos a todas las naciones, bautizándolos en el nombre del Padre y del Hijo y del Espíritu Santo; enseñándoles a obedecer todo lo que les he mandado a ustedes. Y les adeguro que estaré con ustedes siempre hasta el fin del mundo. (Mateo 28:18–20)

Y también:

> Serán mis testigos tanto en Jerusalén como en toda Judea y Samaria, y hasta los confines de la tierra. (Hechos 1:8)

La orden dada por Jesús es directa y sencilla: compartan con todos las buenas nuevas de Jesucristo. O, como alguien dijo muy bien en una ocasión: «El evangelismo no es más que un limosnero diciéndole a otro limosnero dónde puede encontrar pan».

Todo cristiano debe ser testigo de Cristo. Cuando Albert y Dee Dee hablan de Cristo, no están haciendo algo reservado solo a las celebridades de la fe. No obstante, también es cierto que las hazañas de Pujols en el béisbol le facilitan la increíble oportunidad de «decirles dónde encontrar pan» a un inmenso número de personas. Hablarles de Jesús a los demás es una mayordomía y una responsabilidad que los esposos Pujols han abrazado.

Hasta los periodistas de los medios más notables se detienen a tomar nota de lo central que es el cristianismo en la vida de Pujols. En un sincero artículo titulado: «Pujols es un misterio basado en la fe», Jeff Passan, cronista deportivo de Yahoo.com, escribe acerca de la relación entre la fe de Pujols y su talento:

> Tan condicionados como estamos a oír la palabra «Dios» en boca de un atleta y de inmediato dejarla pasar, sabiendo bien cómo es la piedad hipócrita que ha sido perpetuada por tantos, ¿qué diríamos si realmente hay algo de cierto en la devoción de Pujols? ¿Y si no fuera tanto fe contra ciencia, sino algo más simbiótico: la fe guiando a la ciencia? Sin Dios, Pujols sería como un auto Bentley sin llave. La fe en Dios es la que hace encenderse algo dentro de Pujols; algo que lo motiva para entrenar, para sacar todo lo que tiene dentro, ya sea innato o desarrollado. Él mide todas esas horas de práctica y todas sus capacidades naturales con el patrón de su fe.

O, como lo expresa Dee Dee: «Albert nació para jugar béisbol; está en su ADN. Tanto con fe como sin ella, habría sido un gran jugador de beisbol. Pero porque conoce a Cristo, y porque le da la honra a Dios cuando está en su plataforma de béisbol, yo creo que Dios ha podido ungir su béisbol».

Los esposos Pujols usan esa palabra —plataforma— para explicar la forma en que ellos entienden la razón por la que Dios le dio a Pujols un talento tan fenomenal para el béisbol. Pujols dice: «Dios me ha dado capacidad para triunfar en el béisbol. Pero el béisbol no es el fin; es el medio a través del cual mi esposa Dee Dee y yo glorificamos a Dios. El béisbol solo es mi plataforma para elevar a Jesucristo, mi Señor y Salvador».

Los Pujols expresan pasión y gozo cuando hablan de Cristo. Su fe los anima.

«Es una paradoja maravillosa el hecho de que mientras más comparta uno el amor de Cristo con los demás», afirma Todd Perry, «más bendiciones recibe».

El mensaje sobre el amor de Cristo que ellos comparten es sencillo, y lo puede entender todo el que esté dispuesto a escucharlo. «Él se hace oír, y habla con gran sencillez. Si alguna vez ha hablado con Albert, es probable que le haya dicho que necesita a Jesús», dice Grant Williams, el líder de las Capillas de Béisbol para los Cardenales. «Al final del día, Albert tiene la razón cuando dice que Jesús es la respuesta. Usted sabe qué es lo que quiere decir».

Pujols habla con palabras sencillas: «¿Cómo sé yo que me voy a pasar la eternidad con Dios en el cielo? Todo vuelve a aquello de lo que estábamos hablando al principio: la fe. La Biblia dice: "Por gracia ustedes han sido salvados mediante la fe; esto no procede de ustedes, sino que es regalo de Dios; no por obras, para que nadie se jacte". Mi fe en Jesucristo obrando en mi vida es la que me concede la vida eterna con Dios».

Las oportunidades para que Albert y Dee Dee compartan su fe, les llegan tanto por medio de las grandes reuniones con toda una multitud reunida para escuchar a una estrella del béisbol, como por encuentros personales con familiares, amigos y compañeros de equipo.

En una noche de sábado, en enero de 2010, Pujols habló ante quinientos hombres y jovencitos acerca de sentirse satisfecho en Jesucristo. «Como cristiano que soy, estoy llamado a llevar una vida santa», dijo. «Las normas para mi vida las fija Dios, no el mundo. Yo tengo la responsabilidad de crecer, y de compartir el evangelio».

Manly Night, una reunión semianual patrocinada por la iglesia West County Community, que es la iglesia de Pujols, servía porciones inmensas de carne asada a la barbacoa para llenarles el estómago a los hombres. Después de esto, diversos hombres cristianos —diferentes cada vez, pero con Pujols como la constante de cada invierno— daban su testimonio espiritual.

La reunión de 2010 cayó en el día en que Pujols cumplía treinta años. «No se me ocurre un lugar mejor para celebrar mis treinta años de vida, que en medio de ustedes, compartiendo lo que llevo en el corazón y levantando en alto el Reino de Jesús», dijo.

Solo unos pocos días antes de la celebración de Manly Night, Mark McGwire, antiguo lanzador de los Cardenales, confesó haber usado esteroides durante el tiempo que había estado jugando. En medio de la tormenta mediática que le siguió a esto, McGwire le habló de Pujols con gran entusiasmo a Bob Costas: «Él es, con mucho, uno de los seres humanos más maravillosos... y después de decir todo esto, diré que muy probablemente sea el mejor de todos los jugadores que hayan jugado el béisbol jamás».

La gente le hace grandes elogios continuamente a Pujols, pero esta clase de cosas constituye una amenaza espiritual para los atletas cristianos. Pujols les dijo a los reunidos para la Manly Night: «En el béisbol, cada noche son miles las personas que me dicen lo fabuloso que soy. Eso se me puede ir con rapidez a la cabeza, si no mantengo controlado mi espíritu».

Después de leer Filipenses 2:3, Pujols les dijo a aquellos hombres y jovencitos: «Para mí, una manera de mantenerme satisfecho en Jesús, es ser humilde. La humildad consiste en ponerse de rodillas y mantenerse dentro de la voluntad de Dios. Lo que él quiera para mí; no lo que quiera el mundo».

«Muchos hombres vienen para escuchar a Albert», dice el Pastor Phil Hunter, «pero lo que les mueve el corazón es escuchar a profesionales como él, hablando de la forma en que Cristo les ha cambiado la vida, y los ha convertido en los hombres piadosos que siempre habían querido ser. Después de esto, yo les pido a todos que se arrodillen, y los invito a poner su confianza en Cristo».

Una de las oportunidades de evangelizar mejor organizadas y con mayor asistencia para los Pujols, era la del Día de la Familia Cristiana, en el Estadio Busch, un evento anual que se ha celebrado ya durante diecinueve años.

La idea era sencilla. Con meses de anticipación, los organizadores escogían un juego que sea de día, y trabajaban con la oficina de distribución de entradas del equipo para reservar un número grande de entradas. Había grupos musicales y jugadores de béisbol cristianos que se comprometían a participar en las festividades posteriores al juego, proveyendo con la música y dando testimonios.

Las iglesias compraban grandes cantidades de entradas e invitaban a sus amigos a que vinieran al juego. Parte de los fondos estaban destinados a conseguirles entradas gratis a los jovencitos que no las podían pagar. Judy Boen, fundadora y directora de este evento, veía llegar al parque más de cuarenta mil jovencitos a lo largo de los años para asistir a este juego. Antes del juego, unos voluntarios se mantenían de pie en los torniquetes de entrada y distribuían unas «tarjetas de testimonio» especiales. Son tarjetas de béisbol de los jugadores cristianos de los Cardenales, en las cuales va incluido su testimonio.

Dee Dee ha presidido de manera honoraria el evento. Cuando Pujols ganó el premio Roberto Clemente en el año 2007, las Grandes Ligas de Béisbol le otorgaron cincuenta mil dólares para la obra de caridad que él escogiera. Él dividió el dinero entre su propia fundación y el Día de la Familia Cristiana.

«Albert y Deidre Pujols se han convertido en un gran apoyo para el Día de la Familia Cristiana», afirma Judy Boen. «Tanto Albert como Dee Dee nos apoyan con su tiempo, dinero y oraciones».

Judy recuerda muy bien la reunión del año 2001. «El primer año, Albert salió al campo y saludó con el brazo. Dee Dee estaba sentada en las gradas», dice. «Pero después, Dee Dee le dijo a Albert: "Eso no va a volver a pasar. Nosotros nos vamos a involucrar. Esta reunión es algo increíble. Tú no vas a salir allá afuera a saludar con el brazo. Vas a salir para decirles cómo es que tienes a Jesús en tu vida"».

Al año siguiente, Pujols dio su testimonio.

«En aquellos momentos, hacía poco que era cristiano. De manera que tuvimos que ayudarlo a crecer», dice Judy. Antes de entrar al campo, Pujols se dio cuenta de que se esperaba de él que tuviera un «versículo de vida» tomado de la Biblia para compartir. Le pidió ayuda a Judy. «Yo le di Filipenses 4:13: "Todo lo puedo en Cristo, que me fortalece"», dice Judy. «Albert me dijo: "Oye, ese está muy bien". De manera que salió y les dijo que aquel era su versículo. Y ahora *se ha convertido* en su versículo favorito».

Pujols esperaba con ansias la llegada del Día de la Familia Cristiana. «Es una oportunidad para compartir mi testimonio con toda esa gente que necesita realmente conocer al Señor. Esa es mi responsabilidad como creyente», dijo en una entrevista con la revista *Charisma*.

Muchas personas han animado a los esposos Pujols y han orado por ellos para que sean valientes en cuanto a compartir su fe: Phil Hunter (pastor de la iglesia West County Community), Perry, el evangelista Tony Nolan y Judy Boen son los primeros que nos vienen a la mente. Pero un evangelista y escritor llamado Mark Cahill ayudó a Pujols a ver la oportunidad única que tiene de compartir su fe de manera personal con los demás jugadores de béisbol, y aprovechar esa oportunidad.

Mike Maroth, quien fuera lanzador de los Cardenales, relata que oyó a Cahill decirle a Pujols que les preguntara a los jugadores acerca de Dios cuando estuvieran en primera base. «Mark le dijo: "Tú tienes ese tiempo en el que estás jugando primera base y te llegan allí los jugadores; hazles preguntas", y así lo hizo Albert», dice Maroth.

En una entrevista con la revista *Charisma*, Pujols dijo que cuando un jugador del equipo contrario llegaba a la primera base, él le preguntaba: «¿Qué piensas que te va a pasar cuando te mueras?», o bien, «Si te murieras hoy, ¿dónde crees que irás a parar?».

Maroth dice: «Aquí lo tienes, jugando un deporte en su nivel máximo, te llega un jugador a primera, y saber que algunas de esas conversaciones se refieren a esto, es muy agradable. Con Yadier Molina detrás del home, nadie puede robar bases. Van a quedarse allí por un rato».

Y Pujols manifiesta tenacidad en su testimonio. «Hay quienes te dicen que su familia es lo más importante en su vida, o el dinero, o el béisbol, y yo les digo: "Estás equivocado". Entonces tomo uno de los libros de Mark [Cahill] y se lo envío. También, si tengo tiempo antes de las prácticas de bateo, trato de pasarme algún tiempo con ellos y busco la manera de testificarles», dice Pujols.

«Lo divertido de Albert es que se trata de un hombre reservado y silencioso», dice Grant Williams. «Pero cuando comienza a hablar, no hay quien lo pare. Es como el conejo de las pilas Energizer».

La franqueza de Pujols en su testimonio ha surtido efectos en otros jugadores cristianos.

«Se sorprenderían si supieran la cantidad de gente a la que le he testificado en la primera base», le dijo Pujols a *Charisma*. «Algunos de ellos eran cristianos, y yo los exhorté a hacer lo mismo en la posición que ellos jugaran, o en el dugout con sus compañeros de equipo».

Williams dice: «Por el hecho de ser uno de los jugadores estrella en el juego, y de ser tan claro y visible en cuanto a su fe, lo hermoso de Albert es que hace que cualquier joven se sienta seguro en el ambiente del equipo. Cuando tal vez no haya un liderazgo cristiano claro en el clubhouse de un equipo, y se trate de un joven novato que acaba de llegar, le sería realmente fácil esconder su fe. Pero cuando uno llega, y los líderes son sólidos como rocas, el ambiente es maravilloso».

Pujols ha atendido de manera particular a otros jugadores hispanos. «Lo he visto compartir con jugadores de las ligas menores, en especial jugadores hispanos», dice Walt Enoch, quien fuera durante mucho tiempo el líder de la Capilla de Béisbol de los Cardenales. «Muchos de ellos solo sabían unas pocas palabras de inglés. Con su posición dentro de la organización, él se manifiesta como el servidor que es».

En una entrevista con Pujols en agosto de 2006, James Dobson comentaba: «Una de tus emociones más maravillosas es la de llevar al Señor a otros compañeros tuyos en el béisbol».

Pujols le respondió: «Por supuesto; eso es mejor que cualquier otra cosa, jonrones o lo que sea. No hay nada con lo que se pueda comparar». Entonces le habló a Dobson acerca de una oportunidad que tuvo de testificarle a un compañero de equipo. Se pasó cerca de año y medio haciendo y respondiendo preguntas. «Sencillamente, dejé que el Señor obrara en él», dijo. Durante una serie en San Francisco, aquel compañero de equipo se le acercó a Pujols y le dijo que estaba listo para entregarle su vida a Cristo. «Yo le di gracias a Dios por haberle abierto el corazón y los ojos», dijo Pujols. «Ahora es mi hermano más joven en Cristo, y lo amo mucho». A continuación, le habló a Dobson acerca de otro compañero de equipo al que había aconsejado. Este compañero se le había acercado para decirle que quería cambiar su vida. Pujols le dijo que seguir a Cristo no sería fácil; que pasaría por momentos difíciles, pero que debía mantener los ojos fijos en el Señor, tanto en los buenos tiempos, como en los malos. «Él siempre va a estar contigo, y nunca te va a poner en una situación que tú no puedas controlar», le dijo al joven jugador. «Él le entregó su corazón al Señor, y ha sido algo maravilloso: dos compañeros de juego».

Pocos meses después de la entrevista con Dobson, los Cardenales ganaron la Serie Mundial. Aquel era el primer campeonato para Pujols, y el primero para los Cardenales desde el año 1982. Después de trabajar tan fuerte para alcanzar esta meta, era seguro que Pujols diría que aquel campeonato era el acontecimiento más grandioso de su vida; o al menos, el año 2006.

Pero Perry conocía la verdad: «Albert dijo que su mayor gloria en el 2006, fue el hecho de llevar a Cristo a su compañero de equipo y amigo en un vuelo de vuelta desde San Francisco. Albert confiesa que "nada se le parece siquiera" a la emoción que le produce compartir su fe y llevar al Señor a un amigo perdido».

Algunas veces se comparte a Cristo con el uso de un micrófono frente a diez mil fanáticos. Y otras veces se lo comparte en unas palabras dichas en voz baja a un compañero de equipo o a un amigo. Y también otras veces se comparte a Cristo con un recorte de revista doblado que se descubre en el bolsillo de un amado jovencito que murió demasiado pronto.

En fin de cuentas, Albert y Dee Dee creen que se espera mucho de aquel que ha recibido mucho (vea Lucas 12:48). Con un corazón agradecido al Señor por lo que él ha hecho, ellos quieren llevar a otros a Jesucristo.

«Cada vez que entro al campo, es para glorificarlo a él», dijo Pujols en el testimonio que dio en el campo de béisbol el Día de la Familia Cristiana. «No importa que ese día tenga un récord de 5–5 o uno de 0–4. No importa si ganamos el juego, o si lo perdemos, porque yo lo sigo glorificando. Elevo la mirada al cielo cada vez que bateo y llego a una base, y cada vez que anoto una carrera, para recordarme a mí mismo que el importante no es Albert Pujols. El importante es el Señor Jesucristo».

CAPÍTULO DIECIOCHO

¡ESE SÍ ES UN GANADOR!

Si no consigues un anillo, no eres un ganador.
—*Albert Pujols*

L os fanáticos del Saint Louis estaban ya cansados de la manera tan poco ins-
pirada y tan deslucida de jugar de su equipo local a fines de la temporada
del 2006. El bullpen los hacía sentir incómodos y estaba perdiendo las oportunidades de tomar la delantera con mayor rapidez que la del gobierno gastando
los dólares de los impuestos. La ofensiva no lograba nada. En general, el equipo
manifestaba poca intensidad, poco dinamismo y una ausencia total de fuego
mientras iba terminando la temporada.

En días tan recientes como el 20 de septiembre, la Nación de los Cardenales
tenía todas las razones para estar esperanzada, porque los Redbirds habían
salido con toda facilidad de un empate en el que llevaban menos de un mes,
para llegar a una cómoda ventaja de siete juegos, cuando solo quedaban doce
por jugar. Pero la temporada de 2006 había resultado una temporada de rachas,
y otra temporada inoportuna estaba a punto de comenzar.

Después de perder 1–0 contra el Milwaukee el 20 de septiembre, los
Cardenales fueron a Houston para una serie de cuatro juegos, manteniendo
una ventaja de siete juegos y medio sobre los Rojos y siete sobre los Astros.
El Houston barrió con los Cardenales y cortó su ventaja en la división a tres
juegos y medio.

De vuelta en el estadio Busch, jugando contra el San Diego y aferrándose a
la vida, los Cardenales perdieron también los dos juegos siguientes, y su línea
de juegos perdidos se extendió a siete, mientras su liderazgo en la división se
encogía hasta quedar en un juego y medio solamente. Aunque Pujols había
bateado bien en esos siete juegos (de .320, en realidad), por delante de él nadie
llegaba a las bases (solo tuvo dos carreras impulsadas durante todo ese tiempo)

y tampoco nadie detrás de él lo estaba impulsando hacia el home (solo anotó dos carreras, a pesar de llegar catorce veces a las bases).

Los fieles al Saint Louis, al menos los más antiguos, habían conocido un colapso como este, pero en 1964, y los Cardenales estaban al otro lado de la situación. Aquel año, los Phillies mantenían una ventaja de seis juegos y medio sobre el Saint Louis, con solo doce juegos por jugar, pero una serie de diez juegos consecutivos perdidos les permitió a los Cardenales, quienes ganaron nueve de los últimos once, sobrepasarlos con rapidez y entrar a la Serie Mundial. Ahora, los Cardenales del 2006 estaban haciendo su mejor esfuerzo por darle a aquel equipo de Filadelfia alguna compañía en el Salón de la Fama de los Asfixiados.

Las cosas no tenían buen aspecto en el juego final de la serie con los Padres, puesto que el San Diego iba ganando 2-1 en el octavo inning. Pero So Taguchi recibió una base por bola del lanzador Scott Linebrink, quien le dio otro pase libre a Aaron Miles dos bateadores más tarde, para llevar a Chris Duncan a batear. Pujols era el próximo. La multitud de la Nación de los Cardenales contuvo la respiración, y le envió una súplica a su jardinero derecho. No te metas en un doble play, Chris. Haz lo que tengas que hacer, pero no provoques un doble play.

Eso hizo Duncan, quedando ponchado con el conteo completo. Nunca se habían sentido los fanáticos del béisbol tan complacidos al ver que sacaban out a uno de sus propios jugadores, porque ahora los fanáticos de los Cardenales sabían que su mejor oportunidad de ganar el juego estaba de pie en el home, bate en mano. Pujols siempre se había agarrado demasiado fuerte al bate, pero en el 2006 había redefinido esa palabra, bateando de .435 con dos outs y corredores en posición de anotar, e impulsando las mismas carreras ganadoras del juego de manera regular durante toda la temporada.

Bruce Bochy, el mánager del San Diego, trajo al especialista derecho en relevo Cla Meredith para que se le enfrentara. Los derechos solo estaban bateando de .103 contra el rápido lanzador Meredith, quien tenía un promedio de carreras ganadas de 0,72 en aquellos momentos. Pero Bochy no tuvo en cuenta el hecho de que Pujols no era un derecho cualquiera. Y con una base abierta, aunque fuera la tercera base, otros mánagers habrían estado perfectamente dispuestos a darle a Pujols un pase intencional, y correr el riesgo con Scott Spiezio, jugador de relevo, que era quien iba a batear tras él. En cambio, Bochy decidió acabar con Pujols.

Aquello demostró ser un costoso error. Pujols, con un conteo de 1-0, bateó de jonrón por la tierra de Big Mac en el jardín izquierdo para impulsar tres carreras y darle la ventaja al Saint Louis, y el bullpen, que había estado debilitado en días recientes, mantuvo la ventaja en el noveno inning. Con un poderoso movimiento del bate, Pujols había terminado con la desmoralizadora lista de juegos perdidos, y salvado la temporada, que se les había estado escapando con rapidez.

El Saint Louis no pudo aprovechar de manera inmediata aquel triunfo, perdiendo 9-4 ante el Milwaukee al día siguiente, mientras que su ventaja en la división se reducía a solo medio juego, con tres por jugar, todos contra los Brewers. Los Cardenales respondieron con una paliza de 10-5 que le dieron al Milwaukee el 29 de septiembre, un juego en el que Pujols lanzó otro batazo que hizo entrar tres carreras, su jonrón número cuarenta y ocho del año. La derrota del Houston contra el Atlanta aquel día, dejó a los Cardenales con una ventaja de un juego y medio, y el triunfo del Saint Louis al día siguiente mantuvo esa ventaja. Cuando el Houston perdió ante el Atlanta el 1º de octubre, los Cardenales se aseguraron ese triunfo en la división que había faltado tan poco para que perdieran.

Tal vez llegaran cojeando a los desempates, pero allí estaban. Y Pujols y sus compañeros de equipo estaban listos para dejar detrás su colapso casi desastroso, y concentrarse en lo que tenían por delante.

Antes del comienzo de la temporada, lo que tenía Pujols por delante era una temporada de muchas primeras cosas, comenzando con una nueva experiencia que lo hacía emocionarse: una oportunidad de jugar para su país de origen, la República Dominicana, en el Clásico Mundial inaugural de Béisbol. «Es una gran oportunidad para representar a mi país», dijo Pujols en el *Post-Dispatch*. «Cada vez que pueda honrar a mi país, lo voy a hacer. No me malentiendan: yo amo a los Estados Unidos. Este lugar me dio la oportunidad de desarrollarme, de jugar béisbol y de vivir mejor. Pero para mí, representar a mi país es algo muy grande». Pujols bateó de .286 en la competencia, con un jonrón y tres carreras impulsadas en siete juegos, aunque la República Dominicana perdió ante Cuba en los semifinales.

Aun de acuerdo con las normas de Pujols, 2006 fue un año banderín para el primera base del Saint Louis. Explotó para lograr en las grandes ligas un récord de catorce jonrones en abril. En Filadelfia, en el Día Inaugural, bateó dos jonrones e impulsó dos carreras en un juego en que arrasaron contra los Phillies 13-5. Los Cardenales regresaron a Saint Louis después de un viaje por tierra para jugar seis juegos, con el fin de comenzar la temporada, y Pujols «bautizó» el nuevo Estadio Busch con un jonrón en el tercer inning, que lo convirtió en el primer Cardenal que anotó un jonrón en el nuevo terreno.

El 16 de abril, frente al Cincinnati, Pujols logró estructurar uno de los juegos más destacados de su carrera. Le dieron base por bola y anotó una carrera en el primer inning para darle al Saint Louis la ventaja de 2-1. En el quinto inning, después que los Rojos habían recuperado la ventaja, le bateó de jonrón a Bronson Arroyo e impulsó otra carrera para empatar el juego. Scott Rolen siguió el batazo de Pujols con uno suyo propio para poner a los Cardenales al frente 5-4.

Dos innings más tarde, Pujols bateó de jonrón nuevamente para aumentar la ventaja del Saint Louis. Pero los Rojos ripostaron, anotándose tres carreras en el octavo inning y arrebatándoles de nuevo la ventaja: 7-6. Los Cardenales llegaron a su última oportunidad en el noveno inning, con Pujols al bate y Jason Marquis en primera. En un lanzamiento 1-2 de David Weathers, el lanzador final de los Rojos, Pujols bateó su tercer jonrón del juego para darle al Saint Louis una emocionante victoria 8-7. Rick Hummel, del *Post-Dispatch*, citando al Elias Sports Bureau, reportó que el jonrón final de Pujols era la primera vez en la historia de las grandes ligas en que un jugador convierte un déficit en una victoria completa con su tercer jonrón del juego.

Aquel juego formaba parte de un conjunto de quince juegos en los cuales Pujols bateó de .396, con diez jonrones y veintidós carreras impulsadas, para llevar a los Cardenales a una marca de 12-3 y un empate para el primer puesto de la división a finales de abril. Además, durante ese tiempo, Pujols recogió su milésima carrera cuando bateó de jonrón contra los Cachorros en una victoria 9-3.

Aunque estaba haciendo un esfuerzo por lograr que abril fuera un mes sobresaliente, Pujols se las arregló un par de veces para irritar a unos cuantos fanáticos del béisbol. Primero, defendió a sus compañeros de equipo Juan Encarnación, quien había firmado como agente libre fuera de temporada, y Jason Isringhausen, que habían tenido problemas los dos en ocasiones al principio, atrayendo la ira de algunos fanáticos del Saint Louis. Pujols no estaba dispuesto a tolerarlo. «El que los fanáticos del Saint Louis se pusieran a abuchear a Encarnación, no me parece que estuviera correcto», le dijo Pujols al *Post-Dispatch*. «El otro día no dije nada, porque respeto a nuestros fanáticos. En estos momentos lo estarán abucheando, pero cuando él logre adaptarse, todo el mundo lo va a querer. Me enojé de verdad con nuestros fanáticos el otro día».

Hubo quienes criticaron a Pujols por su posición. Bernie Miklasz, del *Post-Dispatch*, lo defendió, alegando que estaba haciendo lo que hacen los líderes. «Sienten que un compañero de equipo necesita que le levanten la moral y lo defiendan, le ofrecen su apoyo y tratan de levantarle el espíritu a ese amigo desmoralizado», escribió Miklasz. «Si quieren que Pujols sea lo que él es — un gran líder—, muy bien. Pero el liderazgo no es un trabajo por horas. Las habilidades en el liderazgo no se aplican a la realidad solo en las situaciones positivas».

El segundo episodio se centró en Oliver Pérez, el extravagante lanzador del Pittsburgh, al que le encanta bailar un poco sobre el montículo cuando hace algo que le agrada. En un juego el 18 de abril, Pérez sacó de out a Pujols con una bola baja bateada hacia el lanzador, e hizo un poco de exhibición, lo cual no le sentó nada bien a Pujols. «Me fui al cuarto de video y le dije a mi amigo Chad (Blair): "Voy a batear la próxima pelota y la voy a batear bien lejos"», diría Pujols más tarde.

Cumplió su palabra, bateándole a Pérez una larga línea la siguiente vez que fue al bate. Después de batear, Pujols lanzó el bate muy alto en el aire antes de comenzar a trotar recorriendo las bases. Aquella exhibición le ganó un regaño de Rolen, quien le dijo que no se rebajara al nivel de Pérez. Y Pujols admitió su error, diciendo que se había sentido como un estúpido cuando lo atraparon al momento. En la misma columna, Miklasz saltó de nuevo en defensa de Pujols, elogiándolo por su competitividad y su energía, que hacen de él el mejor jugador del béisbol. «A Pujols le es difícil apagarlas», escribió Miklasz. «Y cuando a un jugador tenso y nervioso como Pérez se le enciende el ánimo en el montículo al lograr sacar de out a Pujols, entonces Pujols se va a sentir igualmente en fuego cuando gane la próxima vez contra ese lanzador».

Y así fue: él ganó la siguiente batalla. Cuando los Piratas fueron a Saint Louis pocos días más tarde, y Pérez se volvió a subir al montículo, Pujols le bateó en el primer inning un jonrón sin nadie en base (después del cual dejó caer el bate y recorrió las bases corriendo), y un doble que impulsó carreras en el quinto para llevar a los Cardenales a una victoria 7–2.

Su ejemplar mes de abril, en el cual bateó de .346, con catorce jonrones y treinta y dos carreras impulsadas, comenzó a hacerlo cada vez más conocido, y ya para entonces era ampliamente considerado como el mejor jugador del béisbol. Nate Silver, de Baseball Prospectus, en un artículo de ESPN, clasificó a Pujols como el jugador más valioso del béisbol hasta ese momento. «Pujols le ha hecho al debate sobre el Mejor Jugador de béisbol lo que les hizo a los lanzamientos de Lidge», escribió Silver. «Hace año y medio, había una sana discusión entre A-Rod y Barry Bonds, mientras Pujols se mantenía en el terreno, aprovechando sus oportunidades en el círculo de los jugadores. Ahora, Pujols los ha sobrepasado a los dos, y ni siquiera están ya cerca de él».

El bateo incesante de Pujols continuó durante el mes de mayo. Del 5 al 21 de mayo, tiempo en el que Pujols jugó en catorce juegos, bateó siete jonrones más e impulsó veintiuna carreras.

Pero entonces Pujols experimentó otra cosa más por vez primera, y era para volverse loco. Hizo su primer viaje a la lista de deshabilitados, después de sufrir un esguince en un músculo oblicuo en un juego contra los Cachorros. El 3 de junio, que fue cuando se lesionó, estaba bateando de .308, y al frente de las grandes ligas con veinticinco jonrones y sesenta y cinco carreras impulsadas. El esguince muscular le costó quince juegos, pero sus compañeros de equipo estuvieron a la altura del reto en su ausencia, y aún sostenían una cómoda distancia de cuatro juegos en la división el 22 de junio, cuando Pujols regresó al juego, a pesar de que habían perdido sus últimos dos encuentros. Sin embargo, el regreso de Pujols, en lugar de animar al equipo, por la razón que fuera, tuvo el efecto opuesto. Los Cardenales perdieron seis juegos seguidos más, lo cual hacía un total de ocho, y hubo un punto en el que habían perdido diez de once para caer en un empate con los Rojos en el primer lugar. Aquellas derrotas no se le podían atribuir a Pujols, cuyo tiempo perdido hizo muy poco para enfriar su caliente bate. En los diecisiete juegos desde que regresó al campo, hasta el receso de las Estrellas, Pujols bateó de .338.

Después de la cuarta aparición seguida de Pujols en los juegos de las Estrellas (él bateó 0 de 3), los Cardenales entraron en actividad. En consonancia con su temporada tan variada, ganaron siete juegos seguidos para recuperar la ventaja de cuatro juegos, y después a fines de julio perdieron ocho seguidos de nuevo, perdiendo así gran parte de ese terreno recuperado. Un conjunto de tres juegos ganados por los Mets los dejó empatados de nuevo en agosto, pero para fortuna de los Cardenales, nadie más de la Liga Nacional Central parecía interesado en ganar tampoco. Así que el Saint Louis se las arregló para llegar a una ventaja de siete juegos en septiembre, a pesar de un mediocre récord de 80–70.

Aunque estuvieron a punto de perder esa ventaja, siguieron aferrados a la corona de la división, impulsados a lo largo de toda la temporada por el promedio de bateo de Pujols, que era de .331, y sus altas anotaciones de 49 jonrones, 137 carreras impulsadas y un porcentaje de .671 en el robo de bases. Así se convirtió en el primer jugador en la historia del juego que bateó de .300 con treinta jonrones, cien carreras impulsadas y cien carreras anotadas en cada una de sus seis primeras temporadas. También ganó su primer premio del Guante de Oro por su defensa en la primera base, lo cual es un testimonio del compromiso que había hecho Pujols de mejorarse a sí mismo en todos los aspectos del juego. A principios de su carrera, lo habían descrito con frecuencia como una fuerza de ofensiva que nunca ganaría el Guante de Oro, pero su dedicación a mejorar su defensiva demostró que aquellos pronósticos estaban equivocados.

Pujols y Ryan Howard, el primera base del Filadelfia, eran los dos principales contendores para el premio al Jugador Más Valioso. Howard, jugando en su primera temporada completa con los Phillies, bateó cincuenta y ocho jonrones e impulsó 149 carreras, para ponerse al frente de la liga en ambas categorías, pero también se ponchó 181 veces (Pujols solo se ponchó cincuenta veces), y los Phillies no pudieron llegar a los juegos de desempate. Howard también tenía una fuerte alineación a su alrededor, con Chase Utley bateando de .309 con treinta y dos jonrones y 102 carreras impulsadas, Pat Burrell bateando veintinueve jonrones e impulsando noventa carreras, y Jimmy Rollins añadiendo veinticinco jonrones, ochenta y tres carreras impulsadas y treinta y seis bases robadas. Mientras tanto, Pujols era un personal de demolición de un solo hombre. Rolen era el segundo en el equipo, con veintidós jonrones y noventa y cinco carreras impulsadas, y ningún otro impulsó más de ochenta carreras.

Pujols también le llevaba ventaja a Howard en otros sentidos. Con corredores en posiciones para anotar, Pujols bateo de .397, mientras Howard bateó de .256. Con dos outs y corredores en posiciones para anotar, Pujols bateó de .435, mientras Howard bateó de .247. Pujols había sido el Hombre del Control durante toda la temporada en la ofensiva, mientras era el mejor defensa de la liga en la primera base. En cambio, Howard era mediocre en el mejor de los casos en el juego defensivo.

Sin embargo, cuando se hizo la votación, Howard recibió 388 puntos y Pujols 347, lo cual lo convertía en el segundo candidato el premio por tercera vez. Pujols desencadenó una pequeña controversia después de anunciarse los resultados, cuando en una conferencia de noticias en la República Dominicana pareció discrepar de los mismos. «Yo lo veo de esta forma: El que no sea capaz de llevar a su equipo a los juegos de desempate, no merece ganar el premio al Jugador Más Valioso», dijo en español, según informaron varios medios noticiosos. Los titulares lo describieron como un quejicoso, ofendido porque Howard había ganado el premio y él no. En cambio, Tom Finkel, del *Riverfront Times,* en Saint Louis, analizó los periódicos de la República Dominicana que habían informado sobre la conferencia de prensa, y descubrió un enfoque más matizado. Entre las palabras que citaban aquellos periódicos se hallaban las siguientes: «Yo me sentí un poco herido, porque pensaba que me merecía el premio, teniendo en cuenta que mis números eran mejores que los de Howard, pero esas cosas pasan», y también: «El jugador que no ayuda a su equipo a llegar a los juegos de desempate no es el Jugador Más Valioso. Eso es lo que yo pienso, pero tristemente, yo no voto».

Molesto por la manera en que se habían descrito sus observaciones, Pujols le pidió disculpas inmediatamente a Howard en una entrevista con *USA Today*: «Me siento muy mal, porque tengo en gran estima a Ryan Howard», dijo. «Yo nunca dije que él no mereciera el premio al Jugador Más Valioso. Se lo merece. Se lo ganó. Por eso lo tiene. No me estoy tratando de defender a mí mismo; solo le quiero decir que siento que haya pasado todo esto porque él se ganó el premio. Lo último que yo querría hacer, sería echarle a perder este momento».

Sin embargo, todo aquello seguía estando en el futuro, mientras los Cardenales se preparaban para la postemporada; una postemporada en la cual nadie que estuviera en su sano juicio esperaba demasiado del Saint Louis. Con 83-78, los Cardenales tenían el peor récord de todos los campeones de división. Desde 1990, los Rojos no habían tenido un equipo que perdiera hasta ocho juegos seguidos durante la temporada, y después ganara la Serie Mundial. Los Cardenales del 2006 habían tenido dos series de ocho juegos perdidos. Y desde 1981, cuando los Dodgers quedaron 63-47 en un año acortado por los strikes, nunca un equipo había ganado la Serie Mundial con menos victorias en la temporada regular, que los Cardenales en el 2006. Los Medias Rojas ganaron la Serie Mundial en 1918, con solo setenta y cinco juegos ganados, pero aquella temporada fue más corta a causa de la Primera Guerra Mundial. Es decir, que si los Cardenales se las arreglaban de alguna manera para ganar la Serie, presentarían el peor récord de una temporada regular con el cual un equipo había ganado la Serie Mundial.

Pero antes que nada de aquello se convirtiera en un problema, los Cardenales tenían que llegar a la serie. La Serie de la División trajo un reencuentro con los Padres, y Pujols marcó el tono, bateándole a Jake Peavy un jonrón que anotó dos carreras al principio del juego para romper un empate a cero. Aquel jonrón resultó ser el que ganó el juego, puesto que el Saint Louis ganó 5-1. Los Cardenales se hicieron con la serie en cuatro juegos (Pujols bateó de .333), preparando la escena para una batalla con los Mets de Nueva York en la Serie de los Campeones de Liga. Los Mets eran el mejor equipo de la Liga Nacional en el año 2006, dirigidos por Carlos Beltrán, el gran enemigo de los Cardenales en la Serie de la Liga Nacional Central de 2004, que ocupaba el primer lugar entre los Mets con cuarenta y un jonrones y estaba empatado con David Wright al frente del equipo con 116 carreras impulsadas. Carlos Delgado también era una buena fuerza en el centro de la alineación.

Tom Glavine, quien había ganado quince juegos para los Mets en 2006, solo dejó batear a los Cardenales cuatro veces en un primer juego en el que quedaron 2–0. Pujols bateó 0 de 3, con una base por bola y un doble out al salir de la primera base, y después del juego hizo unos comentarios que encendieron la furia de la prensa, sobre todo en los medios de Nueva York. «No era bueno», dijo Pujols acerca de Glavine. «No fue bueno en absoluto. Creo que nosotros bateamos duro, pero no nos dieron respiro». Pujols también pareció sentirse frustrado con los reporteros que le preguntaron acerca de su error al correr entre las bases.

Los periódicos de Nueva York hicieron trizas a Pujols por sus «malos modales». «Lo vergonzoso de todo esto es ver que un gran jugador se niegue a reconocer la grandeza de otros jugadores, en especial de alguien tan distinguido como Glavine», escribió John Harper, del *New York Daily News*. «Pujols es demasiado bueno para eso». Mientras tanto, Murray Chass, del *New York Times*, se dedicó a insultar a Pujols, llamándole Dopey (estúpido). «Pujols, considerado por muchos como el mejor jugador de las grandes ligas, se ganó su papel —consciente o inconscientemente— a base de faltarle al respeto a Tom Glavine», escribió.

La tormenta de fuego no se apagó, en especial cuando el quinto juego se pospuso por lluvia, y Bryan Burwell, del *Post-Dispatch*, escribió una columna sarcástica acerca de la forma en que Pujols se había estado comportando:

> Por alguna extraña razón, Pujols ha convertido una vez más la serie de la Liga Nacional Central en un intento nada gozoso por sobresalir, en lugar de ser una extraordinaria oportunidad para exhibir su singular grandeza, y yo no lo acabo de entender.
>
> Todos los días viene al campo y trata a la gente presentando una cara innecesariamente hosca.
>
> En lugar de aprovechar la oportunidad para entrar en la gran escena de la postemporada de béisbol e impresionar a la prensa de béisbol de la nación con su brillantez atlética, ha causado una gran impresión, pero en el peor sentido posible.
>
> «Salgan de mi (…) vestidor. Todos ustedes son una patada en el (…), ¿lo sabían?», gruñó la semana pasada dentro del repleto clubhouse de los visitantes en el Estadio Shea después que el primer juego se suspendió por lluvia.

El mejor bateador del béisbol se está convirtiendo en la viva imagen del hombre que sostuvo ese título antes que él en medio de sus groserías. Pujols se está convirtiendo en Barry Bonds, y créanme que esto no es precisamente un elogio.

Aquellas palabras hirieron a Pujols, quien le admitió a Burwell que Deidre le había leído la columna entera durante el desayuno. Pujols dijo que una de las razones de su conducta era la muerte reciente de su tío Antonio Joaquín dos Santos, un hombre que había sido como un padre para él. «Aún cierro los ojos y no puedo creer que ya no esté entre nosotros», le dijo Pujols a Burwell en una conversación que sostuvieron durante la práctica de bateo antes del quinto juego. «Todavía veo su cara. Todavía cuando pienso en él, me parece que está vivo».

Burwell le dijo a Pujols que no estaba seguro de que aquella confesión cambiara su opinión acerca de la forma en que él había estado actuando, porque le dijo que había visto «esa tendencia a buscar pleitos» durante más tiempo que una sola semana. «Le dije que cada vez que veo surgir ese aspecto de su personalidad, siempre me sorprende, porque yo conozco a otro Albert Pujols, el hombre con el que estaba hablando en ese momento, un hombre agradable, con ingenio, intelecto y un profundo respeto por el juego que tanto le encanta jugar», escribió Burwell. Al final de su conversación, Pujols le sonrió a Burwell, y le dijo que la muerte de su tío le había hecho recordar algo: «La vida es demasiado corta. De veras que necesito disfrutar de esto».

Su relación con los medios de información había estado llena de críticas que le habían estado lanzando a lo largo de los años, sobre todo los reporteros. Ellos tienen su manera de hacer las cosas, y Pujols tiene la suya, y a veces estas prácticas distintas entran en conflicto. Algunas de esas críticas pueden haber tenido su mérito, como al parecer lo tuvo la de Burwell, demostrado por el esfuerzo que hizo Pujols por explicar su actuación. Otras, como las de Kefin Slaten, quien trabajó en la estación de radio KFNS de Saint Louis, y dijo que Pujols era un fraude por sus comentarios acerca de Glavine, se pasan de la raya. Según una historia reportada en el *Post-Dispatch*, Slaten fustigó a Pujols porque profesaba ser cristiano, pero al mismo tiempo hacía cosas que contradecían su fe, como ser tan descortés en la derrota.

Pero la gente como Slaten, que hace este tipo de declaraciones, no comprende el cristianismo. Los cristianos como Pujols no son perfectos, y nunca proclaman serlo. Cometen errores, en especial cuando viven bajo la lupa de la fama, situación en la cual muchas de sus acciones y afirmaciones le van a ser reportadas (e interpretadas) al mundo por los medios de información. Es una tarea difícil para cualquiera, y nadie que haya tenido que vivir bajo semejante escrutinio ha triunfado el ciento por ciento del tiempo.

«¿Quién de nosotros quiere que nos repitan lo mismo cada vez que entramos a un ascensor, y cada vez que hablamos con un camarero o camarera?», pregunta Rick Horton, cronista de los Cardenales. «Yo considero que Albert tiene un gran respeto por la gente, y me parece que puede ser malentendido, porque hay ocasiones en las que pasa junto a uno y no lo saluda. Y eso es lo que a la gente no le gusta. Ese es el aspecto de su personalidad que lo mete en problemas más que ninguna otra cosa, esa sensación de: "¡Vaya! Parece que Albert no se siente amistoso conmigo hoy". Sí; Albert está trabajando. ¿Alguna vez ha estado usted trabajando en un proyecto en la oficina, y no ha tenido ganas de sonreírle a un extraño? ¡Caray! A mí me parece que esa es la pecera transparente en la que él está metido, y creo que en general, maneja muy bien la situación».

Después de la controversia que siguió al primer juego, los bates de los Cardenales se despertaron en el segundo juego. Pujols, que había estado jugando con dolor en el ligamento de la corva, rompió un desliz de 0 por 11 con dos hits en un juego que ganó el Saint Louis 9–6. Dos hits más de Pujols siguieron en el tercer juego, que también ganó el Saint Louis, antes que los Mets empataran la serie 2–2. En el quinto juego, con los Cardenales enfrentándose de nuevo a Glavine, Pujols bateó por la izquierda y el Saint Louis ganó 4–2.

El Nueva York reaccionó para hacerse con el sexto juego, preparando un séptimo juego decisivo en Nueva York que resultó ser un clásico. Jeff Suppan, de los Cardenales, y Oliver Pérez (adquirido del Pittsburgh durante la temporada), lanzaron ambos de manera brillante. Con el juego empatado 1–1 en el sexto inning y Jim Edmonds en primera, Rolen bateó un lanzamiento de Pérez hasta lo profundo del jardín izquierdo, que parecía ser un jonrón que cambiaría la suerte del juego. Pero Endy Chávez, jugador del campo izquierdo, logró alzarse por encima de la cerca para atrapar la pelota de una manera increíble, sacando out a Rolen, y después enviando la pelota a primera para sacar out a Edmonds.

La puntuación permanecía empatada en la primera parte del noveno inning, cuando surgió del Saint Louis alguien de quien nadie esperaba que fuera un héroe. Después que Rolen llegó a primera con un solo out, Yadier Molina, el receptor de los Cardenales —y uno de los mejores amigos de Pujols—, que solo había bateado de .216 en el año, bateó de jonrón el primer lanzamiento que vio de Aaron Heilman, anotándose así dos carreras, lo cual le dio al Saint Louis una ventaja de 3–1. Los Mets amenazaron en la segunda mitad del noveno inning, con José Valentín y Chávez bateándole sencillos ambos a Adam Wainwright, novato lanzador del cierre, quien ponchó a Cliff Floyd y le atrapó a José Reyes una línea por el centro del campo. Una base por bola para Paul Lo Duca llenó las bases con dos outs para Beltrán, quien había destruido el lanzamiento del Saint Louis en la serie de la Liga Nacional Central de 2004. Wainwright lanzó una curva con un conteo de 0–2 y dejó pasmado a Beltrán mientras la pelota pasaba por el home y le cantaban strike, impulsando así a los Cardenales a su segunda Serie Mundial en tres años.

Su principal enemigo era un equipo de los Tigres de Detroit que había realizado uno de los giros más grandes en la historia del béisbol. Los Tigres de 2005 habían terminado en cuarto lugar en la Liga Americana Central, veinte juegos por debajo de .500, lo cual era con todo una mejora considerable comparada con el equipo de 2003, que tuvo 43 juegos ganados y 119 perdidos. Su franquicia no había visto una temporada triunfal desde 1993, pero los Tigres de 2006 (95–67) se apresuraron a conseguir una ventaja de diez juegos en la división tan tarde como el 7 de agosto, antes de echarla a perder. Perdieron los cinco juegos finales de la temporada para perder la división en manos del Minnesota por un juego, y se tuvieron que conformar con el Comodín de la Liga Americana.

Guiados por un joven personal de lanzadores en el que estaba Justin Verlander, de veintitrés años, cuyas diecisiete victorias lo empataban con Kenny Rogers para llevar adelante el equipo, y Jeremy Bonderman, quien ganó catorce juegos, los Tigres también disfrutaban de una ofensiva equilibrada que incluía a Magglio Ordóñez (.298, 24 jonrones, 104 carreras impulsadas), Carlos Guillén (.320, 18 jonrones, 85 carreras impulsadas), Craig Monroe (.255, 28 jonrones, 92 carreras impulsadas), Brandon Inge (.253, 27 jonrones, 83 carreras impulsadas) e Iván Rodríguez (.300, 13 jonrones, 69 carreras impulsadas). El Detroit había derrotado a los Yankees en cuatro juegos de la Serie de División de la Liga Americana, y después había barrido al Oakland en la Serie de la Liga Americana Central, para ganar la primera Serie Mundial a la que asistía el equipo desde 1984. La competencia con el Saint Louis era una repetición de la Serie Mundial de 1968, cuando Bob Gibson estableció un récord de la Serie Mundial en el primer juego, ponchando a diecisiete bateadores. A pesar de la presencia de Gibron por el Saint Louis, el Detroit superó un déficit de 3–1 para ganar la serie en siete juegos, con Mickey Lolich superando la actuación de Gibson, el más grande de los lanzadores del Saint Louis, en el juego decisivo.

Con el novato Verlander tomando la pelota en el primer juego, Tony La Russa respondió con un novato suyo, Anthony Reyes. El Detroit jugó con fuerza sobre Reyes en la segunda parte del primer inning, para tomar una ventaja de 1–0, pero Rolen bateó de jonrón en el segundo inning para empatar el juego, y Duncan le bateó un doble a Molina en el tercero para darle la ventaja al Saint Louis. Después siguió Pujols, bateando un lanzamiento de Verlander para aumentar a tres carreras la ventaja del Saint Louis, y anotó la primera de las tres carreras del Saint Louis en el sexto inning, después de recibir base por bola. Reyes lanzó durante ocho innings, y solo concedió dos carreras en cuatro hits, con una victoria de 7–2. El veterano Rogers bloqueó al Saint Louis en el segundo juego, permitiendo solo dos hits, de manera que el Detroit empató la serie. A diferencia de lo sucedido en la Serie de la Liga Nacional Central, y tal vez habiendo aprendido de aquella experiencia, Pujols elogió a Rogers. «Lanzó un buen juego», dijo. «Mantuvo baja la bola. Lanzó algunas bolas duras, pero iban derechas hacia las personas».

Pujols solo bateó de .200 en la Serie Mundial, aunque sí le dieron base por bola cinco veces. Y aunque las dos carreras que impulsó durante el primer juego fueron sus únicas carreras impulsadas en la serie, su presencia misma en la alineación cambió la forma de trabajar de los lanzadores del Detroit, y su liderazgo en el clubhouse le proporcionó una energía especial al resto de su equipo. Los Cardenales ganaron el tercer juego en el Estadio Busch, tras ocho innings bloqueados por Chris Carpenter, el as del equipo, y se apoderaron del cuarto juego cuando David Eckstein hizo un doble en la carrera que ganaría el juego durante el octavo inning. El Detroit se vio perseguido por una defensiva de muy mala calidad a lo largo de toda la serie.

Estando ahora a un juego de distancia del primer campeonato de Pujols en la Serie Mundial, los Cardenales terminaron la labor en casa. Jeff Weaver comenzó con fuerza el quinto juego, y un sencillo de Rolen en el séptimo que hizo entrar dos carreras puso a los Cardenales por delante 4-2. Wainwright, con dos hombres en base en el noveno inning, cerró la puerta ponchando a Brandon Inge para darles a los Cardenales su primer título en la Serie Mundial desde 1982, y el décimo de todos los tiempos, lo mejor de la Liga Nacional. Pujols celebró con sus compañeros de equipo en medio de una multitud apiñada alrededor de Wainwright, en el centro del diamante del Estadio Busch, mientras estallaban los fuegos artificiales y los fanáticos se entregaban a un jubiloso frenesí.

Albert Pujols era un campeón de la Serie Mundial. A lo largo de toda su carrera, había estado reuniendo estadísticas increíbles, pero siempre insistía en que sus logros personales tenían poca importancia. Récords, premios, presentaciones con las Estrellas, estrellato y fama… todo aquello palidecía ante un anillo de la Serie Mundial. Y ahora acababa de lograr lo que había sido su meta desde el principio.

«Lo dije cuando gané el premio al Jugador Más Valioso. Si puedo romper esa cosa en veinticinco pedazos, y darle un pedazo a cada uno, fantástico», dijo Pujols. «Es algo por lo que se trabaja duro. En cambio, la Serie Mundial es algo por lo que se juega. No importa la clase de números que logres, ni la cantidad de dinero que ganes. Si no consigues un anillo, no eres un ganador».

CAPÍTULO DIECINUEVE

FORMIDABLES, MARAVILLOSAS SON TUS OBRAS

De eso se trata. De ver a estos jóvenes divirtiéndose tanto con sus padres. Esa fue la razón por la que establecimos esta fundación: bendecir a la gente, fortalecer a las familias y honrar a Dios. ¡Esta noche tenemos todas las bases llenas!

—*Albert Pujols, en* Hitters and Splitters, *de la FFP*

Tim Sitek se sentía tan emocionado como era de esperar de cualquier niño de tres años que estuviera a punto de ver a Fredbird, la corpulenta mascota roja de los Cardenales del Saint Louis. Fredbird se robó la atención en la promoción de la Fundación de la Familia Pujols en el año 2009 para adolescentes y adultos jóvenes con el síndrome de Down.

«¡Fredbird!», exclamó Tim, señalando al piso de baile.

Cuando le preguntaron: «¿Quién te gusta más, Fredbird o Albert Pujols?», Tim respondió de inmediato con una sonrisa, mientras decía «¡Los dos!».

Aunque las respuestas jubilosas y bulliciosas de Tim nos recordarían la respuesta de un inocente niño de tres años, Tim no tenía tres años de edad. Tenía veintitrés. Tiene el síndrome de Down. Y era uno de los huéspedes especiales invitados por la Fundación de la Familia Pujols para ir bien vestido a la reunión formal en el Hotel Crowne Plaza, en Clayton, Missouri.

Es uno de los acontecimientos que se realizan durante el año, patrocinados por la fundación. Isabella, la hija de Albert y Deidre, tiene el síndrome de Down, y ellos querían usar sus recursos para hacer diferente la vida de otros que estaban en la misma situación… como Tim.

Cuando los jóvenes llegaban al hotel —muchos de ellos en limosinas—, entraban al vestíbulo atravesando una alfombra roja. Un grupo de voluntarios animaba a cada huésped cuando entraba. Algunos venían acompañados por otros jóvenes. Otros, con sus padres. Había quienes usaban gorras de los Cardenales con su smoking. Unos saludaban chocando la mano con los que los saludaban. Y también había quienes comenzaban a bailar, aun antes de llegar a la puerta.

Tenían una buena razón para sentirse tan gozosos. Todd Perry dice que este baile formal les da a los jóvenes con el síndrome de Down una oportunidad de interactuar con los que son como ellos, y celebrar quiénes son, con síndrome de Down y todo.

Mientras la fiesta pasaba al salón de baile del séptimo piso, la música estaba escandalosamente alta, pero a los cuatrocientos asistentes no les importaba. Los Pujols estaban allí, pero a pesar de la categoría de Albert como el mejor jugador de béisbol del mundo, Fredbird era con mucho la atracción más popular. Los huéspedes especiales se pusieron a bailar, y los padres que los habían acompañado se sentaban para observar a sus hijos con una sonrisa de satisfacción.

«Esto es algo enviado por el cielo», decía Ron Hoskin, de Saint Louis, padre de Shawn, de veinticuatro años. Desde el mismo momento en que Shawn recibió por correo una invitación de la Fundación de la Familia Pujols, el baile formal había sido el tema de conversación de todos los días.

Shawn se hizo limpiar los zapatos, cortar el pelo y conseguir una corbata de pajarita. Ron le hizo de chofer hasta el baile en el Cadillac de la familia, que solo se usaba en ocasiones especiales. Entonces, Shawn abandonó a su padre para irse a bailar, pero a Ron no le importó en absoluto.

«Esto es también un regalo para mí», dijo.

Desde sus comienzos, la Fundación de la Familia Pujols trató de ser agente de gran gozo y bien en la vida de los que viven con el síndrome de Down y sus familias. Tal como lo explica su declaración de misión, la fundación fue pensada para «fomentar conciencia, proporcionar esperanza y satisfacer necesidades palpables», además de «proporcionarles experiencias extraordinarias a los niños discapacitados y con enfermedades que amenazan su vida».

«Por medio de la FFP, tratamos de exhibir sus capacidades», afirma Perry. «Yo creo que muchas veces, cuando uno ve a una persona con el síndrome de Down, sus ojos se van de inmediato a las señales físicas que lo delatan, y que dicen: "Yo estoy discapacitado", o piensa en todas las cosas que ellos no pueden hacer».

Antes que los Pujols llegaran a Saint Louis, la defensa y el apoyo de los que tienen el síndrome de Down caía por completo sobre los hombros de la Asociación para el Síndrome de Down en el Gran Saint Louis (DSAGSL, sus siglas en inglés). Y de la misma forma que Pujols cambió para siempre la fortuna de los Cardenales del Saint Louis, también él y Dee Dee causaron un impacto permanente en el apoyo a la comunidad de los que tienen el síndrome de Down en Saint Louis.

En primer lugar, los esposos Pujols son los mayores colaboradores de la DSAGSL. «Eso no quiere decir que nosotros estemos haciendo todos los cheques, pero yo sí sé que en el año 2001, cuando Albert llegó a la ciudad, la DSAGSL no era más que un contestador telefónico en el hogar de una madre», afirma Perry. «Ahora tienen una oficina y un director».

En segundo lugar, la FFP y la DSAGSL trabajan en equipo en eventos especiales, hasta el punto de que un evento de una de las dos instituciones es un evento de ambas, en todas sus intenciones y todos sus propósitos. Ciertamente, las familias que se benefician no ven ninguna línea rígida y clara que separen ambas instituciones. Por ejemplo, la Caminata anual en el Parque es la principal oportunidad de la DSAGSL para hacer conciencia sobre las personas con el síndrome de Down, y allí está siempre la FFP todos los años, impulsando al máximo la publicidad y el potencial para recoger fondos en el evento.

Miles de familias afectadas por el síndrome de Down han hallado apoyo, y todo porque Dios les hizo un regalo a los Pujols en la persona de Isabella, y ese regalo llegó acompañado de una misión de servicio y de gozo para toda la vida. Albert y Dee Dee no tienen que mirar más allá de Isabella para recordar el impacto que un hogar lleno de amor puede causar en *cualquier* niño, y esto es verdaderamente cierto para un niño con el síndrome de Down. Pero Dee Dee también cree que ese impacto es de doble vía, y que Isabella es un regalo de Dios a su familia y al mundo. «Dios está usando la vida de Bella de una manera tan grande para causar un impacto en gente del mundo entero que tiene algo que ver con el síndrome de Down», dice Dee Dee. «Nadie habría podido preparar todo esto; nadie lo habría podido planificar; fue obra de Dios».

Lamentablemente, no todo el mundo capta la bendición que es tener un hijo con el síndrome de Down. Su población es cada vez menor, porque nuestra sociedad está obsesionada con la perfección y carece de una sana valoración de la belleza que hay en toda vida humana. Según el *New York Times*, «alrededor del noventa por ciento de las mujeres embarazadas a las que se les ha informado de un diagnóstico de síndrome de Down, han preferido abortar».

En «Una carta de Deidre Pujols», escrita en el año 2006 para presentar su visión para el trabajo de la fundación en ese año, Dee Dee escribió: «Dios ha puesto este año en mi espíritu algo de lo que siento necesidad de hablar. Recientemente descubrí unas estadísticas alarmantes sobre los nacimientos que son evitados porque se les dice a las mujeres que su bebé va a nacer con el síndrome de Down. ¡Caramba, sentí que recibía un fuerte golpe al escuchar aquello!».

Ciertamente, nuestra cultura ha sido despojada de la sinceridad, la lealtad, el gozo ilimitado y el amor incondicional que caracteriza con tanta frecuencia a los que tienen el síndrome de Down, aquellos que a pesar de sus limitaciones, presentan con claridad la imagen y la huella de su Creador.

«El hecho de que el noventa y dos por ciento de las mujeres a las que se les dice que su bebé por nacer presenta un alto riesgo de tener el síndrome de Down decidan abortar nos debería sacudir a todos», escribe el teólogo Albert Mohler. «¿Qué nos dice esto acerca de la forma en que hemos devaluado la vida y la dignidad del ser humano? Esto solo puede significar que esas mujeres consideran que no vale la pena tener un niño con el síndrome de Down, y que ese bebé tiene una vida que no vale la pena vivir».

El Premio Pulitzer George Will, periodista de gran éxito y aficionado al béisbol, escribió que cuando su hijo Jon, nacido con el síndrome de Down, tenía un día de nacido, el especialista en genética del hospital les preguntó a él y a su esposa si ellos «tenían la intención de llevárselo a casa». Will le respondió diciéndole que «llevarse a casa a un bebé parece lo que normalmente se debe hacer».

En un párrafo que tal vez sea el más conmovedor de toda su obra, Will escribe:

> Puesto que el síndrome de Down es determinado en el momento de la concepción, y deja su marca en todas y cada una de las células del cuerpo de la persona, hace surgir lo que los filósofos llaman «interrogantes ontológicos». Parece un error decir que Jon es menos de lo que sería si no tuviera el síndrome de Down. Cuando un niño sufre una lesión que limita su actividad mental después de haber nacido, nos preguntamos tristemente qué habría podido llegar a ser. Pero la vida de una persona con el síndrome de Down nunca ha tenido ninguna otra trayectoria posible. Jon fue Jon desde el momento mismo de su concepción. Ha visto cómo un hermano suyo dos años menor que él lo superaba en tamaño, conseguía su licencia de conducir y se marchaba para el colegio universitario, y aunque se le perdonaría que levantara su puño cerrado contra el universo, se ha mantenido sereno. Yo creo que su serenidad tiene sus raíces en el hecho de que él siente que es un Jon completo, y eso es todo lo que hay.

Jon Will, aunque tal vez también sea fanático de Albert Pujols, es en primer lugar y sobre todo fanático deportivo de los equipos que participan de la serie interligas: los Orioles, los Pieles Rojas y los Nacionales. «Jon experimenta los tres goces elementales de la vida: amar, ser amado y la cobertura deportiva de la ESPN», escribe su padre. «Para él, como para la mayor parte de los varones estadounidenses normales, el resto de la vida solo es un montón de detalles».

Pero Dee Dee reflexiona con toda sinceridad sobre las dificultades que ella sabe que las madres de los niños con el síndrome de Down tienen que enfrentar. No todos los niños con el síndrome de Down nacen en una familia con una situación cómoda que tenga medios suficientes para conseguir ayuda y saber dónde irla a buscar. También cree que algunas cosas podrían ser más fáciles si se produjera un cambio en las actitudes culturales de nuestros tiempos. Les dice a las madres que vivir y sacar a sus hijos fuera de la casa es la única manera de ayudar al mundo a aceptar con mayor facilidad las diferencias y las discapacidades. Les dice que tener hijos con discapacidades es cuestión de vivir, y no de esconderse, aunque no sea cosa fácil.

La FFP ha servido como puente, por medio de la agencia de adopciones Bethany Christian, entre la madre biológica de un bebé nacido con el síndrome de Down y la pareja que adopta a ese niño. Santiago 1:27 dice: «La religión pura y sin mancha delante de Dios nuestro Padre es ésta: atender a los huérfanos y a las viudas en sus aflicciones». Ciertamente, la adopción de un niño con el síndrome de Down comunica de manera palpable que todos los niños, cualesquiera que sean sus discapacidades, son creados a imagen de Dios y tienen derecho a la vida y al amor.

Dee Dee termina así su carta: «Mi meta para este año es ir más arriba. Este año voy a impulsar realmente la conciencia sobre estas situaciones, para que los hombres y las mujeres no se sientan presionados a tomar una decisión tan absolutamente lamentable. Yo digo que se informen, que el conocimiento es poder».

Divertido. Creativo. Creador de recuerdos. Estas solo son algunas de las palabras usadas para describir la apretada agenda de los eventos que patrocina la FFP todos los años para el gozo y el enriquecimiento de la comunidad del síndrome de Down. Jen Cooper, gerente de programas de la FFP, y Perry, su director ejecutivo, aportan una asombrosa cantidad de energía y capacidad organizativa a la tarea, beneficiando con cada dólar que se contribuye a la causa de la FFP a la mayor cantidad de gente posible. «Con solo dos miembros a tiempo entero en su personal, no sería realista que pudiéramos hacer lo que hacemos, y nosotros entendemos eso», dice Cooper en una circular de la fundación. «Pero sabemos que no somos nosotros. Sabemos que el Señor nos ha bendecido, no solo económicamente, sino con tiempo y con unos voluntarios excelentes, excelentes colaboradores y excelentes patrocinadores».

A continuación, algunas de las actividades realizadas en años pasados.

SUELTA LAS RUEDAS DE ENTRENAMIENTO

Aprender a montar en bicicleta es un rito de crecimiento importante para un niño, además de proporcionarle la oportunidad de toda una vida de diversión y de ejercicio. Aunque tal vez necesiten un poco más de ayuda en el frente, los niños con el síndrome de Down también pueden aprender a montar bicicleta. La FFP patrocina una clínica de toda una semana sobre cómo montar en bicicleta, llamada «Suelta las ruedas de entrenamiento». Usando bicicletas diseñadas para un aprendizaje progresivo y el sudor de muchos voluntarios que corren junto a ellos, estos felizmente aterrados niños adquieren nuevas habilidades. Cada año, treinta y cinco niños aprenden a montar bicicleta, y son enviados de vuelta a casa con un casco protector que les es regalado, y un certificado de regalo para que obtengan su propia bicicleta.

LA HORA DEL TÉ

En el evento llamado «La hora del té», se reúnen más de doscientas cincuenta madres e hijas una tarde para que las traten como princesas. Dee Dee e Isabella han sido anfitrionas de este evento en la parte superior de la Plaza Chase Park, en Saint Louis.

«Tenían muchas cosas para que hicieran las niñas», dijo una de las participantes. Las principales actividades eran la decoración de pasteles, la creación de bolsos y collares, las sesiones de maquillaje, las sesiones de fotografía y las conversaciones entre las chicas.

Linda Orso, cuya hija se llama Lydia, dice: «Yo solo recuerdo que, como madre inexperta que era, nunca me imaginé ni por un momento que esto sería algo que podríamos llegar a hacer juntas».

Karen Kramer, cuya hija se llama Emily, dijo: «Mi parte favorita del programa fue cuando Dee Dee leyó una parte del Salmo 139:

> *Tú creaste mis entrañas;*
> *Me formaste en el vientre de mi madre.*
> *¡Te alabo porque soy una creación admirable! ¡ Tus obras son*
> *maravillosas…!*

«Aquellas palabras estuvieron realmente cargadas de significado para mí, y pienso en ellas todo el tiempo. Salí de aquel té renovada y lista para enfrentarme a las aventuras de un nuevo año escolar».

LOS TODOTERRENOS

«¿Alguien querría montar en un todoterreno por los campos llenos de lodo?». Hágale esa pregunta a un grupo de muchachos, y lo más probable es que los incite a una reacción de deleite. Más de doscientos cincuenta niños y adultos jóvenes con el síndrome de Down tuvieron la oportunidad de hacerlo, gracias a las cálidas lluvias de la primavera, la FFP, el club Saint Louis Corvette y los representantes locales, la Lynch Hummer.

Diez todoterrenos a la vez partían con sus tripulaciones de ojos bien abiertos, rugiendo y rodando por toda aquella cochambre de lodo, árboles y surcos de más de medio metro de hondos, a lo largo del dique del río Missouri. Después que terminaron la velocidad y el chapoteo, todos comieron hasta hartarse, y disfrutaron de una oportunidad para reanudar amistades.

A COCINAR

Otro programa con un título interesante: «A cocinar», les proporciona a los adultos jóvenes con el síndrome de Down una oportunidad para aprender habilidades culinarias y aspectos de la nutrición. Patrocinado por la FFP y los supermercados Dierbergs, los padres forman equipo con su hijo o hija, para crear una comida desde cero.

El metabolismo bajo es uno de los efectos del síndrome de Down, de manera que aprender lo básico acerca de la nutrición es un gran beneficio para ellos. «Todos nos enfrentamos a la necesidad de escoger mejor los alimentos para mantener nuestra salud», dijo Jen Cooper. «Tener éxito no consiste en meterse en una dieta, sino en tomar mejores decisiones todos los días».

Por medio del evento «A cocinar», los estudiantes aprenden habilidades y aumentan su capacidad de bastarse por sí mismos, un bocado tras otro.

BOLAS Y BOLOS

En 1958, Yogi Berra, quien era natural de Saint Louis, se asoció con Phil Rizzuto, su compañero de equipo de los Yankees, para abrir una bolera en Nueva Jersey. Yogi bromeaba diciendo: «En los bolos tengo un 300, pero bateo de .220». Tanto el béisbol como los bolos son actividades de recreo de las que disfrutan millones de personas.

Cuando se pone a ciento veinte familias en cuarenta pistas y después se suelta a Albert Pujols para que sea el anfitrión del evento, se puede estar seguro de que se va a pasar un tiempo especial. «Bolas y bolos» es un evento de la FFP que ahora se realiza dos veces al año, una para los varones y otra para las hembras. Antes que nadie recoja un par de zapatos de dos tonos para bolear y una bola, primero se llenan el estómago con pizza y helado.

Albert y Dee Dee van recorriendo toda aquella diversión, pista por pista; pasan un tiempo conversando con todo el mundo y posando para las fotografías. Aunque muchas veces este evento ha coincidido con un día en que los Cardenales tenían un juego, Pujols se ha presentado en él después del juego, deleitándose grandemente en el gozo que les proporciona a los demás.

«Para todos los que asistían era evidente que Albert Pujols, aunque es un gran jugador de béisbol, también es un gran humanitario, y más grande aún», dijo Eric Mosely, uno de los padres. «Muchos de nosotros nos imaginábamos que si Pujols entraba al evento, estaría allí solo un instante, mientras nosotros boleábamos. No habríamos podido estar más equivocados. Deidre y Albert se tomaban el tiempo que fuera necesario para saludar a todos aquellos que los quisieran ver».

Entre otros invitados especiales ha estado Charlie, una tortuga de espolones de casi cincuenta kilos de peso, que es el deleite de los niños en los eventos de la FFP, cortesía de Petrópolis, un centro local de cuidado de animales. También Mickey Carroll, quien vivía en Saint Louis y era uno de los últimos Munchkins supervivientes de la película El Mago de Oz, asistía regularmente a los eventos de la FFP antes de fallecer en el año 2009.

«De esto es de lo que se trata todo», dice Pujols. «De ver a estos jóvenes divertirse tanto con sus padres. Por eso comenzamos esta fundación; con el propósito de bendecir a la gente, fortalecer a las familias y honrar a Dios. ¡Esta noche tenemos todas las bases llenas!».

LAS ESTRELLAS DE ALBERT

¿Qué podría ser más natural para Albert Pujols que abrir el camino en cuanto a patrocinar un juego de béisbol entre jóvenes adultos con el síndrome de Down? La FFP organiza un juego anual entre los Bulldogs, un equipo local de béisbol para niños hasta los doce años, y las Estrellas de Albert.

Las únicas modificaciones del juego consisten en que los Bulldogs no pueden recibir una base por bola, y los Estrellas solo se pueden ponchar después de haber movido el bate tres veces. «Nosotros les dijimos a nuestros jugadores que los Estrellas lo comprenden todo; solo que les cuesta un poco más de tiempo procesarlo», dice Jim Zimmerman, entrenador de los Bulldogs. «Tenemos que esforzarnos al máximo; de lo contrario sabrán que no nos estamos esforzando, y no los queremos ofender. Nuestros jugadores saben entregar el ciento por ciento».

Con Andy Benes y Al «el húngaro loco» Hrabosky, antiguos lanzadores de los Cardenales, como lanzadores en el juego, la competencia entre los dos equipos es feroz.

«De eso se trata el que tengamos un día como el de hoy, en el que podemos ver a todos esos muchachos que salen, juegan beisbol, y un buen béisbol», dice Perry. «Eso es lo que queremos que se lleve la comunidad. No estamos aquí para arreglarlos. Estamos aquí para celebrar su presencia. Y en realidad, esa es nuestra misión en la FFP».

Hrabosky dijo: «Ver lo atléticos que son los Estrellas es algo realmente sorprendente». Tony La Russa, el mánager de los Cardenales, está de acuerdo. «Estos jugadores hacen las cosas perfectamente bien. Son muy intensos y están pasando un tiempo maravilloso».

Todos los años, las puntuaciones de los dos equipos en el juego son muy cercanas, terminando en una diferencia de solo una o dos carreras entre ambos. Pujols les da instrucciones, lanza, entrena, anima… todo lo que necesiten los jugadores. Y el suceso es uno de los grandes momentos del año para ellos. «Estos padres se le acercan a uno y le dicen: "Él ha estado esperando esto durante las seis últimas semanas, y ni siquiera pudo dormir anoche de lo emocionado que estaba"», dice Perry. «Yo escucho esa clase de historias una y otra vez».

Tony La Russa lleva en las ligas mayores el tiempo suficiente para ver la grandeza manifestada de muchas formas: en los lanzamientos, en el bateo, en el campo, en los mánagers. Pero cuando se trata del servicio que les presta Pujols a la gente con el síndrome de Down, La Russa dice: «Aunque es grandioso en el campo, más grandioso es fuera de él. Tanto Albert como su esposa Dee Dee están comprometidos con la comunidad. Son sinceros en su deseo de ayudar a estos muchachos».

Perry, quien ha visto a Pujols derramar su afecto una y otra vez, dice: «Hay una luz que se enciende dentro de Albert cuando está entre estos muchachos. No hay otra manera de expresarlo. Resplandece. Destila amor».

CAPÍTULO VEINTE

A VECES LAS COSAS SE VUELVEN MUY DIFÍCILES

En el béisbol no se llora. Y los Cardenales se tuvieron que acordar de esto muchas veces durante esta temporada.
—*Bernie Miklasz, cronista del St. Louis Post-Dispatch, 2 de septiembre de 2007*

«Nunca la vio llegar» son palabras que no describen lo que le sucedió al jardinero de los Cardenales Juan Encarnación en aquella calurosa noche de béisbol de agosto del año 2007.

Él *sí vio* venir la pelota. Solo que no se pudo agachar con suficiente rapidez para evitar el golpe.

Mientras Encarnación esperaba su turno al bate, su compañero de equipo Aaron Miles bateó de foul un lanzamiento, lanzando la pelota con gran ruido hacia atrás, hasta que le golpeó la carne y el hueso del rostro a Encarnación, haciendo estallar su hueso orbital.

«No puedo olvidar aquel sonido», dice David Eckstein, el shortstop.

Encarnación se desplomó en el suelo, mientras los jugadores y el personal médico corrían a ayudarlo. La buena noticia inmediata era que aún tenía vida. La mala noticia, que no se conocería plenamente hasta más tarde, es que nunca volvería a intervenir en ningún otro juego de las grandes ligas. Su carrera en el béisbol había terminado.

Los Cardenales seguirían jugando aquella noche hasta derrotar a los Rojos, convirtiendo a Tony La Russa en el mánager con mayor número de victorias en la historia de su franquicia, con un total de 1.042 victorias. En cualquier otra noche, un logro de esta categoría habría sido el recuerdo perdurable del juego, merecedor de una celebración después de él. En cambio esa noche, los jugadores salieron silenciosos del estadio para dirigirse al hospital donde su compañero de equipo caído yacía en medio de sus dolores.

Pujols se quedó con Encarnación hasta las tres de la madrugada. «Oremos por él», dijo. «Es muy duro. Es algo que uno no quiere que le suceda a nadie. Es la situación más dura de todas, y todo lo que uno quiere es que se mejore».

Aunque solo se hallaban a dos juegos del primer lugar en la noche del accidente, los Cardenales ganarían 13 de 18 en el resto de la temporada, terminando en el tercer lugar de la división.

En muchos sentidos, la tragedia de Encarnación sirve para ilustrar la sacudida y la sorpresa de las numerosas pruebas por las que pasaron tanto Pujols como los Cardenales durante la temporada del año 2007. De hecho, si les hubieran advertido con anticipación sobre los problemas que se les venían encima —en el campo y fuera de él—, tal vez habrían optado por saltarse por completo ese año.

Enero fue la excepción. Quince mil fanáticos pagaron caras sus entradas y se enfrentaron al frío clima de Saint Louis para acompañar a su equipo en un evento anual de recogida de fondos llamado Calentamiento de Invierno para el Cuidado de los Cardenales. El triunfo del campeonato de 2006 todavía dominaba el pensamiento de los fanáticos, sobre todo con la presencia del trofeo de la Serie Mundial.

El trofeo había hecho una gira por pueblos y ciudades de todo el Medio Oeste. Los fanáticos que ni siquiera habían nacido cuando los Cardenales ganaron su último campeonato (1982) hacían fila con sus padres y abuelos para sacarse una fotografía con aquel resplandeciente y ornado trofeo. La vida era buena en la Nación de los Cardenales.

Mientras se preparaba para entrar en su undécima temporada como mánager de los Cardenales, La Russa reconoció la sensación de alivio y realización que trajo consigo el triunfo en la Serie Mundial. Fue entonces cuando dijo: «Se siente uno vacío cuando lo derrotan antes que pueda ganar. Las [Series Mundiales] que perdimos, produjeron en nosotros sensaciones diferentes. Aún uno es capaz de sentirse bien, pero no se siente estupendamente bien. Este año, nos sentimos absolutamente llenos. Lo logramos».

El triunfo en la Serie Mundial trajo consigo una invitación a visitar al Presidente George W. Bush en la Casa Blanca. Bush, quien había sido dueño de los Texas Rangers, les dijo: «Se construye una base de fanáticos siendo buen ciudadano y ganando juegos, y los Cardenales saben hacer ambas cosas». El Presidente recordó haber escuchado a los Cardenales por la radio cuando aún era un jovencito en Texas. Les dijo: «Eso fue lo que me hizo fanático del béisbol y de Stan Musial».

A dos mil millas de distancia, lejos de los fogonazos de las cámaras y del apretón de manos presidencial, Albert y Dee Dee trabajaban junto a un equipo médico y dental que les estaba ministrando a los niños en la República Dominicana en un viaje patrocinado por la FFP. Ni siquiera una invitación a la Casa Blanca pudo impedir que Pujols hiciera aquel viaje, que solo era un suceso dentro de una postemporada de mucha actividad. Él y Dee Dee recogieron dinero para el Centro de Crisis en el Embarazo y Salve una Vida de Mobile, Alabama. Pujols también fue el anfitrión de una clínica de béisbol para muchachos de Kansas City, Missouri.

En febrero, Pujols terminó un proceso de todo un año para convertirse oficialmente en ciudadano de los Estados Unidos. En su típica búsqueda de los logros más altos, consiguió una puntuación perfecta en el examen escrito y el oral. El Juez Richard E. Webber, del Tribunal de Distrito de los Estados Unidos, lo juramentó como ciudadano, y al final del día llegó a Júpiter para el entrenamiento de primavera.

Este entrenamiento de primavera marcó el comienzo de los días difíciles que trajo consigo el año 2007, aunque en sus comienzos no pareciera tan lóbrego. La Russa y el tercera base Scott Rolen, distanciados desde los desempates de la temporada anterior, se dieron la mano y dio la impresión de que habían restaurado su relación personal.

La paga proyectada para el equipo en el 2007 ascendió a noventa y cinco millones, y la mayoría de los jugadores de posiciones fijas del equipo campeón del año anterior, habían regresado. Aun así, los expertos en el béisbol predijeron que los Cardenales no ganarían ni siquiera su propia división. El Milwaukee y el Chicago estaban ambos moviéndose para mejorarse, con los nuevos talentos jóvenes emergentes y la firma de contratos con estrellas que eran agentes libres.

El entrenamiento de primavera no logró callar a los críticos. Entre los equipos de la Liga Nacional, los Cardenales clasificaron cerca del final de la lista en promedios de bateo y carreras anotadas, y el bateo de Pujols estaba tan bajo como el del resto del equipo. Solo batearía un jonrón en la Florida.

Sin embargo, su preocupación por la mediocridad de su labor pasó a un segundo plano en la noche del 22 de marzo, cuando La Russa fue arrestado bajo la acusación de estar conduciendo bajo la influencia del alcohol. Un policía de Júpiter, Florida, lo encontró dormido tras el timón de su vehículo en marcha delante de una luz verde.

Aquel arresto fue una gran vergüenza para La Russa, y de inmediato se dirigió a todos pidiendo disculpas: a «todos los que están cerca de mí, los miembros de la organización de los Cardenales y nuestros fanáticos». Lamentablemente, el cargo de conducir bajo la influencia del alcohol fue el primero de dos sucesos relacionados con el alcohol en la vida del equipo en 2007.

Pujols, bajo la influencia de los recuerdos de su niñez, cuando tenía que llevarse arrastrado a casa a su padre después de los juegos de béisbol, nunca ha consumido bebidas alcohólicas. En cuanto al alcohol, decía: «Yo creo que las cosas son buenas para uno, o son malas. Nunca he pensado que [el alcohol] fuera bueno para mí».

No obstante, reaccionó ante la situación de La Russa con un severo amor, diciendo: «Él se interesa por todos. Yo doy mi vida por él. Ha sido como un padre para mí. Tony va a tener que enfrentarse a ese problema. Es probable que siga oyendo hablar de él durante el resto de su vida. Eso es vergonzoso, porque es muy posible que sea el único error de ese tipo que haya cometido».

Hablando de errores, Adam Wainwright, el lanzador de los Cardenales, casi cometió uno a principios del 2007, y en medio de la situación, faltó poco para que entrara en conflicto con Pujols, en un intercambio lleno de humor que nos da otro ejemplo de la generosidad de Pujols. Wainwrithg había cerrado la Serie Mundial del 2006, pero en el 2007 fue destinado a la rotación. Y, aunque había actuado bien en el año anterior, aún tenía frescos en la mente los recuerdos del béisbol de las ligas menores.

Un día entró en el clubhouse, y Opie Otterstad, famoso pintor de atletas y escenas deportivas, estaba allí con varias de sus pinturas extendidas sobre una mesa. Una de ellas representaba a Wainwright después de haber ponchado a Brandon Inge para anotar el out definitivo en la Serie Mundial de 2006. Wainwright levantó las manos al aire, y el equipo entero corrió hacia él.

«Oye, qué cuadro tan maravilloso», dijo.

«Deberías pensar en comprarlo», le contestó Otterstad.

«Me encantaría», le dijo Wainwright. «¿Cuánto vale?».

«Cinco mil dólares».

¿Cinco mil dólares por un cuadro?, pensó Wainwright. *Tienes que estar de broma. Si no quiero pagar cinco mil dólares por un bote para pescar percas, mucho menos los voy a pagar por un miserable cuadro.*

Wainwright se negó cortésmente a hacer la compra, pero Pujols estaba de pie detrás de él, escuchando la conversación.

«Oye, dale ese cuadro», le dijo a Otterstad. «Yo se lo voy a regalar».

Wainwright no estuvo de acuerdo. «No, Albert. Gracias, pero mejor que no. Tú no puedes hacerlo».

Pero Pujols no hizo caso del veto de Wainwright. «Vas a tener que dejar que te compre esa pintura», le dijo, «o de lo contrario, vas a parar a la Triple-A».

Wainwright cedió, y le permitió a Pujols que comprara el cuadro.

«Esa es la clase de respeto que él impone», dijo Wainwright. «Es probable que pudiera ir a la oficina de Tony La Russa, a pesar de que yo había finalizado la Serie Mundial el año anterior, para decirle que me enviara a la Triple-A, y probablemente, allí habría ido yo».

Cuando se acercaba el final del entrenamiento de primavera, los Cardenales subieron hasta Saint Louis. ¿Estaban preparados? Jeff Gordon, cronista del *Post-Dispatch,* dijo en broma: «A pesar de la negatividad, los Cardenales siguen teniendo la intención de jugar los ciento sesenta y dos juegos que tienen programados, a ver qué sucede».

Los fanáticos no tuvieron que esperar mucho para ver lo que sucedería, porque llegaron a la ciudad los Mets de Nueva York para un reencuentro de la Serie de la Liga Nacional Central con el que se abriría la temporada. Tres días más tarde, se marcharon, llevándose tres victorias, y superando a los Cardenales 20-2.

Sin embargo, los Cardenales no solo perdieron la serie, sino que también perdieron a Chris Carpenter, su lanzador estrella. Después de comenzar en el Día de Inauguración, Carpenter se despertó con un dolor en el brazo que terminó exigiendo dos cirugías y una laboriosa rehabilitación. El siguiente juego de los Cardenales en las ligas mayores no llegaría hasta julio de 2008.

Pujols solo bateó de .150 durante diez juegos, y .250 hasta finales de abril, lo cual es un reflejo del promedio del equipo, que era de .248. Dijo: «Vamos a sentirnos frustrados en septiembre, y no ahora. Solo estamos a un par de hits de distancia; a un par de victorias de la posibilidad de cambiar nuestra suerte. A veces, es muy duro, pero no podemos pensarlo... Yo sé que somos mejores que eso».

Aun así, se las arregló para batear cinco jonrones en el primer mes, incluyendo el jonrón número 256 de su carrera, el 28 de abril. Este jonrón lo hizo adelantar a Ken Boyer en la lista de líderes jonroneros de los Cardenales de todos los tiempos, quedando solo detrás de Stan Musial, quien bateó 475.

Aquel mismo día, Josh Hancock lanzó para los Cardenales en el sexto, séptimo y octavo inning. Nadie se podía imaginar que aquella sería la última vez que subía al montículo de los lanzadores.

Mientras los residentes de Saint Louis tomaban su café del domingo por la mañana, los noticieros locales comenzaron a presentar la noticia de que Hancock había muerto aquella mañana temprano en un accidente de automóvil. La organización, que recordaba la muerte repentina de Darryl Kile en 2002, se enfrentaba de nuevo a la realidad de haber perdido a un compañero de equipo en plena temporada.

Los detalles del accidente no hicieron más fáciles las cosas. Cuando Hancock incrustó su suburbano en la parte trasera de una rastra que bloqueaba la carrilera izquierda de la carretera interestatal, su nivel de alcohol en la sangre midió el doble del límite legal.

Bill DeWitt, el presidente del equipo, dijo: «Me habría gustado que el reportaje hubiera reflejado de manera más favorable las decisiones que tomó Josh aquella noche, pero son lo que son».

En memoria de Hancock, muchos Cardenales se pusieron en el uniforme un parche con el número 32 cosido. Pujols pensó en el serio problema que es conducir en estado de ebriedad, sobre todo al final de un juego, cuando miles de fanáticos ebrios salen en masa del estadio. Esto es lo que dijo: «Créanme. Si yo hubiera estado cerca [de Hancock], no lo habría dejado tomar esa llave. Habríamos tenido una pelea».

Los Cardenales lucharon por recuperarse. A fines de mayo ya habían tenido tres series de cuatro derrotas o más. A mediados de mayo, el promedio de Pujols se mantuvo estable en el bajo nivel de .250. La Russa acudió en su defensa, explicando: «No está haciendo suficiente contacto para batear su promedio normal, que es de .320 o .330. Pero sí ha hecho el suficiente para batear de .270. Yo creo que se está frustrando. Todo lo que se puede hacer es dejar que se enfrente a su situación. Pero así es la naturaleza humana. Para todos estos hombres, si uno va allí dos o tres veces con hombres en posición de anotar, en lugar de "Esta es mi única oportunidad de lograrlo...", se vuelve una presión increíble que está afectando a muchos de ellos».

Pujols mantuvo un espíritu optimista, enfocándose en el hecho de que durante el transcurso de una larga temporada de béisbol, es frecuente que las estadísticas den un giro: «Cualquiera puede escribir que estoy perdido. Tal vez haya gente que diga eso. Sin embargo, no es así como yo me siento en realidad. Es un año muy largo. Estoy muy seguro de que las cosas nos van a ir mejor al final de la temporada. En estos momentos, no estoy bateando tanto como podría. Pero, ¿qué se le va a hacer? Trabajar duro. Y eso es lo que he hecho durante toda mi carrera».

Las palabras de Pujols resultaron proféticas. Para fines de mayo, había subido su promedio a .296, con la fuerza de dos series de diez juegos en que pudo batear.

En la primera semana de junio, La Russa celebró su victoria número mil como mánager de los Cardenales, y Pujols comenzó a ejercer con mayor fuerza su liderazgo dentro del clubhouse: «Yo les dije a los muchachos: "No se preocupen por lo que el Milwaukee esté haciendo. No se preocupen por el Houston, el Chicago o quien esté en nuestra división. Preocúpense por nosotros mismos, y lo que necesitamos para ganar". Si nosotros seguimos ganando, ellos van a perder esos juegos también. Perderemos algunos juegos, pero si seguimos ganando podemos triunfar en esta división».

Cuando entraron en el receso de mitad de temporada de las Estrellas, los Cardenales se encontraron sentados sobre un récord de 40–45, bueno para un tercer lugar en la división, y 7,5 juegos detrás del Milwaukee. Brian Burwell, cronista del *Post-Dispatch,* analizó la primera mitad y llegó a esta conclusión: «Habría podido ser mucho peor».

Su *producción de carreras* no habría podido ser mucho peor. Los Cardenales solo habían anotado 368 carreras, y habían dejado anotar 432, lo cual significaba la segunda de las peores diferencias de carreras entre los equipos de la Liga Nacional. ¿Los guiaría Pujols de vuelta al camino de la victoria?

Ciertamente, él no podía ayudar a ganar a un equipo si el mánager lo dejaba sentado en el banco, y eso mismo fue lo que sucedió durante el Juego de las Estrellas de 2007. Para empeorar la situación, el mánager de la Liga Nacional ese año era nada menos que La Russa, puesto que había sido el mánager de la Liga Nacional en la Serie Mundial de 2006. Prince Fielder, de los Brewers, era el «jugador preferido» como sustituto. Pero el mánager de las Estrellas también tiene derecho a escoger otros jugadores más, y La Russa escogió a Pujols.

Pujols se sintió encantado de estar en el equipo, que era su sexto Juego de las Estrellas en siete años. «Yo lo considero como un honor», dijo. «Es una recompensa que uno recuerda al final de su carrera y dice: "¡Caray!"».

Pero cuando se hizo el out final del juego, Pujols era el único jugador de posición de la Liga Nacional que quedaba en la banca, hecho que se explica con facilidad, al mismo tiempo que resulta incomprensible. La Russa sabía que si el juego pasaba a innings extraordinarios, necesitaría un jugador lo suficientemente versátil para jugar en la posición que se necesitara, y Pujols tenía experiencia en todo al campo. Así que La Russa decidió reservarlo para el décimo inning y más allá de él.

Sin embargo, el décimo inning nunca llegó. Dmitri Young fue como sustituto al bate en lugar de Pujols, y la Liga Nacional se unió para acercar más los números, 5–4. Entonces llenaron todas las bases, proporcionándole a Pujols una oportunidad perfecta para sus actos de heroísmo. En lugar de suceder esto, Aaron Rowand bateó por segunda vez de fly y lo sacaron out para concluir el juego.

El hecho de que Pujols se quedara sentado en la banca no pasó inadvertido. Ni para los fanáticos, ni para los medios noticiosos.

Los comentarios usuales que hicieron para los medios La Russa y Pujols solo le añadieron un elemento de frenesí a la historia. Cuando los reporteros le preguntaron a Pujols por qué no había jugado, él respondió: «Vayan a preguntárselo al mánager. A él es a quien le tienen que preguntar». Los reporteros tomaron nota de su «buen estado de ánimo» y de cómo se reía, incluso mientras decía: «Tal vez me estaba reservando para el Juego de las Estrellas del año próximo».

Después de pensarlo de nuevo, La Russa dijo que habría debido dejar que bateara Pujols, en lugar de Rowand, «aunque fuera por el drama del Juego de las Estrellas». Dijo: «Es uno de los acontecimientos más destacados. Habría sido un teatro excelente. La gente habría estado hablando de él por largo tiempo».

Al final, fue Pujols quien aclaró la idea de que existiera algún tipo de tensión: «La gente quiere comenzar una Tercera Guerra Mundial entre Tony y yo, y me parece que están escogiendo a la persona equivocada, porque yo tengo un gran respeto por Tony, y él me tiene también a mí un gran respeto. Se trata de una relación que creamos hace siete años, cuando él era mi mánager, y no la vamos a echar a perder porque yo no haya entrado a jugar».

Con todo, ¡vaya actuación al bate que habría *podido* ser aquella!

Cuando comenzó la segunda mitad, los fanáticos de los Cardenales se preguntaban cuándo terminaría la sequía de los jonrones de Pujols. Veintidós juegos a lo largo de cerca de un mes habían llegado y pasado sin que Pujols bateara de jonrón. Era el tiempo más largo sin anotar jonrones en toda su carrera. Pujols dijo: «¿Que si quiero batear un jonrón para poder romper esta cadena? Por supuesto que quiero. Pero no es cosa de que llegue aquí diciéndome: "Hombre, necesito batear un jonrón. ¿Qué puedo hacer?"».

Con un promedio muy por encima de los .300, Pujols estaba bateando bien, pero no estaba bateando la línea larga. Y dijo: «Cuando llegan los jonrones, vienen en grupo. Uno puede hacer cinco en una semana, y después tres, y de repente tener 25 jonrones, y así se recupera, por el tiempo en el que no bateó ninguno».

Pujols tenía razón. Bateó cuatro jonrones en tres juegos contra los Phillies, y se ganó el premio al Jugador de la Semana de la Liga Nacional. ¿Había recuperado su toque? Él objetó diciendo: «Todavía no me siento bien. Ya les diré cuando me sienta bien. Lo van a notar enseguida».

De julio pasaron a agosto, y los Cardenales se mantenían en el tercer lugar de la división. La Russa sacó a relucir uno de sus viejos trucos, haciendo que el lanzador bateara en la octava posición. «Es una buena estrategia», dijo. «No se trata de que vayamos a quemar la liga en la ofensiva».

El 7 de agosto, mientras el mundo observaba cómo Barry Bonds superaba a Hank Aaron en busca del récord de jonrones en su carrera, los comentaristas y fanáticos de béisbol se preguntaban: «¿Cuál de los jugadores activos podría un día superar incluso a Bonds?». Se mencionaban una y otra vez los nombres de Álex Rodríguez y Albert Pujols.

El codo de Pujols seguía siendo un motivo de preocupación, haciendo que La Russa forzara a Pujols —«Yo no quiero tener ningún día libre»— a sentarse fuera de un juego. Pujols consultó el calendario de juegos que faltaban, y vio que todavía los Cardenales tenían la posibilidad de ganar la división. «Los catorce juegos que siguen van a decidir si vamos a tener una oportunidad de entrar en la caza de la postemporada», dijo, «o si se acaba todo para nosotros».

El equipo se comenzó a levantar. El 10 de agosto los Cardenales estaban a seis juegos y medio del primer lugar, pero ganaron ocho de los diez siguientes, incluyendo todo un conjunto de tres juegos contra el Milwaukee, el líder de la división. «Nosotros nunca nos damos por vencidos», dijo Pujols. «Así no es como se juega el béisbol en los Cardenales».

Aunque siguió jugando con un dolor continuo, Pujols bateó de jonrón en cinco juegos consecutivos a fines de agosto, incluyendo su número treinta en la temporada. Esto continuó su extensión del récord de carreras impulsadas para la mayor cantidad de temporadas con treinta jonrones para comenzar una carrera. Los cronistas deportivos comenzaron a fijarse en él como candidato a Jugador Más Valioso, lo cual era un cambio notable, desde los días de abril, cuando no estaba bateando nada.

Los Cardenales llegaron al último día de agosto con solo dos juegos de distancia del primer lugar, habiendo luchado casi hasta el final desde el déficit de diez juegos y medio en el que se encontraban el 30 de junio.

Pero todo se deshizo en septiembre. Encarnación recibió un fuerte golpe. Rolen se tuvo que someter el once a una operación quirúrgica en el hombro que no le permitió seguir jugando en la temporada. Chris Duncan se operó de hernia después de Rolen el día veinte. Eckstein se vio obligado a sentarse en la banca con la espalda adolorida. Con la cantidad de lesiones dolorosas que lo aquejaban, Jim Edmonds era un interrogante día tras día sobre si podría jugar o no. El equipo se parecía más bien a una sala de hospital.

Entre el 7 y el 18 de septiembre, el Saint Louis perdió nueve juegos seguidos, y doce de trece. El 21 de septiembre, un juego perdido ante los Astros hizo desvanecerse toda posibilidad de que los Cardenales pasaran a la postemporada. No defenderían su campeonato del año 2006 en la Serie Mundial.

La única pregunta pendiente era si Pujols continuaría su serie de temporada de cien carreras impulsadas. Esto fue lo que hizo, solo quedando cinco juegos de la temporada (terminando con 103), y así entró renqueando a la época de fuera de temporada.

Lamentablemente, hasta el tiempo fuera de temporada le trajo su propia prueba a Pujols, bajo la forma de un informe publicado en diciembre.

CAPÍTULO VEINTIUNO

EL CAPÍTULO DE LOS ESTEROIDES

«Vale más la buena fama que las muchas riquezas»..
—*Proverbios 22:1*

«¿Qué piensa usted de Albert Pujols, sabiendo que ha usado drogas para aumentar su rendimiento?». Esta era la pregunta que hacía un reportero de noticias local, acercándose a las personas que entraban al restaurante Pujols 5, de Pujols, en diciembre del 2007.

Horas antes, en la lejana ciudad de Nueva York, un afiliado de noticias y después un blog recogieron una historia acerca del Informe Mitchell, un documento publicado por el Senador George Mitchell que pondría al descubierto la extensión del uso de esteroides dentro de las Grandes Ligas de Béisbol. El reporte aún no se había dado a la publicidad, pero un correo electrónico que circuló con gran velocidad contenía una lista de los jugadores que serían identificados en el Informe Mitchell como personas de las cuales se había verificado que usaban drogas para aumentar su rendimiento (PED, por sus siglas en inglés).

Según unas fuentes que se consideraban dignas de crédito, el nombre de Pujols estaba en la lista. Ciertos miembros de los medios noticiosos se lanzaron a toda prisa y, sin esperar siquiera a que se publicara el reporte oficial más adelante aquel mismo día, comenzaron a informar con realidades la culpa de Pujols y de otros.

Mientras tanto, Pujols estaba sentado con su hijo A. J. en la sala de estar de su hogar en Saint Louis, escuchando las noticias de última hora que se estaban dando acerca de él.

Aunque se tuvieron que retractar rápidamente de la información falsa, de alguna manera no parecía correcto que Pujols no recibiera el beneficio de la duda, ni siquiera de parte de los medios noticiosos de su propia ciudad.

Atrapar en falta a la mayor estrella del béisbol era una noticia de tanta importancia, que podía fortalecer de manera permanente la carrera de un reportero. Pero una buena historia suele tener una forma de convertirse en obstáculo para la verdad.

El primer problema para Pujols es que los jugadores acusados de abusar de esteroides no podían demostrar su inocencia. Se podían *proclamar* inocentes, pero solo se podía probar la culpa. A menos que los jugadores hayan estado proporcionando muestras de sangre y de orina dentro de un rígido calendario durante toda su carrera atlética a partir se sus primeros años de adolescencia, no pueden demostrar que nunca han usado sustancias prohibidas.

Un segundo problema para Pujols es su increíble capacidad en el béisbol. «Cada vez que alguien logra unos números sorprendentes, hay quienes se hacen preguntas», dijo Bob Costas. «Aunque esa persona no haya estado conectada de ninguna manera directa con las drogas para mejorar el rendimiento».

Prácticamente todo el mundo está de acuerdo en que el uso de estas drogas es incorrecto, tanto si realmente mejoran la capacidad de un atleta determinado, como si no lo hacen. Aun así, el que haga una búsqueda en Google acerca de «Pujols y los esteroides», obtiene más de un millón de resultados, mientras que ese mismo tipo de búsqueda con respecto a un jugador que haya causado poco impacto solo obtiene unos pocos.

El argumento de la «culpa por grandeza» dice: «Mientras mejores sean tus estadísticas, mayor será nuestra incredulidad». Joe Posnanski, en el perfil que hizo de Pujols para *Sports Illustrated* en el año 2009, escribió: «La gente se maravilla por cuanto más fuerte y plena suena la pelota cuando sale de su bate, que cuando sale del bate de cualquier otro. Ese sonido solía hacer héroes. Ahora, solo solidifica su culpa en la mente de los más cínicos en el gran jurado estadounidense. Estas son las inflexibles matemáticas del 2009: Mientras mejor batee Albert Pujols, menos creerán en él esos cínicos».

Y el artículo de Posnanski hace ver que hay un tercer factor; un problema cultural que obra contra Pujols: el concepto mismo de lo que es un héroe sigue vacante. Derribar a los héroes de sus pedestales es un deporte de los espectadores. «Eso forma parte de lo que es estar encima: siempre hay alguien que lo quiere sacar a uno de donde está», dice Rick Horton, cronista de los Cardenales. «Ya sea por envidia, por celos o por lo que sea, comenzarán a tratar de socavarlo y de descubrir qué anda mal en usted».

Además de esto, en estos tiempos tenemos unas expectativas inferiores en cuanto al carácter moral de nuestros héroes que en tiempos pasados, tal vez como reacción al hecho de que nos han decepcionado tantas veces en el pasado. Se nos dice que nuestros héroes no necesitan aparecer cabalgando sobre un caballo blanco, ni ser fieles a sus cónyuges, ni decir la verdad o, en el caso de los atletas, rechazar el uso de los esteroides. Como eso es lo que se nos dice, actuamos en consecuencia.

Y ahora hace su entrada Pujols, la anomalía.

«Estamos viviendo en una nube oscura», dijo, «pero eso no significa que todos los que están involucrados en este juego estén sucios».

El cínico responde: «Di lo que quieras».

Un cuarto punto de dificultad para Pujols ha sido el hecho de que ha estado dispuesto a hablar para defender a Barry Bonds. Por ejemplo, en el año 2009, Costas le preguntó: «Al paso que vas, podrías batear 57 o 58 jonrones. Esto se halla dentro del alcance de los 61 de Roger Marris. Pero te han citado diciendo que sigues creyendo que el récord es de 73. Eso parece una especie de contradicción, porque todos estamos muy seguros de que Barry Bonds, aunque fue un gran jugador, estaba involucrado en el uso de los esteroides. En ese caso, ¿no es 61 el récord auténtico?».

Pujols respondió de una manera típica de lo que ha venido diciendo acerca de Bonds a lo largo de los años: «No lo creo. ¿Has logrado demostrar que él hizo algo incorrecto? No creo que nadie tenga prueba alguna, de manera que mientras no tengas esa prueba, yo considero que sigue siendo él quien tiene el récord. Yo tengo un gran respeto por Barry Bonds. Es un gran jugador. Es alguien a quien yo admiro. Quiero jugar como él: su manera de enfocarse en el juego, y lo intensamente que juega».

Hay quienes han tomado esa renuncia por parte de Pujols como señal de culpabilidad personal, puesto que no estaría dispuesto a condenar en otros lo que él mismo habría hecho. No obstante, Bonds nunca ha admitido que haya usado esteroides, y Pujols no cree que nadie haya logrado demostrar lo contrario.

Por presentar un contraste, en enero de 2010, Mark McGwire admitió que usaba esteroides. Pujols, en su bondadosa respuesta a McGwire, siguió sosteniendo que el uso de esteroides es incorrecto. Esto es lo que dijo: «Me siento orgulloso de que Mark haya dicho la verdad, y haya admitido algo incorrecto que hizo en el pasado. Hay alguien más alto que todos que lo va a juzgar, y ese es Jesucristo. No es usted, ni soy no, ni tampoco ninguno de los que le rodean. Va a ser Jesucristo. Y yo no voy a ser el que le tire esa piedra».

El quinto problema para Pujols es que se encuentra en una situación en la que tiene las de perder, cuando se trata de defenderse contra unas acusaciones falsas. Pujols dice: «Si yo lo acuso a usted de algo que no haya hecho, ¿cómo va a reaccionar?».

Cuando se mantiene en silencio, alguien dice: «Debe ser culpable; de lo contrario, habría respondido». En cambio, cuando habla contra los rumores, también hay quien dice: «¿Por qué se pone tan a la defensiva? Debe ser culpable».

Por último, Pujols reconoce el problema de que tal vez ni siquiera la historia lo reivindicará. Una generación futura de fanáticos podría estar *más* inclinada, y no menos, a dudar de la pureza de su carrera. «Digamos que me retire dentro de quince años», dice Pujols. «Van a decir: "Bueno, es probable que lo hiciera en aquellos tiempos. Solo que no lo atraparon". Yo sé que es eso lo que van a decir. Y, ¿sabe usted una cosa? Es triste, pero al mismo tiempo, no importa. Yo sé quién soy. Y no me importa». Como dijo Dee Dee: «La gente siempre termina creyendo lo que quiere».

Sin embargo, solo porque Pujols no pueda demostrar su inocencia, eso no significa que usted, el fanático que quiere creer, deba sucumbir ante el cinismo y las dudas. Usted quiere creer que Pujols es auténtico, pero al mismo tiempo, no quiere que lo engañe uno que usa drogas. Por eso, siga el consejo de Dee Dee y tome su propia decisión con respecto a Pujols. Y para ayudarlo a lo largo de ese proceso, le presentamos a continuación veinte razones por las que lo debe creer.

1. No hay evidencia incriminadora incontrovertible alguna

Los esteroides no son plantas que crecen en el traspatio de nadie. Adquirirlos significa dejar un rastro de papeleos. Para que un atleta llegue a tener en sus manos estas sustancias, debe actuar de tal manera que, si lo atrapan, más de una persona terminará en prisión. Los atletas no son farmacéuticos; necesitan de «capacitadores» que los ayuden a conseguir estas sustancias. En ese caso, ¿dónde están las evidencias incontrovertibles? Si Pujols *es* culpable, está haciendo un trabajo excelente para esconder gente y documentos. ¿Es esto un argumento nacido del silencio? Claro que sí, y es un silencio ensordecedor.

2. ¿Ni siquiera galletas dulces?

Pujols tiene una larga reputación de estar muy interesado en la buena salud. «Era muy disciplinado», recuerda Portia Stanke, su tutora en la secundaria, hablando con la revista *People*. «Nunca comía galletas ni dulces. Decía: "Esto no me conviene". No le gustaba estar en lugares donde la gente fumaba, porque le preocupaba inhalar el humo del tabaco».

Analice ahora la larga lista de efectos secundarios malos, realmente malos que producen los esteroides. Al que los usa le pasan una gran cantidad de cosas que «no le convienen». ¿Es de creer que alguien sostenga que Pujols no comía Tootsie Rolls ni galletas Oreo porque le preocupaba su salud, pero entonces tomara la decisión de inyectarse hormonas?

3. Bienvenido

Aunque Pujols mantiene la honra y el respeto que le debe a su padre, también habla abiertamente de la carga que tuvo que llevar porque él abusaba del alcohol. Como consecuencia directa, Pujols no bebe nada alcohólico en absoluto. Sin tratara de establecer una ley para los demás, Pujols ha dicho que beber es algo que no sería bueno para él. Se ha impuesto una elevada norma que limita su libertad, pero que él considera que lo ayudará a vivir en un alto nivel moral y físico de excelencia. Para Pujols, desempeñarse en una carrera digna de béisbol en un estadio llamado Busch está bien, pero volver a su casa para tomarse una cerveza Busch bien fría es otra cosa totalmente diferente. No quiere ser esclavo de ninguna sustancia. ¿Le parece que el uso de esteroides es compatible con la abstención de bebidas alcohólicas?

4. La corrupción del deporte en la República Dominicana

En febrero de 2010, la Radio Pública Nacional informó que las Grandes Ligas de Béisbol habían nombrado a su antiguo ejecutivo Sandy Alderson para que dirigiera los esfuerzos destinados a reformar sus operaciones en la República Dominicana. El béisbol dominicano, un verdadero semillero de talentos, es también famoso por el uso de esteroides, la contratación de jugadores sin llegar a la edad debida y la costumbre de quitarles parte de su paga a los jugadores.

A lo largo de los años, hay quienes han atacado a Pujols por lo que se podría llamar «la culpa de procedencia». Sostienen que Pujols se convierte automáticamente en sospechoso de usar esteroides (y de haber cambiado su fecha de nacimiento), debido a sus raíces en la República Dominicana.

No se puede negar la realidad de la corrupción que existe en el béisbol de la República Dominicana. Cuando un bono por firmar con las Grandes Ligas de Béisbol es mayor que la cantidad que cien hombres dominicanos ganan en un año cualquiera, existe una inmensa presión para aparecer más joven, más grande y mejor de lo que se es en realidad.

Pero cuando Pujols se marchó de la República Dominicana con Bienvenido, tenía dieciséis años, edad confirmada por la documentación del certificado de nacimiento que fue necesaria para que se convirtiera en ciudadano estadounidense en el año 2007. En este punto, el argumento sobre el uso de esteroides se vuelve absurdo, teniendo en cuenta las realidades económicas de la familia de Pujols en la República Dominicana. Pujols niega enseguida que fueran pobres, puesto que siempre tenían por lo menos una comida al día. Pero cuando sus amigos estadounidenses viajan a la isla con él, y les muestra el tipo de casa en la que creció, esos amigos piensan todos lo mismo: «¡Albert creció en una choza!».

¿Cómo le habría podido conseguir esteroides a Albert una familia que «casi siempre» había logrado tener una comida al día, y vivía al borde de la pobreza? No habrían podido.

Entonces habrá alguien que sostenga que Pujols formaba parte del sistema patrocinado por las Grandes Ligas de Béisbol para reclutar y entrenar muchachos muy jóvenes, como lo describe Joe Strauss, del *Post-Dispatch*:

«Para encontrar posibles jugadores, los equipos de Béisbol de la Grandes Ligas vuelan continuamente atravesando el Caribe para llegar a un país donde los ingresos promedio per cápita son ligeramente superiores a los seis mil dólares anuales, y el recurso natural es con frecuencia un muchacho que halla un agente antes de recibir una dieta nutritiva... El sistema permite que haya muchachos de dieciséis años que firmen con los equipos, y después se trasladen a una de las numerosas academias que hay en esta nación isleña. Mientras más joven y bien dotado sea el jugador, más valioso se vuelve en el mercado».

.Puesto en un ambiente así, se habría podido influir sobre un Pujols adolescente para que usara esteroides, que le darían discretamente los que tenían algo que ganar con su éxito. Es una buena teoría, con la excepción de un pequeño dato: Pujols nunca entró en ese sistema. Nunca formó parte de una academia de béisbol. No era ningún arma secreta de talentos, escondida dentro del sistema de desarrollo de un equipo, recibiendo paquetes de esteroides de manos de agentes sin escrúpulos. En lugar de esto, inmigró silenciosamente a Kansas City, Missouri, y terminó siendo el escogido en el reclutamiento de las Grandes Ligas de Béisbol en el número cuatrocientos dos. Nadie estaba manipulando, entrenando ni llenando de esteroides a aquel muchacho.

Las razones que siguen ahora, hallan su apoyo en el cristianismo de Pujols, tal como él mismo lo ha expresado con sus palabras. Como lector, es posible que usted no comparta sus convicciones teológicas, pero eso no cambia el hecho de que esas convicciones son su marco de comprensión sobre sí mismo y sobre el mundo. Son las convicciones religiosas genuinas y sinceras de un hombre, y se deben tomar en consideración, aun en el caso de que no se compartan.

5. «Yo le entregué mi vida al Señor» y «Yo tengo temor de Dios»

En otros capítulos hemos hablado de la fe cristiana de Pujols, pero es conveniente que repitamos que se considera bajo órdenes de marcha recibidas del Jesucristo vivo, el Señor. «Yo creo en el Señor Jesucristo», afirma Pujols. «Cuando le entregué mi vida al Señor, me comprometí a seguir a Dios».

Pujols dice que él prefiere vivir bajo el control de Dios, y no bajo el de su carne. «Me sería fácil salir a hacer todo lo que quiera, pero esas cosas solo satisfacen a la carne por un momento», dice. «En cambio, Jesús satisface a mi alma para siempre».

El cristiano cree que debido a lo realizado por Cristo en la cruz, el justo juicio de Dios contra él ha sido desviado, para derramarse sobre Jesús y no sobre él. Aun así, el cristiano mantiene un «temor del Señor» como el que menciona el salmista cuando dice: «Se complace [el Señor] en los que le temen, en los que confían en su gran amor» (Salmo 147:11).

Cuando se le preguntó si había usado esteroides, Pujols se limitó a decir: «Temo demasiado a Dios para hacer algo tan estúpido como eso».

6. «Los perdono»

Póngase en los zapatos de Pujols e imagínese que las acusaciones de haber usado esteroides fueran ciertas. Nadie más que usted, Albert Pujols, lo sabe. Piense en la manera en que usted reaccionaría ante la gente que lo acusa de usar drogas. Usted fingiría sentirse enojado, pero en su interior, en realidad no lo estaría, porque sabría que están diciendo la verdad acerca de usted.

Imagínese ahora que alguien le pregunta: «¿Cómo responde usted a los que le están acusando?». Usted podría fingir que se enoja, o podría decir algo como esto: «No; yo no dejo que eso me moleste».

Ahora bien, ¿cómo responde el verdadero Pujols a la pregunta acerca de su responsabilidad a los que le acusan? Esto es lo que dijo: «¿Sabe una cosa? Yo perdono a esa gente que habla de esto [las acusaciones de que usa esteroides], de la misma manera que Jesucristo me perdona a mí los pecados míos».

Por lo tanto, escojo: si las acusaciones de usar esteroides son ciertas, entonces su respuesta es una exhibición abierta de arrogancia, hipocresía y blasfemia. En cambio, si las acusaciones son falsas, entonces la respuesta de Pujols es una manifestación de obediencia al mandato de Jesús: «Pero yo les digo: Amen a sus enemigos y oren por quienes los persiguen» (Mateo 5:44), o a estas palabras del apóstol Pablo: «Así como el Señor los perdonó, perdonen también ustedes» (Colosenses 3:13).

7. «Fue Dios quien me dio este talento»

Una vez más, supongamos por un momento que usted es Pujols. Le preguntan: «Albert, ¿cómo explicas tus grandes habilidades?. ¿Te has drogado?».

Usted podría dar una respuesta rápida y verificable respondiendo: «¡De esteroides nada, amigo; solo mucho trabajo y mucha dedicación, como en los viejos tiempos!». De hecho, el Pujols verdadero *sí* dice este tipo de cosas acerca de su ética de trabajo. Pero nunca termina ahí. Lo que hace es meter a Dios continuamente en el asunto, para darle el mérito a él por sus habilidades en el béisbol. Y cuando usamos la palabra *continuamente*, no estamos exagerando. Este es su testimonio, una y otra vez.

Si Pujols sabe que él ha usado esteroides, ¿por qué no se limita a la excusa de su ética de trabajo al hablar de sus grandes habilidades, en lugar de añadirles una blasfemia? Nosotros proponemos que las palabras de Pujols indican que es un cristiano lleno de gratitud por el talento atlético del que Dios lo ha dotado… y también por una gran cantidad de bendiciones más.

8. La gloria de Dios

En sintonía con lo anterior, Pujols y Dee Dee creen que Dios le dio a él esas grandes habilidades para concederles a ambos una plataforma desde donde «darle a Dios la gloria». Aunque esta es una expresión digna de muchos comentarios, la idea básica es que el cristiano debe vivir de tal manera que Dios reciba alabanza y honra a causa de la vida de esa persona. El Evangelio de Mateo dice: «Hagan brillar su luz delante de todos, para que ellos puedan ver las buenas obras de ustedes y alaben al Padre que está en el cielo» (Mateo 5:16).

«Mi centro de enfoque está en Dios», dice Pujols. «Antes que rebajar a Dios haciendo algo estúpido en este juego… sería mejor que me fuera del juego y no cometiera ninguna estupidez».

Pero los esteroides echan a perder todo esto. No hay gloria para Dios en unos elogios atléticos logrados a base de hacer trampa.

9. Integridad en todo, o integridad en nada

La integridad indica una transparencia, una solidez que penetra todos los aspectos. La persona que no es sincera pasa grandes dificultades con la verdad en todos los aspectos de la vida, y no en uno solo. Por ejemplo, cuando alguien llega a ser adúltero, ya ha esquivado el decir la verdad en otros aspectos de su vida.

«Albert es un hombre muy preocupado por la pureza», dice Horton. «Le importan mucho las apariencias. Si usted fuera Albert, tendría gente tratando de tirarlo al suelo todo el tiempo».

En 2006, Chris Mihlfeld, amigo y entrenador personal de Pujols, dijo: «He conocido a Albert desde que él tenía dieciocho años. Albert ya no bebe ni siquiera sus batidos de proteínas, porque tiene miedo de que estén contaminados. Esto ha sido parte de su entrenamiento durante los cinco o seis últimos años, y de repente, ni siquiera eso hace. Está cansado de eso. Yo también estoy cansado. Estoy cansado de que la gente hable mal de él. Pujols es un gran muchacho. Déjenlo que sea grande. Está limpio».

Los amigos de Pujols dan testimonio de que se niega incluso a entrar a un ascensor a solas con una mujer, debido a su deseo de vivir «por encima de todo reproche». Quiere estar libre, tanto de la realidad como de la apariencia de una conducta escandalosa. Su búsqueda de la integridad cristiana es precisamente lo que lo mantiene lejos de los esteroides: la búsqueda de una integridad por encima de todo reproche.

10. La responsabilidad mutua entre cristianos

Pujols se rodea de hombres que le piden responsabilidad en cuanto a vivir de acuerdo con sus convicciones cristianas. No son aduladores, enamorados de sus jonrones lanzados hasta la luna, pero incapaces de hablarle una palabra firme a un futuro miembro del Salón de la Fama.

No; estos hombres tienen una relación muy masculina y muscular de responsabilidad cristiana con Pujols. Al permitir que se les identifique como mentores espirituales suyos, han puesto en juego su propia reputación personal. Ellos lo saben, y Pujols también. Si él se fuera a burlar del mundo engañándolo, entonces tendría que ser un farsante primero ante esos hombres. Pero si fuera ese el caso, entonces, nos tendremos que preguntar por qué él habría construido en primer lugar esos niveles de responsabilidad en cuanto a su vida.

11. «Estoy dispuesto a que me hagan la prueba todos los días»

Durante la primera parte de la temporada de 2006, Pujols les dijo a los reporteros: «Me pueden hacer una prueba cada día si quieren. No me importa». Esto se refería a las normas más severas que habían establecido las Grandes Ligas de Béisbol para hacerles pruebas a los jugadores. Los jugadores como Pujols habían sido puestos bajo el microscopio, para ver si había una caída en sus estadísticas. En lugar de suceder esto, Pujols comenzó la temporada estableciendo un récord por la mayor cantidad de jonrones bateada jamás en el mes de abril. Su coherencia no pasó inadvertida, y entonces fue cuando Pujols aprovechó el interés del público en la naturaleza de las pruebas de esteroides como legitimantes de su carrera. «Ahora que ellos están haciendo esas pruebas, y yo estoy acumulando esos números, las cosas van bien», dijo. «Es bueno que se demuestre eso, porque yo trabajo muy duro para conseguir lo que consigo. No necesito para nada ese tipo de cosas».

12. «Devolveré el dinero»

He aquí otras palabras dichas por Pujols que, si ha usado esteroides en secreto, no tiene sentido ninguno y es innecesario que las haya dicho: «Todo lo que yo gano en este juego a través de los Cardenales», dijo, «si doy positivo en la prueba cuando ustedes vengan a hacérmela, yo se lo devolveré a los Cardenales».

Aunque la Asociación de Jugadores (el sindicato que representa a los jugadores) en realidad no permitiría que un jugador devolviera su sueldo, esto no disminuye el poder de esta declaración de Pujols. Está igualando el uso de esteroides con el hecho de defraudar a los fanáticos, que se gastan los dólares que tanto trabajo les ha costado ganar, para ver una competencia entre atletas bien dotados que están compitiendo todos en un mismo campo de juego: trabajo fuerte, dedicación y talento. Las palabras de Pujols son una declaración de liderazgo dentro del béisbol. Les recuerdan a los dueños, a los jugadores, a los mánagers y a los fanáticos que el valor monetario y de entretenimiento del juego siempre ha estado, y siempre deberá seguir conectado, a la integridad en el juego. No se puede tener una cosa si no existe la otra.

13. «Síganme dondequiera que yo vaya»

Pujols también explica sus grandes logros señalando su ética de trabajo. Por supuesto, otros han dicho lo mismo, solo para admitir después que sí han usado esteroides. Pero Pujols ha comunicado una transparencia con sus declaraciones sobre su ética de trabajo, diciéndoles a los medios noticiosos que lo acompañen como testigos. «Yo reté a todo el que quiera averiguar, que venga a entrenar conmigo durante tres meses y medio. Yo le pago el hotel. Sígame dondequiera que yo vaya… para que vea lo duro que trabajo». Esto parece dicho por un hombre que no tiene temor de que lo atrapen. En ese caso, o está loco o está limpio.

14. Su duro trabajo explica su bateo, su forma física y su conocimiento del béisbol

El secreto de la excelente manera de batear que tiene Pujols está en su famosa forma de balancear el bate. Los cronistas deportivos dicen que es perfecta. ¿A qué se debe?

«Él trabaja duro. Si está pasando trabajos en el home, lo que sucede muy de vez en cuando, sale al campo para practicar el bateo durante más tiempo del ordinario», dice Kyle McClellan, lanzador de los Cardenales. «Batea mejor en la caja de prácticas. Está haciendo más de lo normal, que ya es mucho, para tratar de recuperar esa sensación y esa rutina».

«Él es uno de esos hombres que guía con su ejemplo», dice Mike Maroth. «Su ética de trabajo es de primera; increíble. Está trabajando constantemente».

¿Qué decir del físico de Pujols? ¿Cuál es la causa de su desarrollo muscular?

«Yo crecí en la República Dominicana, pero nunca levanté pesas allí», le dijo Pujols a la revista *Muscle and Fitness*. «No hice nada loco hasta que comencé a trabajar con Chris Mihlfeld en 1998, cuando ya tenía dieciocho años».

Mihlfeld está de acuerdo: «Tendría unos 93 kilos; era largo, desgarbado, pero un poco fofo alrededor de la cintura, con un poco de grasa infantil. En las manos y los antebrazos tenía una buena fuerza natural, pero no tenía ninguna experiencia en absoluto en cuanto a levantar pesas».

¿Cómo pasa alguien de esa grasa infantil a los músculos, y qué quiere decir con eso de hacer algo loco? ¿Estamos ante la evidencia incontrovertible? Tranquilo. Pujols no está hablando de esteroides. Está hablando de presentarse en el gimnasio seis días por semana durante todo el invierno todo el tiempo entre temporadas.

«Desde el primer año en que levantamos pesas juntos, hasta este mismo momento, puedo ver la diferencia en mi cuerpo», le dijo Pujols a la revista en el 2007. «Puedo ver cómo mi cuerpo va cambiando cada año. Es el resultado de los ejercicios que hacemos. En realidad, yo me entreno muy duro. No son demasiados los jugadores de béisbol que puedan decir que entrenan tan fuerte como yo. Si usted me ve en noviembre, diciembre o enero, es posible que se asuste».

Mihlfeld añade: «Dábamos pequeños pasos. Al principio, él no era muy fuerte con las pesas, pero en los últimos tres años, hemos comenzado a ir a cosas realmente pesadas. Al principio hacía los ejercicios en el banco con las pesas de una sola mano de 15 a 20 libras. Ahora maneja las de 45 kilos como si fueran magdalenas».

Seis días a la semana no suena como un brote repentino de desarrollo muscular provocado por esteroides. No; suena a trabajo duro, a disciplina y a constancia. El artículo de *Muscle and Fitness* describe la rutina por la que pasan Pujols y Mihlfeld, y baste con decir que Pujols levanta más peso en un día que la mayor parte de nosotros en un año.

Pujols dice: «Siempre trabajamos fuerte con las piernas, y Chris lo hace todo junto conmigo, una y otra vez. Eso es lo que buscamos. Y él me insulta si necesita hacerlo».

Otro componente de la explicación de su grandeza por medio de su ética de trabajo, es la dedicación de Pujols a estudiar continuamente el juego, hacerles preguntas a los veteranos, y estar siempre observando y aprendiendo más acerca del béisbol. Esta realidad la corroboran sus mánagers, entrenadores y compañeros de juego de las grandes ligas, las menores, las de la universidad y las de la secundaria. Rip Rowan, quien ha sido mánager del clubhouse de los Cardenales durante largo tiempo, le dijo a la revista *Muscle and Fitness*: «Él observa videos sobre la manera que ha bateado después de cada vez que sale al bate».

«En cualquier día dado, está en el campo de béisbol a las dos o tres de la tarde, y aquello dura hasta las once o las doce», dice Walt Enoch, antiguo líder de Capilla de Béisbol de los Cardenales. «Está en la sala de películas. Es lo máximo como profesional. Le dedica su energía y su esfuerzo a lo que hace».

Mihlfeld le dijo a *Muscle and Fitness*: «Yo creo en el trabajo. Todo lo que sé es trabajar. Todo es al estilo de la escuela antigua. ¿Quieres mejorar en batear líneas bajas? Mejor que te vayas a batear quinientas o seiscientas. Y Albert es el que más trabaja de todos».

15. Honra a los que lo criaron

Pujols tiene un fuerte sentido de que debe honrar a su familia; a los que invirtieron sus vidas en él. Al pensar en el efecto que habría tenido en su familia que él usara esteroides, le dijo a *USA Today*: «Se sentirían avergonzados, desilusionados, porque sería algo estúpido. No fue así como yo crecí. Papá me armaría un escándalo. No le puedo hacer creer a usted lo que yo creo. Solo le puedo relatar mi historia».

16. Dee Dee y los niños

Otro aspecto del carácter de Pujols es su dedicación a ser el guía de su familia con sus palabras y sus obras. «Yo me comprometí a seguir a Dios en mi familia, y a ser un hombre de Dios en mi hogar», dijo.

«Él tiene mucho cuidado en honrar a su familia», dice Perry. «Es muy cuidadoso en cuanto a honrar a su esposa y a su nombre».

O bien, como Dee Dee lo dijo: «Si alguna vez él se metiera en esa cosa [los esteroides], yo sería la primera en matarlo».

17. Los fanáticos

Pujols quiere ser un verdadero héroe para los fanáticos, y sabe que la categoría de héroe se gana por medio de una ecuación que comprende talento + tiempo + integridad.

«A nuestros fanáticos y a los millones de personas que me ven y me consideran un héroe», dice, «les quiero decir que Dios es mi héroe, y quiero que ellos también lo consideren su héroe».

Dee Dee le dijo a Posnanski: «Él está realmente interesado… Quiere ser un héroe para la gente».

Con frecuencia le preguntan a Pujols por qué se toma el juego tan en serio, y parte de su respuesta tiene que ver con los fanáticos que se sientan en las gradas. «Este es mi trabajo», dice. «Me pagan una buena suma de dinero por jugar este juego, y sé que la gente espera mucho de mí, y que la única manera en que lo puedo lograr, es tomándolo con tanta seriedad. Este es mi trabajo. Si usted está sentado en la oficina y tiene el control de doscientos empleados, pero no les da ejemplo a esos empleados, ¿cree que lo van a respetar? Es necesario que les dé el ejemplo correcto para ser un líder; que les enseñe lo que es correcto, y cómo hacerlo».

Esas palabras no suenan como las de alguien que se permita atajos de inyecciones en la vida. Pujols es el tipo de campeón de la vieja escuela, de cuello azul y ojo de tigre, que juega para lograr el respeto y la admiración de los fanáticos.

«Le preocupa lo que cada pequeñuelo piense de él», le dijo Mihlfeld al *Kansas City Star*. «Le preocupa que algún muchacho tome una revista y comience a hablar de los esteroides. Le preocupa que los niños lo vayan a relacionar siempre con él. Está cansado de todo esto. Lo detesta».

18. Su respeto por la historia del juego

Es un hecho bien conocido que Pujols respeta el juego, y también respeta a los que han pasado antes que él. Comprende que no hay nadie que sea más grande que el juego, y que cada generación de jugadores debe edificar sobre el fundamento de heroísmo, valentía e integridad que se encuentra en las vidas de hombres como Jackie Robinson, Lou Gehrig, Roberto Clemente y Stan «el Hombre» Musial.

Los fanáticos le llaman «*El Hombre*» a Pujols, pero él considera que ese sobrenombre manifiesta una falta de respeto para Musial. «Yo no quiero que me llamen así», dice. «Hay un hombre que recibe ese respeto, y es Stan Musial. Él es El Hombre. Él es El Hombre en Saint Louis. Y yo sé que a él se lo dicen en inglés y a mí en español. Pero Stan es el Hombre. A mí me pueden llamar de cualquier otra manera que quieran, pero no me llamen El Hombre».

Al igual que Musial, Pujols tiene el anhelo de estar a la altura de los ideales de heroísmo de los fanáticos. Musial dejó de fumar, incluso en privado, con la intención de ser un ejemplo positivo para los jovencitos. Pujols no intenta hacer menos. Red Schoendienst, un grande entre los Cardenales, y contemporáneo de Musial, dice: «Por supuesto, Stan y Albert tienen mucho en común. Los grandes son todos muy parecidos. A ambos les encanta batear. Y ambos son buenas personas, tanto dentro del campo como fuera de él. Eso es importante».

19. La constancia en sus estadísticas

La carrera de Pujols es como el ficticio Lago Wobegon de Garrison Keillor, donde «todos los niños son superiores al promedio». Cada año ha sido sobresaliente, con la excepción de aquellos en los que ha sido supersobresaliente.

No se ha producido ningún aumento repentino en sus habilidades, lo cual habría indicado el punto de partida del uso de esteroides. Tampoco ha habido ninguna caída repentina en ellas, lo cual habría indicado el final de su uso de esteroides. A partir de su temporada de novato, la constancia ha sido la marca que ha definido la carrera de Pujols. De aquí otro sobrenombre que le han dado: La Máquina.

20. Quien se conduce con integridad anda seguro

Habían estado volando las especulaciones durante largo tiempo con respecto a los detalles del Informe Mitchell, y por fin había llegado el día en que se daría a conocer al público ese informe. Todo el mundo sabía que en el informe se mencionarían nombres: los de aquellos que habían sido identificados por los que tenían información privilegiada en el béisbol como personas que usaban esteroides. Pero eran pocos los que sabían con exactitud cuáles eran los nombres que estarían incluidos en el documento.

Los reporteros estaban frenéticos en su esfuerzo por obtener la historia e informarles a sus lectores cuáles eran los jugadores que habían sido realmente acusados en el informe. Todd Perry estaba sentado en su oficina de la Fundación de la Familia Pujols cuando sonó el teléfono.

«Todd, te habla Jeanne Zelasko, de Fox», le dijo una voz. «El nombre de Albert está en el Informe Mitchell. ¿?Quisieras hacer un comentario?».

Perry calló asombrado. Como director ejecutivo de la Fundación de la Familia Pujols, Perry había trabajado estrechamente con Albert y Deidre Pujols, y sabía que Albert era un modelo de virtud e integridad. No lo podía creer.

Aquí hay algo que no anda bien, pensó Perry. *O el informe está equivocado, o Jeanne Zelasko está totalmente equivocada, o Albert Pujols no es el hombre que yo creía que era.*

Perry llamó de inmediato a Deidre, le dio la noticia y le pidió que le hablara a Pujols. Deidre le dijo que no estaba allí, así que haría que él le devolviera la llamada.

Entonces Perry llamó al agente de Pujols y le dio la noticia. Ya para entonces, por usar su propia descripción, Perry estaba perdiendo el control. Deidre estaba igual, y también el agente. Se estaban propagando informes según los cuales, Pujols estaba incluido en el Informe Mitchell. Los medios noticiosos de Saint Louis lo estaban informando como una realidad.

Pocos minutos más tarde, el teléfono de Perry volvió a sonar. Frenético ya, respondió. Era Pujols.

«Albert, te han identificado en el Informe Mitchell como usador de esteroides», le dijo Perry sumamente preocupado.

En un fuerte contraste con la situación de Perry, Deidre y el agente, Pujols no estaba tenso, ni deshecho de los nervios, ni fuera de control.

«No; no lo han hecho», le dijo Pujols a Perry.

«Sí, Albert, lo hicieron», le contestó Perry. «Los medios noticiosos lo están informando. Tu nombre se encuentra en esa lista».

De nuevo, calmado y con toda naturalidad, Pujols respondió a la objeción de Perry.

«Mira, Todd, no hay manera alguna de que yo me encuentre en esa lista», le dijo. «Yo sé lo que he hecho. Sé que estoy limpio. Créeme: yo no estoy en esa lista».

Y así fue. Pujols tenía razón. El Informe Mitchell no lo había mencionado a él. Los reportes dados por los medios noticiosos eran inexactos. Aunque se había sacado a la luz a docenas de jugadores por el uso de drogas para mejorar su actuación, Albert Pujols no era uno de ellos. Estaba limpio.

La tranquilidad con la que se comportó Pujols en medio de la tormenta ilustra la verdad que aparece en Proverbios 10:9: «Quien se conduce con integridad, anda seguro; quien anda en malos pasos será descubierto».

Al final del día, Dee Dee tiene razón cuando dice: «Sencillamente, cada cual tendrá que llegar a su propia decisión». Porque no hay manera alguna de que Pujols demuestre su inocencia, los fanáticos simplemente tendrán que decidir si confían en él, escuchando sus palabras y observando sus obras.

Hablando con Posnanski, Pujols lo puso todo en la mesa para que nosotros lo pudiéramos ver: «¿Sabes cómo quiero que la gente me recuerde? No quiero que me recuerden como el mejor jugador de béisbol de todos los tiempos. Quiero que me recuerden como un buen hombre que amaba al Señor, le encantaba servir a la comunidad y les devolvía a quienes tanto le habían dado. Ese es el hombre que quiero que recuerden cuando yo termine de usar el uniforme. Esto que te digo me sale del fondo del corazón».

Nosotros creemos a Albert.

CAPÍTULO VEINTIDÓS

LA MÁQUINA

Bien hecho, Saint Louis, por haber contratado a este hombre.
—*Ken Harrison, fanático de los Padres de San Diego, en una carta al editor en el Saint Louis Post-Dispatch*

El bateador, por instinto, una vez que el bate hace contacto con la pelota en medio de un juego, corre a primera base. Es tan natural como respirar, y le queda impreso al jugador de pelota desde el momento en que llega de niño por vez primera al home a batear. Mueve el bate, pégale a la pelota y corre a primera. Mueve el bate, pégale a la pelota y corre a primera. Pero en una noche de mayo del 2008, los instintos de Albert Pujols le dijeron que hiciera otra cosa diferente.

El 21 de mayo, los Padres de San Diego llevaban la ventaja sobre el Saint Louis 2-0 en el tercer inning del juego que celebraban en el Petco Park. Sin embargo, los Cardenales seguían siendo una amenaza. Con un out, Skip Schumaker bateó y llegó a primera; después Aaron Miles hizo lo mismo, lo cual llevó a Pujols al home para que impulsara sus carreras. Con un lanzamiento de 2-0, el gigante Chris Young, de dos metros de altura, le lanzó a Pujols la pelota a ciento treinta kilómetros por hora, y este la bateó hacia el centro, como si fuera una bala de francotirador.

Young no tuvo tiempo para reaccionar. La pelota golpeó en la cara al larguirucho lanzador antes de rebotar, y Pujols se sintió destrozado. Él sabía que debía correr hacia la primera base, pero esa vez, no quiso hacerlo, después de lo que había sucedido. No podía hacerlo cuando estaba en juego la vida de un hombre. No podía hacerlo mientras Young yacía tirado en el suelo, totalmente desplomado. Sí, Pujols cumplió con su deber y llegó tranquilamente a primera sin que trataran de sacarlo out, mientras caía el silencio sobre la multitud de San Diego. Pero entonces, cambió de dirección con rapidez y comenzó a caminar lentamente hacia el montículo del lanzador para ver cómo estaba Young. Ya para entonces, los entrenadores de los Padres habían entrado en la escena, y estaban atendiendo al lanzador caído, de cuyo rostro brotaba abundante sangre. Pujols estaba visiblemente sacudido por el giro que habían tomado las cosas. Adrián González, el primera base del San Diego, lo acompaño, lo rodeó con un brazo y lo apartó de aquella sangrienta escena. Entonces Pujols inclinó su rostro y oró con su amigo de la primera base.

Con aquel batazo, Pujols había sacado de un golpe a la mitad de la batería de los Padres, para ponerlo en la lista de incapacitados. Dos veces al bate más tarde —esa vez corriendo entre las bases— le haría lo mismo a la otra mitad de la batería, el receptor Josh Bard. Después de reanudarse el juego cuando salió Young del campo, Ryan Ludwick bateó una línea con dos bases llenas, de manera que Pujols y Miles pasaron a segunda y a tercera. Entonces Troy Glaus bateó un sencillo por la derecha y cuando Pujols se dirigía al home, Bard trató de bloquear el home. Pujols se deslizó hacia él —con fuerza, pero limpiamente— y le golpeó un tobillo mientras llegaba a salvo al home. Bard también tendría que salir del juego para entrar a formar parte de la lista de deshabilitados. En el mismo inning, Pujols se las había arreglado para sacar tanto al lanzador como al receptor de los Padres, sin tener culpa alguna por lo sucedido.

Aunque los Cardenales terminaron ganando 11–3, Pujols no pudo volver a batear durante el resto de la noche. Después del juego, habló de lo mucho que lo había molestado la línea que golpeó a Young, de quien dijo que era «una gran persona, un gran atleta y una competencia excelente».

«Estaba sangrando por todas partes», dijo Pujols. «Yo habría preferido que se hiciera un doble play a causa de mi batazo… Tengo la esperanza de que Dios haya puesto su mano sobre él. Habría podido ser peor. Le habría podido ir directa a un ojo, o a algún otro lugar. Lo tengo en mis oraciones. Ha sido una noche muy difícil. Después de aquello, ya no me pude concentrar en mis otros turnos al bate».

Young salió del campo por sus propios pies y fue al hospital, donde lo trataron por una fractura en la nariz. Después del juego, Pujols llamó al clubhouse del San Diego y dejó su número de teléfono para que se lo dieran a Young. En su remordimiento, no durmió gran cosa aquella noche, preocupado por lo que había hecho accidentalmente. Al día siguiente habló con Young, y este le aseguró que se iba a poner bien.

«Solo una manifestación de la clase de hombre que él es», le dijo Young al *San Diego Union Tribune*, elogiando a Pujols por su espíritu deportivo. «Se sintió realmente mal por mí y por Bardo. Todos jugamos en este juego. A ninguno de nosotros le gusta ver que alguien salga lesionado… Ciertamente, Albert se sentía mal, pero yo le dije que aquello había sido algo fuera de su control. Por supuesto, no fue nada que hiciera a propósito. Solo algo insólito que sucedió».

La forma en que actuó Pujols a lo largo de toda aquella odisea no pasó inadvertida tampoco para los fanáticos del San Diego. En una carta dirigida al

Post-Dispatch, Ken Harrison, de Cardiff by the Sea, en California, escribió: «En todos los años en que he sido fanático de los Padres de San Diego, nunca he visto a un jugador actuar con más clase y espíritu deportivo, que Albert Pujols el miércoles pasado por la noche. La forma en que se comportó cuando accidentalmente lesionó a dos de nuestros mejores jugadores, su evidente angustia por haberle fracturado la nariz a Chris Young, nuestro lanzador, con su batazo, y el hecho de que se saliera de la actuación normal en el juego para ir a consolar a uno de nuestros jugadores, no demuestran solo su calidad como deportista, sino también como ser humano. Bien hecho, Saint Louis, por haber contratado a este hombre».

Lo que les hizo Pujols aquella noche a los Padres podrá haber sido accidental, pero la forma en que siguió demoliendo a los lanzadores de la liga a lo largo de toda la temporada del 2008 fue ciertamente deliberada. Lo hizo, rodeado por un equipo de jóvenes que tenían un aspecto sumamente distinto a lo que había sido la alineación de los Cardenales en los últimos años. Después de la temporada de 2007, el Saint Louis hizo un intercambio con Jim Edmonds y Scott Rolen, las dos terceras partes del trío terrible que habían formado equipo con Pujols durante seis años para formar una de las combinaciones de tercero, cuarto y quinto bate más potentes en el béisbol. Edmonds pasó a los Padres a cambio del prospecto David Freese, y Rolen, cuyas difíciles relaciones con Tony La Russa habían alcanzado un punto crítico, fue enviado a Toronto a cambio del tercera base Troy Glaus. David Eckstein, quien se había pasado tres años como shortstop en el Saint Louis, también se había marchado para convertirse en agente libre. Aquellas salidas fueron dolorosas para Pujols, pero no debilitaban al equipo.

«Nos estamos preparando para la temporada con los hombres que tenemos», dijo durante el entrenamiento de primavera. «Echo de menos la relación con unos compañeros con los que he jugado durante casi toda mi carrera. Detesto verlos ir. Tenemos grandes recuerdos juntos. Pero uno no se puede encerrar en eso. La gente lo va a olvidar. No se puede limitar uno a llegar y decir: "Echamos de menos a Rolen. Echamos de menos a Edmonds. Echamos de menos a Eckstein". Sí, es cierto. Pero cuando uno entra al campo, no se puede fijar en eso, porque se estaría derrotando a sí mismo».

La «vigilancia anual del codo de Pujols» comenzó de nuevo en el entrenamiento de la primavera, y el equipo estaba preocupado por la situación de su codo izquierdo que había sido un problema durante largo tiempo. Él había estado a punto de decidirse a operarse en el tiempo posterior a la temporada, lo cual lo habría dejado incapacitado durante varios meses, pero terminó tomando la decisión de descansar, en lugar de someterse a la cirugía.

Mientras perduraban los interrogantes sobre el estado del codo de Pujols en los primeros días de la primavera, se estaba creando otro problema para La Russa, el cual, por vez primera desde la inauguración de Pujols en el año 2001, tuvo que preocuparse por hallar protección para sí mismo; alguien que pudiera batear lo suficientemente fuerte detrás de Pujols en la alineación, de manera que los otros equipos no se dedicaran a lanzar de manera que lo anularan. Edmonds y Rolen habían desempeñado ese papel durante años, pero ahora los nuevos Cardenales dependían de la producción ofensiva de un grupo de jugadores inexpertos como Rick Ankiel, Skip Schumaker, Chris Duncan y Ryan Ludwick. El equipo carecería también de los servicios del lanzador estrella Chris Carpenter durante la mayor parte de la temporada, y pocos estaban esperando que un equipo con tantos novatos fuera un factor de importancia en la Liga Nacional Central. Pero en los primeros días de la temporada, los Cardenales causaron la impresión de tener fortaleza. El juego inaugural de la temporada lo perdieron contra el Colorado, antes de ganar cinco juegos consecutivos para entrar a formar parte del grupo de equipos que iban al frente de la liga. Pujols no bateó ningún jonrón y solo empujó una carrera durante los ocho primeros juegos, pero estalló el 9 de abril contra el Houston, bateando 3 de 4, con dos jonrones y tres carreras impulsadas, para obtener una victoria de 6–4.

Es posible que Brandon Backe, el lanzador del Houston, haya tenido algo que ver con esto. Antes del juego, Backe asaltó verbalmente a Pujols por una jugada de la noche anterior, en la que Pujols derribó al receptor J. R. Towles en un fuerte deslizamiento en el home, en lugar de deslizarse alrededor de él. Pujols reconoció que no había actuado bien en esa jugada, y había llamado a Towles después del juego para pedirle disculpas. El caso quedó cerrado entre los dos involucrados en aquella jugada. Pero eso no satisfizo a Backe, quien le vino a protestar a Pujols durante la práctica de bateo al día siguiente, antes que Cecil Cooper, el mánager del Houston y otros jugadores de los Astros intervinieran y sacaran a Backe del campo por la fuerza. Al final, los gritos de Backe solo sirvieron para despertar a Pujols (que había bateado solo dos veces en los cuatro juegos anteriores), de un ligero ensueño.

«Lo que menos él necesita es un poco más de nervios», dijo Schumaker acerca de Pujols después del incidente con Backe.

Dos días más tarde, Pujols bateó de jonrón otra vez e hizo entrar cuatro carreras en una paliza de 8–2 contra los Gigantes, y siguió este tipo de actuación a la semana siguiente, también contra los Gigantes, con su cuarto jonrón de la temporada y otras cuatro carreras impulsadas, para obtener una victoria de 11–1.

Pujols terminó el mes de abril con la baja cantidad de cinco jonrones, poco característica de él, pero con un promedio de bateo de .365 y veinte carreras impulsadas, además de haber llegado a las bases siempre en los veintinueve juegos del mes. Una de las razones para que disminuyera el poder de su bateo, era la forma en que los equipos opuestos estaban lanzando alrededor de él.

Le dieron treinta bases por bola en abril, la mayor cantidad de bases concedidas a Pujols en un solo mes durante toda su carrera. Y aunque la mezcolanza de jugadores que bateaban después de él —unas veces Ludwick, otras Glaus o Ankiel— no estaban haciendo grandes cosas, los Cardenales seguían hallando maneras de ganar, y estaban empatados con los Cachorros en el primer lugar de la división al terminar el mes.

El 5 de mayo, Pujols ganó para los Cardenales el juego contra el Colorado, no con su bate, sino corriendo entre las bases. Con las carreras empatadas 5–5 en la primera parte del noveno inning, Pujols bateó un doble habiendo un solo out y se robó la tercera cuando Brian Fuentes le lanzó a Ankiel. Cuando Ankiel fue a parar a segunda, Pujols no dejó de correr, al ver que Jonathan Herrera, el segunda base, tiraba a primera para sacar out a Ankiel. Le dio vuelta a la base y salió disparado como una flecha hacia el home, adelantándose al lanzamiento de Todd Helton hacia allí, dándoles a los Cardenales una ventaja de 6–5 que los jugadores del Saint Louis conservarían, para poner al equipo en el primer lugar, con una diferencia de dos juegos y medio.

«Es necesario correr ese riesgo», dijo Pujols después del juego. «Es necesario jugar con mucho empuje, y eso es lo que yo hice… No soy de los que corren rápido. Pero aprovecho cuanta situación se me presenta cuando estoy en las bases».

«Albert tiene una especie de sexto sentido que le indica cuándo se puede robar la siguiente base», dice Woody Williams, su antiguo compañero de equipo. «Nosotros siempre solíamos decir que corría por las bases como si fuera de las ligas menores. En las ligas menores, uno corre hasta que lo sacan out. Y por la razón que fuera, aunque a él lo habrían debido sacar out, nunca lo lograban. Sencillamente, tenía ese sexto sentido que le decía cuándo era el momento de hacer que las cosas sucedieran».

Aunque su empuje haya hecho que ganaran el juego, les salió caro pocos días después a los Cardenales cuando en un juego contra el Milwaukee lo sacaron out una vez mientras trataba de ir de primera a tercera después que Duncan bateara un hit (aunque su atrevimiento permitiera que Adam Kennedy anotara una carrera). En el sexto inning, los Brewers lo sacaron en un doble play al correr después de una línea bateada por Glaus.

«Yo juego igual todo el tiempo», dice Pujols. «Juego con empuje. Juego para ganar. A veces funciona. A veces no».

Cuando Pujols bateó dos hits contra el Pittsburgh el 15 de mayo, marcó cuarenta y dos juegos seguidos en los que había llegado a las bases, contados desde el principio de la temporada. Esa serie de juegos terminó al día siguiente, cuando el Tampa Bay impidió que llegara a las almohadillas de las bases, pero la serie del año 2008 superó con mucho a la del 2005, en la cual había llegado a las bases en los treinta y tres primeros juegos de la temporada, estableciendo un nuevo récord para el equipo. Su serie más larga de juegos en los que llegó a las bases se produjo en el año 2001, en el cual llegó a las bases en cuarenta y ocho juegos seguidos.

«Eso no se puede hacer sin tener una actitud mental continuamente exigente», dijo La Russa. «Tiene que ver con no desconcentrarse una sola vez que se vaya al bate, ni un solo inning, ni un solo juego».

Pujols siguió bateando con un promedio de .369 a lo largo del mes de mayo, pero un esguince en una pantorrilla lo redujo a batear como sustituto el 5 de junio en dos juegos seguidos contra el Washington (siendo sustituto, bateó de jonrón en el primer juego para salir adelante en el séptimo inning, y el Saint Louis ganó el juego 4-1). Su lesión se agravó en un juego celebrado el 10 de junio contra el Cincinnati. En el tercer inning bateó un jonrón que hizo entrar dos carreras, pero en el séptimo, después de batear por primera, gritó de dolor y cayó al suelo cuando dio el primer paso para salir del home. La lesión lo hizo entrar en la lista de incapacitados, y el equipo pensó que estaría fuera de acción durante unas tres semanas.

Como si eso no fuera suficientemente malo para los Cardenales, Adam Wainwright, su mejor lanzador, entró a la lista de incapacitados el mismo día que Pujols con un dedo torcido en la mano con la que lanzaba. Wainwright iba 9-4 con un promedio de 3.14 carreras anotadas cuando tuvo que salir del juego, y la lesión le hizo perder más de dos meses. Pujols estaba de vuelta más pronto de lo esperado, regresando a la alineación el 26 de junio (un juego en el que bateó 4 de 4), después de haberse perdido trece juegos, de los cuales ganaron 6 y perdieron siete, cayendo a cuatro juegos y medio por detrás de los Cachorros.

Con una oportunidad de cortar la distancia que los separaba de los Cachorros y del primer lugar, los Cardenales recibieron al Chicago en el estadio Busch para una serie de tres juegos durante el fin de semana del 4 de julio. Pujols proporcionó las únicas jugadas extraordinarias del Saint Louis en el primer juego, bateando el jonrón número trescientos de toda su carrera en el octavo inning del juego, en el cual perdieron 2-1. En la historia del béisbol, solo cuatro personas han alcanzado la marca de los trescientos jonrones a una edad más joven: Álex Rodríguez, Jimmie Foxx, Ken Griffey Jr. y Andruw Jones.

«Hombre, no es más que un jonrón», dijo Pujols después del juego. «Espero que si me mantengo saludable, pueda tener muchos más en mi carrera. Obviamente, esos jonrones me dan el gran honor de que me nombren junto con algunos de los mejores jugadores del béisbol… Si hubiéramos ganado el juego, habría sido un poco más especial».

Los Cardenales perdieron uno de los dos juegos finales de la serie, y cuando llegó el receso de las Estrellas alrededor de una semana más tarde (con Pujols comenzando como Jugador Designado en el juego de las Estrellas y conectando dos hits en un juego perdido 4-3 en la Liga Nacional), el equipo seguía estando cuatro juegos y medio por detrás del Chicago.

En el tercer juego después del receso, con los Cardenales perdiendo ante los Padres 5-0, el doble de Pujols que impulsó tres carreras en el quinto inning fue el punto destacado de un inning con cuatro carreras. Después que César Izturis anotó en el sexto inning para empatar el juego, Pujols le bateó un sencillo a Ryan para impulsar la carrera que sería la que ganaría el juego. Una victoria de 9-5 al día siguiente les dio a los Cardenales cinco victorias seguidas, y los puso a solo dos juegos de los Cachorros. Pero entonces, los Brewers barrieron en una serie de cuatro juegos con el Saint Louis, y los Cardenales perdieron el primero de una serie de tres juegos contra los Mets.

Enfrentado a la posibilidad de una serie de seis juegos perdidos, en el segundo juego contra los Mets, el Saint Louis bateó para hacer cuatro carreras en la primera mitad del primer inning, con Pujols haciendo un sencillo y anotando una carrera. Bateó también en el segundo inning, y de nuevo por tercera vez en el sexto, impulsando dos carreras, para darles a los Cardenales una ventaja de 6–5. Con un empate a 8 en el duodécimo inning, Pujols bateó su cuarto hit de la noche. Coronó su actuación en el decimocuarto inning. Con dos outs y Schumaker en primera base (Schumaker bateó seis hits en ese juego), Pujols bateó un lanzamiento de Aaron Heilman por la cerca izquierda del jardín central, anotando el jonrón que obtuvo la victoria en el juego; su jonrón número diecinueve de la estación, y el primero después de haber bateado el número trescientos de su carrera. Pujols y Schumaker se convirtieron en los dos primeros compañeros de equipo de los Cardenales en batear cinco hits cada uno en un juego desde el año 1930.

Aquel triunfo dejó a los Cardenales a tres juegos de distancia de los Cachorros. Era lo más que se les acercarían durante el resto de la temporada. El Chicago tenía una ofensiva equilibrada, formada por cinco jugadores —Alfonso Soriano, Aramís Ramírez, Geovany Soto, Derrek Lee y Mark DeRosa—, que terminarían la temporada con veinte jonrones o más, y un promedio de bateo que iba desde .280 hasta .307. Los Cachorros cerraron el mes de julio con una serie de cinco juegos ganados, y después se anotaron un impresionante récord de 20 juegos ganados y 8 perdidos en el mes de agosto, para ganar la división. Pero a fines de julio, el comodín seguía siendo posible para los Cardenales, y en agosto comenzaron a jugar empatados con el Milwaukee para obtenerlo. Y Pujols solo estaba comenzando su calentamiento.

El 6 de agosto, en un juego que les ganaron a los Dodgers 9–6, Pujols bateó 4 de 4 con un gran jonrón, haciendo subir su promedio a .352 en la temporada. El 16 de agosto bateó tres veces, incluyendo dos jonrones sin carreras impulsadas, en una victoria 9–3 sobre el Cincinnati, la cuarta victoria seguida de los Cardenales. Sin embargo, el problema del Saint Louis era que los Brewers jugaban más intensamente aún. El Milwaukee ganó 10 de 12 en la primera parte de agosto, incluyendo ocho seguidos en un momento. Para el 13 de agosto, los Brewers habían subido a una diferencia de cuatro juegos en la carrera por el comodín.

Pujols siguió haciendo todo lo que podía por mantener vivas las esperanzas de los Cardenales en cuanto a los juegos de desempate. Durante ocho juegos seguidos, del 15 al 24 de agosto, bateó con un promedio de .563, con cuatro jonrones y doce carreras impulsadas. Ya para entonces, Pujols se encontraba en medio de su propia carrera para obtener el título de bateo de la Liga Nacional. Se había pasado la mayor parte de la temporada tratando de acercarse a Chipper Jones, del Atlanta, pero después de subir su promedio a .364 a fines de agosto, lo superó y quedó en primer lugar como bateador. «Nosotros, los simples mortales, pasamos por bajones», le dijo Jones a Bernie Miklasz, del *Post-Dispatch*. «Albert no».

A fines de agosto se disputó una importante serie de dos juegos contra los Brewers, quienes llevaban tres juegos y medio de delantera en la obtención del comodín. Una barrida pondría al Saint Louis en plena carrera, quedando aún todo un mes de juegos. Sin que le quedaran juegos contra el Milwaukee para el resto de la temporada, aquella era la mejor oportunidad de que los Cardenales recuperaran terreno con rapidez.

Ben Sheets mató rápidamente esas esperanzas, atrapando cinco hits y lanzando seis innings sin dejar anotar a nadie, de manera que los Brewers destruyeron a los Cardenales 12–0 en el juego inicial. El resultado final del segundo juego tampoco parecía muy prometedor, puesto que el Milwaukee llevaba una ventaja de 3–1 en el séptimo inning. Pero entonces, los Cardenales comenzaron a amenazar, y Molina comenzó el inning con un hit, mientras que Josh Phelps bateó un sencillo con un lanzamiento de Carlos Villanueva dos bateadores más tarde. Felipe López se ponchó, y con dos outs, Izturis bateó un sencillo para llenarle las bases a Joe Mather. Cuando Villanueva logró que Mather bateara una pelota que atrapó el receptor para cerrar el inning, miró al dugout del Saint Louis, flexionó los músculos, y después, apuntando hacia el dugout, comenzó a gritar. A Pujols, quien había estado esperando su turno al bate, no le agradó el pretencioso gesto de Villanueva, y le gritó algo al lanzador, quien respondió lanzándole un insulto a Pujols en español. El entrenador José Oquendo, del Saint Louis, tuvo que contener a Pujols mientras Villanueva salía del campo.

«No me importa que un jugador haga lo que le parezca», dijo Pujols después del juego. «Pero cuando un jugador comienza a señalar hacia el dugout como él lo estaba haciendo, y a decir las cosas que estaba diciendo, eso no le agrada a nadie que respete el juego como lo respeto yo. Y se lo tuve que hacer saber».

Es evidente que Villanueva no había aprendido nada en el incidente con Backe en esa misma temporada acerca de lo peligroso que es incitar a Pujols a entrar en el calor de la competencia. Con los Cardenales aún 3–1 en el octavo, Pujols bateó un doble hacia el centro para comenzar el inning, y terminó anotando en un inning de cuatro carreras que le dio la victoria al Saint Louis, y lo mantuvo a corta distancia en la lucha por alcanzar los juegos de desempate.

«Al parecer, nos hizo un favor», dijo Pujols acerca de Villanueva. «Es evidente que despertó a un gigante dormido».

Lamentablemente para la Nación de los Cardenales, el gigante dormido se volvió a meter en la cama. Los Cardenales perdieron los cuatro juegos siguientes, para caer hasta un tercer lugar en la carrera por el comodín, y quedar a seis juegos y medio de distancia del primer lugar. El 9 de septiembre disminuirían esa distancia a tres juegos y medio, después de ganar tres juegos seguidos, con Pujols bateando de jonrón en los tres. El 7 de septiembre, en el Día de la Caminata de Amigos para hacer conciencia sobre el síndrome de Down, Pujols le bateó a Josh Johnson, el lanzador de los Marlins, una profunda línea en el primer inning. El jonrón marcó la sexta vez en ocho Días de Caminatas de Amigos que Pujols sacaba la pelota del terreno.

«Él es el único que yo conozco que le puede decir a un chico que le va a dedicar dos jonrones, y uno sabe que le está dando su palabra de verdad, y que después lo va a lograr», le dijo Adam Wainwright, lanzador del Saint Louis, al periódico local.

«Siempre oyes que todos esos muchachos te piden que les dediques un jonrón», dijo Pujols. «Es obvio que esos días son muy especiales. Lo son para esos muchachos. Y lo son mucho también para mí, puesto que tengo una hija con el síndrome de Down».

Pero la carrera de los Cardenales por alcanzar el comodín estaba llegando a su final, puesto que el equipo perdió siete juegos seguidos, eliminando así las preguntas pendientes acerca de la posibilidad de un esfuerzo de última hora. El Saint Louis terminó la temporada con 86 juegos ganados y 76 perdidos, cuarto en la división y a once juegos y medio de distancia del primer lugar. Fue el final más bajo del equipo en la Liga Nacional Central en nueve años. En la competencia de bateadores, Jones recuperó el primer lugar en septiembre, y ganó su primer título de mejor bateador, con un promedio de .364. Pujols quedó en segundo lugar con .357. El promedio de Pujols era el mejor del equipo, y lo convirtió en el primero de los Cardenales de todos los tiempos que quedara en primer lugar en cuanto a su bateo durante ocho años seguidos (Stan Musial y Rogers Hornsby estuvieron ambos siete años seguidos en primer lugar de bateo dentro del equipo).

A pesar de haber jugado solo en 148 juegos, cantidad que una sola vez en su carrera fue inferior, Pujols había conseguido cifras del calibre de los Jugadores Más Valiosos. Bateó treinta y siete jonrones (ocho años seguidos de más de treinta jonrones, el único jugador de todos los tiempos que lo ha logrado), impulsó 116 carreras (uno de los únicos tres jugadores que comenzaron su carrera con ocho temporadas seguidas en las que impulsaron más de cien carreras), y estaba al frente de la liga con un total de 342 veces en las bases. Su porcentaje de bateo de .653 era ampliamente el mejor de toda la liga, y en segundo lugar le seguía su compañero de equipo Ryan Ludwick, con .591. Obtuvo 104 bases por bola, la primera vez que superó la marca de las cien.

Ryan Howard, del Filadelfia, parecía ser el principal competidor de Pujols para el premio de Jugador Más Valioso. Howard había bateado cuarenta y ocho jonrones e impulsado 146 carreras, para ponerse al frente de un equipo de los Phillies que ganó la Liga Nacional del Este y después ganó la Serie Mundial. Pero tenía todo un contingente de jugadores excelentes que lo rodeaban, mientras que Pujols había mantenido casi él solo a los Cardenales —considerados como un equipo que hacía un trabajo excelente durante todo el año— en la contienda por entrar en los juegos de desempate hasta el final de la temporada.

Pujols se ganó el apoyo de Howard para el premio, y también el apoyo de Manny Ramírez y Derrek Lee, quienes cabildearon a favor de su causa.

«Es Pujols», dijo Lee acerca del Jugador Más Valioso de la temporada. «Yo pienso que debe ser Pujols, con las cifras que ha conseguido. Hay unos pocos jugadores que han tenido años realmente buenos, pero cuando se miran todas las cifras y toda la producción en general, es Pujols... Sus números son increíblemente buenos».

Los cronistas de béisbol que escogieron al que ganaría el premio estuvieron de acuerdo, dándole a Pujols el segundo premio al Jugador Más Valioso de su carrera, y convirtiéndolo en el segundo de los Cardenales (el otro fue Musial) en ganar más de un premio, y el primer dominicano en ganar el premio más de una vez.

«Es casi como cuando un niñito pequeño recibe un juguete», le dijo Pujols al *Post-Dispatch* acerca del premio de Jugador Más Valioso que había ganado. «Uno se siente muy emocionado, esperando a las Navidades para descubrir qué le van a dar. Yo sabía que tenía una oportunidad bastante buena. Creo que los que votaron, los cronistas de béisbol, saben lo que están haciendo... Lloré como un niño, como me sucedió en el 2005».

Aquel premio no fue el único que recibió Pujols en el año 2008. También fue nombrado ganador del Premio anual Roberto Clemente, que se le entrega al jugador que sobresale en el campo, y que manifiesta su compromiso con el espíritu deportivo y el servicio a la comunidad. Ese premio fue más satisfactorio aún —y más valioso— para Pujols, que el de Jugador Más Valioso.

«Al final del día, no importa lo que uno haya hecho en el campo, sino lo que haya hecho fuera de él, y las vidas que haya tocado fuera de él», dijo Pujols. «Esto es muy especial para mí, no solo porque Roberto Clemente era hispano, sino por las vidas que tocó, y el legado que dejó para que nosotros lo continuáramos. Glorifiquemos primero a Dios, y no olvidemos de dónde hemos venido».

CAPÍTULO VEINTITRÉS

TU HOGAR ESTÁ DONDE ESTÉ TU CORAZÓN

Con mucha frecuencia, Albert estaba en la zona médica de rodillas,
limpiándose las lágrimas de los ojos y hablándoles en español.
—*Dick Armington, Compassion International*

Pujols tenía dieciséis años cuando se marchó de la República Dominicana
con su padre Bienvenido. Ahora que ya tiene más de treinta años, el tiempo que ha pasado en los Estados Unidos es aproximadamente el mismo que
sus días en su país natal. Aun así, la vieja máxima le sigue pareciendo cierta:
«Tu hogar está donde esté tu corazón». Sigue sintiendo un ardiente afecto por
la gente de aquel país. «Nunca olvido el lugar de donde vengo», dice. «Allí fue
donde aprendí a jugar béisbol. La gente de allí siente un gran amor por este
juego. Eso forma parte de mí».

Nacida del amor y la preocupación que siente Pujols por el pueblo dominicano, la declaración de misión de la Fundación de la Familia Pujols señala
entre sus metas: «Mejorar el nivel y la calidad de vida de los niños pobres y los
huérfanos de la República Dominicana por medio de la educación y de bienes
palpables». El hecho de haber puesto por escrito esas palabras ayudó a llevar a
su visión la claridad y el enfoque que necesitaba, pero ¿qué harían para convertir esto en realidad? ¿Qué aspecto tendría su plan de acción? ¿Cómo podría una
fundación sin afán de lucro con sus oficinas centrales en Saint Louis, Missouri,
hacer realidad los sueños humanitarios de un dominicano inspirado por la
memoria de Roberto Clemente?

El primer paso para responder a estas preguntas consistió en que la FFP
hiciera un viaje de exploración a la isla, con el fin de discernir las necesidades
de ciertos orfanatos que seleccionó y hacer los preparativos para un futuro viaje de una misión dental. Después de asimilar su experiencia de primera mano

con la pobreza y las necesidades extremas del lugar, Todd Perry dijo: «Es asombroso ver gente que se pasa toda su vida sin agua en sus casas o sin electricidad. Realmente es algo que pone las cosas en la debida perspectiva».

A los discípulos de Jesús les encantaba discutir entre ellos sobre un tema: «¿Quién es el mayor entre nosotros?». Sin embargo, Jesús desafió el centro mismo de lo que ellos entendían como grandeza, cuando les dijo: «el que quiera hacerse grande entre ustedes deberá ser su servidor, y el que quiera ser el primero deberá ser *esclavo de todos. Porque ni aun el Hijo del hombre [Jesús mismo] vino para que le sirvan, sino para servir y para dar su vida en rescate por muchos» (Marcos 10:43–45).

Jesús, el Hijo de Dios, se hizo carne y sangre para caminar, trabajar, sacrificarse y servir en medio de los seres humanos; unos seres humanos reales, con problemas también reales. Al final, con su propia muerte y resurrección pagó el castigo debido por el pecado, a favor de todo el que creyera en él. Aunque el servicio y el sacrificio de un cristiano no constituyen una expiación por sus pecados, el hecho de ministrarles a los demás sí brota de un corazón agradecido por su redención y obediente a su Señor.

Al dirigir equipos patrocinados por la FFP que van a ministrar a la República Dominicana, los esposos Pujols están siguiendo el modelo y ejemplo de Cristo, al ensuciarse las manos en un humilde servicio a otros seres humanos.

«Cuando estamos en la República Dominicana, vemos niños que tienen parásitos, piojos, sarna y cosas peores», dice Perry. «Pero Albert y Dee De se ponen en una posición de amor hacia esos niños. Los abrazan. Es como si fueran familia. Cuando Albert está allí, sirviendo a esas personas, uno ve que los ojos le brillan».

Perry recuerda haber visto a una señora que llevaba catorce años en cama, paralizada por una lesión que sufrió mientras trabajaba en los campos de caña. «Ha estado en esta cama y en esta choza durante catorce o quince años», dice, «pero al ver a Albert y Dee Dee con ella, uno creería que esa mujer es su abuela, por lo sensible, delicado y compasivo que se comporta».

Ese mismo espíritu de siervos de los esposos Pujols se comunica a los equipos médicos y dentales que han llevado a su país. «Cada mañana, los esposos Pujols nos saludaban con una energía que nos llenaba de motivación», decía Joshlyn Sherman, miembro del equipo que viajó para atenderles la vista a los pobres. «Se pasaban todo el día de pie junto a nosotros, ayudando a traducir, trayendo el desayuno y el almuerzo, y orando con nosotros. Cada noche nos preparaban la cena, o nos sacaban a cenar».

Y aunque Pujols, la estrella del béisbol, podría recibir la bienvenida de un rey cada vez que pusiera un pie en la República Dominicana, Pujols, el cristiano, prefiere una manera más callada de hacer las cosas. «Yo no necesito que mi nombre aparezca todos los días en los periódicos», le dijo Pujols a Joe Strauss, reportero del *Post-Dispatch*. «No es esa la razón por la que hago cosas a favor de la gente. Me basta con ayudar a estos muchachos. No tiene por qué enterarse todo el mundo».

Los esposos Pujols traen consigo dos tipos de ayuda, la inmediata y la eterna, y ambas las dan de manera gratuita a los dominicanos a los que sirven. Con frecuencia, el acto de llevarles cuidados médicos, alimentos y agua limpia, o educación a los que la necesitan, abre la puerta a una oportunidad para compartir el evangelio de Cristo.

La oculista Kathy Doan, de Saint Louis, recuerda el momento en que ella ayudó a una señora mayor a conseguir los lentes que necesitaba, lo que le permitió volver a ver. «¡Si usted hubiera estado allí para ver cómo se le iluminaron los ojos, después de comprobar que podía leer de nuevo!», dice Doan. «Me dijo que yo hacía milagros, y me preguntó quién era. Yo le expliqué que no hacía milagros, sino que era una doctora oculista y una cristiana enviada para servir a gente como ella. Me dijo que le gustaba aquella idea, y que quería ser cristiana, y en un instante, con la ayuda de Martha Korman, mi maravillosa traductora y mentora de la semana, aquella dama le entregó a Cristo su corazón y su vida».

Pujols cree que su obra en la República Dominicana puede influir en los jóvenes, dándoles una razón para tener esperanza. «Les quiero dar un ejemplo a esos muchachos de la República Dominicana, porque yo sé que me admiran, y que siguen lo que estoy haciendo en el juego», dice. «Eso es muy importante para mí. Los que nunca han estado allí, no saben cómo es eso. No es fácil».

«La forma en que Albert trata a la gente, el respeto que tiene por los ancianos, las bromas, la forma en que se divierte con los muchachos; todo es muy, muy genuino», dice Perry. «Es algo de unas raíces muy profundas. No es algo que sienta que necesita hacer. Es realmente algo que forma parte de su ser. Yo creo que se remonta a toda esta cuestión de su compasión. Albert le dirá que eso es lo que el Señor lo ha llamado a hacer; que el Señor se lo ha puesto en el corazón».

Una de las primera formas que tuvieron los esposos Pujols de llevar el amor de Cristo a la República Dominicana, fue llevar ese amor al *Orfanato Niños de Cristo*, en La Romana, la tercera ciudad en tamaño de toda la nación. Desde el principio mismo, el orfanato comenzó a recibir los fondos que tanto necesitaba para funcionar.

Ya en el año 2007, más de cien niños tenían por hogar este orfanato. La mayoría eran niñas que no tenían ningún otro lugar donde ir. Una vez que cumplan los dieciocho años y tengan que abrirse paso por su cuenta, es imprescindible que tengan algunos estudios, o habilidades para trabajar. Anna Vázquez, vicepresidenta del orfanato, sabía que los niños podrían adquirir esas habilidades, si el orfanato conseguía los fondos para edificar una escuela vocacional.

La Biblia nos dice: «La religión pura y sin mancha delante de Dios nuestro Padre es ésta: atender a los huérfanos y a las viudas en sus aflicciones, y conservarse limpio de la corrupción del mundo (Santiago 1:27). Y aquí es donde la FFP salió a batear.

Llevaron a la Srta. Vázquez al Estadio Busch para un juego de béisbol. Allí, arriba, en la pantalla gigante, la FFP les mostró un video del orfanato a los fanáticos de los Cardenales antes de entregarle a la Srta. Vázquez un cheque de $65.000 para pagar la terminación del edificio escolar.

«Fue la sorpresa más grande de mi vida. Era un sueño convertido en realidad de la noche a la mañana», dijo la Srta. Vázquez. «Yo no tenía idea alguna de lo que estaba sucediendo. Llamé a Sonia Hane, la directora del orfanato, para decirle que la escuela vocacional se había convertido en una realidad, en lugar de ser solo un sueño. Lo único que podemos hacer es alabar a Dios».

La escuela comenzó a funcionar en el año 2008.

Después llegó el momento en que el orfanato necesitó un autobús nuevo para transportar a los niños. La FFP había pensado en comprar uno en los Estados Unidos y embarcarlo hacia el orfanato, pero las dificultades y lo que costaba sacarlo de la aduana lo hacían algo prohibitivo. En lugar de hacer esto, en uno de sus viajes misioneros, Albert y Deidre se presentaron en una agencia local y escogieron ellos mismos el autobús. «Lo que comenzó como un gran problema por cuestión de aduanas e impuestos, se convirtió en una inmensa bendición», dice Perry. «Así le pudimos dar al orfanato exactamente lo que necesitaba, y al mismo tiempo ayudar a la economía local, al comprar el autobús aquí mismo».

En enero de 2007, menos de dos años después que comenzara la FFP, ya estaba patrocinando el viaje de un equipo de dentistas a la República Dominicana para proporcionarles un cuidado dental básico a niños y adultos en diversos *bateyes*. Unos días de labor larga e intensiva, combinados con una organización y una planificación excelentes, capacitaron al equipo para trabajar con grandes cantidades de niños, la mayoría de los cuales nunca habían recibido cuidado dental alguno.

«En el transcurso de tres días, dormí unas diez horas», dice Perry. «Y sin embargo, en medio de todo aquello, allí estaban Albert y Deidre, supervisando la esterilización de los equipos todos los días. Albert hacía de todo, desde jugar béisbol con las niñas del orfanato, cargar y descargar camiones, calmar a las niñas en español, y ponerse guantes y ayudar con las extracciones».

Debido a las malas condiciones en que tenían los dientes, y su temor natural al no saber qué esperar, a muchos de los niños les hacía falta alguien que los consolara y los calmara. «Así que con frecuencia, Albert estaba en la zona médica de rodillas, limpiándoles las lágrimas de los ojos y hablándoles en español», relataba Dick Armington, de Compassion International.

Después de ministrarles a los niños en sus necesidades todo el día, los esposos Pujols le servían la cena al equipo, antes que Pujols presentara una exhibición de sus habilidades como Jugador Más Valioso... en el dominó. «Es un gran jugador de dominó», dijo un médico del equipo. Y sigue las indicaciones del Señor: ««El Espíritu del Señor está sobre mí, por cuanto me ha ungido para anunciar buenas *nuevas a los pobres. Me ha enviado a proclamar libertad a los cautivos y dar vista a los ciegos, a poner en libertad a los oprimidos» (Lucas 4:18).

¿Se puede imaginar lo que es tener una vista terriblemente mala, y no tener acceso a un optometrista, ni a unos lentes? Eso es lo que les sucede a los pobres en la República Dominicana. En un viaje anterior a la isla, Dee Dee observó que ninguno de los niños usaba lentes, lo cual significaba que, según las estadísticas, por lo menos el treinta por ciento de ellos vivía con una visión imperfecta.

En febrero de 2008, la FFP reunió un equipo de pediatras y oculistas, cargó con miles de dólares en suministros y se dirigió a la República Dominicana. Pasaron largos días en los poblados y en el orfanato, con la ayuda de las traducciones y la logística proporcionadas por Compassion International. Al terminar la semana, habían ayudado a mil ochocientos niños y adultos.

«El ambiente dejaba mucho que desear», dice Doan, «pero con una gran creatividad y un fuerte deseo de lograr lo más posible en la menor cantidad de tiempo, logramos montar clínicas con éxito y cuidar de los menos afortunados. Gran parte de nuestra energía la empleamos en tratar a niños con diversas enfermedades oculares, y proporcionarles lentes a los que más los necesitaban, además de matar mosquitos y reírnos entre nosotros de nuestro mal español».

Piense en algún momento del pasado en el que le costó trabajo conciliar el sueño por la noche. ¿Lo mantuvieron despierto las ansiedades económicas, una enfermedad, una relación destruida, o una película de terror? O tal vez haya tenido que dormir en un piso de tierra, compartiendo una manta muy fina llena de insectos? No es probable. Hay muchas posibilidades de que la mayoría de nosotros en los Estados Unidos tengamos un colchón donde dormir por la noche. En cambio, tener una cama no es algo que los pobres den por seguro en la República Dominicana. En el año 2009, la FFP lanzó el Proyecto Buenos Sueños con el fin de remediar este problema para las familias del batey Alemán.

«Muchas familias habían fabricado algo parecido a una cama, de cuanta cosa pudieron encontrar», dice Jen Cooper, de la FFP. «Podía ser una tabla sobre bloques de construcción, con sábanas apiladas encima para que sirvieran de relleno. Si una familia era lo suficientemente afortunada para tener un colchón, este se encontraba en un estado tal, que nosotros no dejaríamos ni que nuestro perro durmiera en él. Y muchas veces dormían cuatro o cinco personas en una cama así».

Después de recibir ayuda de Compassion International para preparar el viaje, el equipo de siete miembros de la FFP llegó allí, listo para servir. Dos de los miembros eran médicos, y daban atención médica mientras el resto del equipo distribuía las camas. La FFP contrató a una compañía dominicana para que construyera marcos y colchones, beneficiando a la economía local.

«Cuando nosotros llegábamos a una casa una cama nueva, la reacción de la familia era abrumadora», dice Cooper. «Manifestaban su agradecimiento, nos daban grandes abrazos, corrían las lágrimas y se alababa a Dios».

Perry recuerda la forma tan especial en que Pujols enfocó el proyecto. «En cada una de las familias y con las madres, él se tomaba el tiempo necesario para explicarles cómo mantener secos los colchones, poniéndolos sobre ladrillos», dice Perry. «No lo estaba haciendo solo por hacerlo. Lo hacía porque su preocupación por aquella gente es genuina, y quiere ver cómo les puede mejorar la vida y darles una oportunidad». Por ser atleta, Pujols sabe que el sueño es tan importante como la práctica; por ser cristiano, sabe que el descanso es un don de Dios: «En vano madrugan ustedes, y se acuestan muy tarde, para comer un pan de fatigas, porque Dios concede el sueño a sus amados.» (Salmo 127:2).

¿Cómo se puede llegar hasta la vida de los hombres jóvenes y los muchachos varones de los poblados dominicanos para compartir con ellos el evangelio y darles una visión de lo que es una hombría virtuosa? «Eso se hace por medio del béisbol, algo que aman; algo que capta su atención. Se hace con un héroe nacional como Albert», dice Perry. «Si creamos un puñado de hombres jóvenes que estén dispuestos a asumir la responsabilidad por su comunidad y por su familia, ¿qué precio se le puede poner a algo así?».

El Béisbol de los Bateyes es esencialmente un sistema de ligas menores para recibir instrucción en el béisbol y jugarlo, con el beneficio adicional que se deriva de tener allí a Pujols para instruir a los jugadores en las cosas básicas… del béisbol, el evangelio y la masculinidad cristiana.

«Albert ve a estos hombres jóvenes, y el estilo de vida tan trivial que llevan», dice Perry. «Uno ve a estos jóvenes en los poblados, y todo lo que les interesa es saber cuántos bebés han tenido con cuántas mujeres, y en cuántos poblados distintos. No tienen sentido alguno de la responsabilidad. No tienen sentido de que se le deban rendir cuentas a la comunidad, o a su familia, y eso a él le rompe el corazón».

Pujols y la FFP llevan artículos deportivos para los equipos de béisbol. «Esos muchachos no tienen gran cosa, pero sí tienen pasión por jugar béisbol. Les es difícil encontrar los artículos deportivos que necesitan», dice Albert. David Pratt, el dueño del equipo de los Cardenales, viajó con Albert un año con el propósito de distribuir artículos deportivos de béisbol por valor de cincuenta mil dólares.

«La cuestión es que en esta liga de béisbol de los *bateyes,* los muchachos comienzan cuando tienen seis, siete y ocho años, y desde entonces se les empiezan a infundir valores cristianos», dice Perry. «Se les comienza a hablar de lo que significa ser padre, de lo que significa ser hombre, ser esposo, ser líder de la comunidad, ser cristiano. Se les habla del Señor a los muchachos, y se los coloca en una posición en la cual pueden hacer los cambios que necesitan hacer en esas comunidades».

No nos debería sorprender el saber que Albert se siente lleno de energía en cuanto a combinar dos de sus amores —el béisbol y Jesucristo— en una oportunidad de causar un impacto en las generaciones futuras de hombres en su país natal.

«Esa es solamente otra de las formas de ser de Albert y de la visión que él tiene», dice Perry. «Es algo por lo que Albert se ha emocionado, y hubo un tiempo en que solo hablaba de eso. Me llamaba desde el entrenamiento de primavera para decirme: "Oye, ya escogí los colores de los uniformes"».

La variedad y el tamaño de las necesidades le podrían aplastar el espíritu a la persona más fuerte, si mira los problemas desde una perspectiva errónea. Aunque Albert y Dee Dee aprovechan al máximo todas las oportunidades para cambiar el destino individual de los niños en determinados *bateyes*, también saben que la misión va a necesitar que más de una pareja y más de una fundación se involucre en ella. «En la República Dominicana hay 9,6 millones de personas, y yo no las puedo alcanzar a todas», dijo Albert. «Pero sí quiero asegurarme de sentar un ejemplo para que otros lo sigan; para mis hijos, mis futuros nietos y el pueblo de la República Dominicana».

Este enfoque a largo plazo es saludable, puesto que se niega a sobrestimar lo que se puede hacer en cinco años, o a subestimar lo que se puede hacer en veinte. Y al final del día, «el Rey les responderá: "Les aseguro que todo lo que hicieron por uno de mis hermanos, aun por el más pequeño, lo hicieron por mí"» (Mateo 25:40).

CAPÍTULO VEINTICUATRO

NO TENGAN MIEDO A CREER EN MÍ

Ya a estas horas, no creo en mucho. Pero sí creo a Albert Pujols.
—*Bryan Burwell, cronista del Saint Louis Post-Dispatch*

Tim Tepas se sentó en la primera fila, junto a la línea de la primera base, en el Parque PNC de Pittsburgh el 7 de agosto de 2009, con su hijo Keith, un joven de veintiún años con el síndrome de Down. Los Tepas son fanáticos del Saint Louis, pero viven en Nueva York, y habían llegado al juego para celebrar el cumpleaños de Keith. Este llevaba con todo orgullo la gorra y la camiseta de los Cardenales, y observó con reverencia durante todo el juego a su héroe, Pujols, quien jugó primera base, a unos pocos metros de él. Todo lo que Keith quería era una pelota que se hubiera usado en el juego. Tim estaba decidido a atrapar una para él.

En el séptimo inning, Tim tuvo su oportunidad. Con el juego empatado a cuatro carreras, Garrett Jones, el jardinero derecho de los Piratas, bateó de foul y la pelota se dirigió precisamente hacia las gradas donde los Tepas estaban sentados. Tim se puso de pie y se inclinó sobre la baranda para atrapar la pelota, pero perdió el equilibrio al hacerlo y fue a caer al campo de juego, golpeándose primero la cara antes de rodar y quedar de espaldas. Algo mareado por su accidente, Tim trató de alcanzar la baranda para levantarse, mientras le salía sangre de la frente y le llenaba la cara. Lo siguiente que supo fue que sintió dos monstruosas manos sobre sus hombros. Pujols había salido corriendo de su posición en la primera base, para dirigirse al lugar del campo donde estaba tirado Tepas.

«Señor, no trate de levantarse», le dijo Pujols. «Por favor, quédese acostado».

Pujols pidió que acudiera el personal médico para ayudar a Tepas. Mientras tanto, se quedó allí con él, hablándole, calmándolo y cuidando de él hasta que llegó la ayuda médica. Preocupados por la posibilidad de una lesión en el cuello, los entrenadores pusieron delicadamente a Tepas en una camilla, mientras

Keith lo miraba todo cada vez más preocupado. Pujols le dio una palmadita en el hombro y le dijo que su papá se iba a poner bien, mientras tanto Tim como Keith salían del campo. Tim les hizo la señal de triunfo a los fanáticos cuando salía rodando en la camilla, y no sufrió ninguna lesión seria a causa de su caída; solo arañazos y moratones. Y Pujols se aseguró de que Keith recibiera su pelota.

«Esto demostró la preocupación de Albert por la gente, y el hecho de que realmente le interesa glorificar a Dios con su vida», dijo Rick Horton, el cronista de los Cardenales, acerca del incidente. «Tiene un corazón inmenso. Claro, no siempre está abierto, y no siempre es visible para los demás, pero es lo que realmente lo define. Yo creo que lo sucedido fue una descripción gráfica muy sincera del verdadero Albert Pujols».

El «verdadero» Albert Pujols era una buena descripción para el hombre que en febrero del año 2009 estaba a punto de comenzar su novena temporada con los Cardenales. En sus ocho primeros años en las grandes ligas, Albert tenía compañía cada vez que surgía una discusión sobre cuál era el mejor jugador de béisbol. Primero fue Barry Bonds. Cuando este se marchó del juego, pasó a ser Álex Rodríguez. Pujols siempre era mencionado en la conversación, y aunque muchos creían que ese título en realidad le pertenecía a él, siempre se podían buscar razones por las cuales había algún otro que era el mejor de los jugadores de béisbol.

Al llegar la primavera del año 2009, aquello había cambiado. Una de las razones del cambio era el año de menos calidad que había tenido A–Rod en el 2008, cuando bateó de .302, con 35 jonrones y 103 carreras impulsadas. Aunque la mayor parte de los jugadores solo podían soñar con estadísticas como estas, representaban una pequeña caída para Rodríguez. Mientras tanto, Pujols estaba ocupado ganando el premio de Jugador Más Valioso de la Liga Nacional.

Pero más que una causa de tipo estadístico, Rodríguez desapareció del debate sobre el mejor beisbolero en febrero de 2009, cuando salieron a la superficie informes según los cuales, sus estadísticas no eran totalmente legítimas. Había estado usando esteroides, uniéndose a las filas de otras superestrellas recientes, como Bonds, Roger Clemens, Mark McGwire, Sammy Sosa y otros, de los cuales se había demostrado que habían usado drogas ilegales para mejorar su rendimiento, o bien estaban rodeados continuamente por nubes de sospechas al respecto. Manny Ramírez saldría a la luz a principios de la temporada de 2009, y suspendido por cincuenta juegos después de haber dado positivo en las pruebas.

Pujols era el único que se mantenía ileso entre aquellos que podían reclamar legítimamente el título de mejor beisbolero. Con toda esta controversia sobre el uso de esteroides en los años más recientes, los fanáticos del béisbol, con toda razón, se habían sentido desilusionados con el juego, y con unos jugadores a los que habían respaldado con tanta lealtad. ¿Era de extrañarse que el béisbol tuviera un problema de imagen? ¿Acaso todas las actuaciones memorables habían sido realzadas por medio de sustancias químicas? ¿Había alguien que fuera legítimo?

En medio de todo el escepticismo y el cinismo que rodearon el béisbol, *Sports Illustrated* publicó una historia en primera plana sobre Pujols, a mediados de marzo. Con Pujols mirando de frente a la cámara, cargando un bate sobre su hombro derecho, el titular de la portada decía: «Albert Pujols tiene un mensaje: No tengan miedo a creer en mí». El mensaje del artículo era sencillo: Otras superestrellas estarán contaminadas. Otros jugadores estarán tratando de buscar atajos y haciendo trampas en el juego. Pero Pujols no.

«Estamos en unos tiempos en los que la gente quiere juzgar a los demás», le dijo Pujols a *Sports Illustrated*. «Y eso es muy triste. Pero es como yo siempre digo: "Vengan a hacerme las pruebas. Vengan y hagan todo lo que quieran". Porque, ¿saben una cosa? Hay algo que es más importante para mí: mi relación con Jesucristo y mi preocupación por los demás. Más que este béisbol. Este béisbol no representa nada para mí».

En pocas palabras, Albert Pujols se había convertido en el embajador indispensable del béisbol. Era un héroe que no había sido derrotado; firme en su integridad, inquebrantable en su entrega al Señor, y dispuesto a cargar el deporte entero sobre sus hombros y demostrarles a todos que hay una manera correcta de jugarlo. En especial con el Saint Louis preparado para ser el anfitrión en el Juego de las Estrellas de 2009, el béisbol necesitaba a Pujols, y la honra que él le traía a su profesión. Bryan Burwell, cronista del *St. Louis Post-Dispatch*, se hizo eco de los sentimientos de los fanáticos de la nación entera cuando escribió: «Yo ya no creo mucho en nada. Pero creo en Albert Pujols. Creo que hay muchos jugadores limpios en el béisbol, y él es uno de ellos. Eso me parece. Eso espero. Por eso oro».

A medida que los Cardenales se fueron abriendo paso en el campamento de entrenamiento, el aspecto de la temporada parecía un poco mejor que el año anterior. Una de las principales razones de esto era la salud de Chris Carpenter. Este, ganador del premio Cy Young en el año 2005, que también había ganado quince juegos en el año 2006, cuando el Saint Louis ganó la Serie Mundial, había estado de baja durante prácticamente dos años enteros debido a sus lesiones. Solo lanzó en veintiún innings combinando los del 2007 con los del 2008, pero ahora se le consideraba saludable y listo para hacer su contribución en el año 2009. Seguían existiendo interrogantes en cuanto al centro de la alineación y quién protegería a Pujols, después que los otros equipos habían comenzado a lanzar alrededor de él cada vez más en el año 2008. Pero aparte de algunos movimientos periféricos, como las negociaciones para adquirir a Khalil Greene, shortstop del San Diego, y la pérdida de jugadores como Braden Looper, Felipe López y César Izturis, que pasaron a ser agentes libres, los Cardenales del 2009 tenían un aspecto muy similar al del equipo del 2008.

Los Cardenales abrieron la temporada empatando una serie de cuatro juegos con el Pittsburgh. Pujols, quien siempre parece comenzar una temporada en la misma forma que si estuviera ya a mediados de ella, bateó de .500 en la serie, incluyendo un jonrón y dos carreras impulsadas en el segundo juego, que ganaron los Cardenales 9–3. Luego, los Cardenales recibieron a los Astros en su patio, ganando un juego 4–3, en el cual los Astros no dejaron batear a Pujols, pero lo pagaron al día siguiente. Pujols le bateó al lanzador Roy Oswalt en el quinto inning, y volvió a conectar de nuevo con un jonrón que le bateó a Wesley Wright en el séptimo, y que hizo entrar tres carreras. Sus siete carreras impulsadas empataron con el mejor récord de su carrera, mientras los Cardenales le daban a Oswalt una paliza, terminando 11–2.

Al recordar la carrera de Pujols, podemos ver señales claras de crecimiento, tanto en su juego como en su persona. En los primeros años de su carrera era casi imposible lograr que dijera algo positivo acerca de un lanzador contrario. Pero mientras más tiempo llevaba en el juego, más dispuesto estaba a atribuirle méritos al equipo contrario.

«Es probable que Oswalt sea el mejor lanzador que hay en el juego», le dijo Pujols al *Post-Dispatch* después de la victoria. «Si estuviera comenzando un juego de las Estrellas ahora mismo, tomaría a Oswalt desde el lado derecho. Desde el izquierdo tomaría a Johan Santana. Son increíbles, y muy buenos competidores. Él toma la pelota cada cinco días. Es lo que admiro de él».

Los Cardenales perdieron dos de tres juegos ante los Cachorros a mediados de abril en la primera serie del año entre los dos rivales, pero se recuperaron para ganar cinco juegos seguidos, incluyendo una barrida de tres juegos que les dieron a los Mets y dos de tres en una segunda serie con el Chicago. Pujols bateó de .474, con tres jonrones y once carreras impulsadas durante este conjunto de cinco juegos. El 23 de abril, en una victoria 12–8 contra los Mets, bateó dos jonrones e impulsó tres carreras. Dos días más tarde, llevando los Cardenales una ventaja de 3–1 en el séptimo inning contra los Cachorros, Pujols bateó su segundo jonrón con las tres bases llenas de la temporada, para darle a su equipo una cómoda ventaja. Ese jonrón le dio un total de 1.002 carreras impulsadas, lo convirtió en el octavo jugador más joven en la historia del béisbol en alcanzar la marca de las mil carreras impulsadas y lo puso a la altura de Stan Musial, Enos Slaughter, Jim Bottomley, Rogers Hornsby y Ken Boyer como los únicos Cardenales de todos los tiempos que han llegado a las mil carreras impulsadas.

El final de la serie con los Cachorros fue desagradable, pero habría podido ser peor. Tod Wellemeyer, el lanzador del Saint Louis, le dio un golpe en la cabeza a Alfonso Soriano en el segundo inning, y los Cachorros se vengaron cuando Rich Harden golpeó a Pujols en medio de la espalda en el quinto inning, después de haber intentado tumbarlo sin éxito en el tercero. Pujols aceptó su suerte sin protestar.

«Es parte del juego», dijo. «Alguien recibió un golpe en la cabeza. De lo que me alegro es de que Soriano se mantuviera en el juego y el golpe no fuera tan malo. Cuando uno suelta la pelota, ya no la puede controlar. [Harden] hizo lo que tenía que hacer. Lo hizo. Y me alegra la forma en que lo hizo; fue una forma profesional. Lo intentó la primera vez y no lo logró, así que lo hizo por segunda vez».

Los Cardenales jugaron de manera excelente en el mes de abril, y después de una victoria sobre el Washington el 1º de mayo (en la cual Pujols bateó tres de cuatro, con un jonrón en el primer inning que le dio al Saint Louis una ventaja que ya no perdió), se mantuvo al frente de la división con una ventaja de cuatro juegos.

Pujols bateó uno de los jonrones más dañinos de su carrera el 21 de mayo en un juego contra el Chicago. Una de las tradiciones del Estadio Busch se centra en la sección de asientos que se encuentra junto al jardín izquierdo, a la que se le ha dado el apodo de Tierra del Big Mac con un gran letrero iluminado. Esa sección fue creada durante los años de Mark McGwire, y cada vez que un bateador del Saint Louis lanza un jonrón hacia esa sección, todos los asistentes reciben una hamburguesa Big Mac gratis en un punto de venta de la empresa McDonald's. En el primer inning, Pujols, frente a Sean Marshall, de los Cachorros, bateó de tal forma, que la pelota fue a chocar estrepitosamente contra la letra «i» del letrero Tierra del Big Mac, rompiendo todas las luces de neón de esa letra. Después del juego, respondió a una pregunta que le hizo alguien, queriendo saber si él esperaba que los Cardenales le hicieran pagar los daños.

«¡Nooo!», dijo Pujols en son de broma. «Lo que estoy esperando es que me den un Big Mac».

Pujols siguió esta tendencia, castigando a sus Royals locales en una serie de tres juegos entre el 19 y el 21 de junio. Impulsó dos carreras en el primer juego, en el que vencieron 10–5, y siguió ese triunfo con un jonrón que anotó dos carreras en el segundo juego, que también ganaron los Cardenales 7–1. Y solo estaba comenzando. En el juego final de los tres, le dio al Saint Louis una rápida ventaja de 1–0 con una carrera impulsada por un sencillo que le bateó a Gil Meche. Después de poncharse en el tercero, hizo una rápida salida al cuarto de video para analizar su bateo. Según el *Post-Dispatch*, Pujols le dijo a Mike Aldrete, el entrenador ayudante de bateo, que la próxima vez que le tocara ir al bate sacaría la pelota del Salón de la Fama de los Royals, que estaba tras el bullpen de los visitantes, en el jardín izquierdo.

«No dijo que tal vez batearía sobre el Salón de la Fama. Lo que dijo fue que iba a batear sobre él», diría Aldrete. Y así fue. En el siguiente inning, con el conteo empatado 4–4, las bases llenas y Pujols al bate, bateó un lanzamiento de Meche para sacarlo por una ventana del Salón de la Fama, a 130 metros de distancia. Este jonrón con las bases llenas, el tercero que había bateado en la temporada, y el noveno de su carrera, lo empató con Stan Musial en el récord de más jonrones con las bases llenas en toda la historia del equipo. Aquel día bateó cuatro veces de cinco, con seis carreras impulsadas, en una victoria de 12–5. Un par de jonrones con dos carreras contra los Gemelos el 27 de junio le dio veintiocho en el año, para acompañar las setenta y cuatro carreras impulsadas, ambos récords los mejores en las grandes ligas.

Pero a pesar de las palizas de Pujols (fue el Jugador del Mes en las Grandes Ligas), junio no fue un mes bueno para los Cardenales, que solo ganaron doce juegos de diecisiete en ese mes. Los equipos contrarios seguían lanzando alrededor de Pujols, y dándole rutinariamente la primera base, porque los Cardenales no tenían detrás de él un bateador que pudiera hacer que sus contrarios pagaran por emplear esa estrategia. Sin embargo, aun con el pobre récord del mes, los Cardenales solo perdieron un juego en cuanto a su posición relativa. El Milwaukee también tuvo un mes de junio poco afortunado, y tenía sobre el Saint Louis una ventaja de solo dos juegos. Dos triunfos del Saint Louis para comenzar el mes de julio lo llevaron de vuelta a un empate en el primer lugar, y prepararon la escena para uno de los juegos más memorables de la temporada.

El 3 de julio, los Cardenales iban perdiendo 3–0 contra los Rojos en el octavo inning, cuando Colby Rasmus logró embasarse. Skip Schumaker recibió base por bola con un out, y al novato Jarrett Hoffpauir le sucedió lo mismo. Con las bases llenas, y Pujols al bate, Dusty Baker, el mánager de los Rojos, se fue a su bullpen, trayendo consigo a David Weathers, el cual muy pronto le sirvió a Pujols su cuarto jonrón con las bases llenas, lo cual le dio al Saint Louis una ventaja de 4–3. El Cincinnati empataría el juego en la segunda parte del inning, pero los Cardenales añadirían tres carreras más en el noveno (una de las cuales se debía a un doble de Pujols), para alzarse con la victoria.

Mientras los calores de julio caían sobre Saint Louis, aumentaban la expectación y las emociones en la ciudad por el Juego de las Estrellas que se iba acercando, y que no se había celebrado en la ciudad desde el año 1966. Este clásico de mediados del verano atrajo una atención nacional cada vez mayor hacia Pujols, reconocido de manera casi universal como el mejor jugador que tenía el béisbol. Joe Strauss, del *St. Louis Post-Dispatch,* dio el siguiente reporte:

> Pujols, con 29 años, reconoce una responsabilidad creciente como líder de su equipo, e incluso como figura representativa del juego. Será el centro de la atención durante las festividades que rodearán al próximo Juego de las Estrellas. Regresará a casa después del 12 de julio, día en el que se disputarán en Chicago dos juegos seguidos, uno de día y otro de noche, para aceptar una avalancha de responsabilidades con los medios informativos, participar en el Derby de Jonrones del 13 de julio, tal vez asistir a una reunión en su restaurante de Westport y después comenzar en la primera base el juego del 14 de julio.
>
> «Al parecer, todas las revistas y todos los periódicos importantes quieren escribir algo acerca de mí, ya sea relativo al béisbol, o a algo fuera del campo», dijo. «Todas esas cosas han estado presentes durante los últimos cinco años, y no querían hablar de ellas. Ahora sí quieren».

Considerado en el pasado como volátil, e incluso grosero con los medios de información, Pujols reconoce ahora que su fama trae consigo oportunidades y obligaciones. Pero una exposición mayor significa también la necesidad de tener un cuidado mayor.

«En los últimos tres o cuatro años, he aprendido que esto viene con lo demás», dice. «Soy diferente. Todo se produjo con gran rapidez. Todo el mundo trataba de acercarse a mí. Estaba sintiendo una gran presión. No es que me sienta desilusionado. Solo se trata de que las cosas pasaron con demasiada rapidez».

Al frente de las grandes ligas con treinta y dos jonrones en el receso de las Estrellas, y compitiendo en su propio patio, Pujols era el favorito sentimental para ganar el Derby anual de Jonrones de las Grandes Ligas de Béisbol que precedería al Juego de las Estrellas. Los fanáticos del Saint Louis rugían con aprobación cada vez que Pujols bateaba de jonrón en la competencia, pero Pujols solo llegó a la segunda vuelta, y fue Prince Fielder, del Milwaukee, quien ganó la corona. Al día siguiente, en el Juego de las Estrellas, Pujols sirvió de receptor en el primer lanzamiento ceremonial, hecho por el presidente Barack Obama. Fue al bate en tres ocasiones y se ponchó las tres en su decimotercer Juego de las Estrellas de la Liga Nacional sin una victoria.

«Me siento estupendamente», dijo Pujols después se salir del juego. «Esto es increíble; es un sueño hecho realidad… Los mejores fanáticos del béisbol están aquí en Saint Louis; eso lo veo todas las noches que tenemos un juego. Estos fanáticos nos dan la bienvenida a mí y a mi familia… Le doy gracias a Dios por permitirme tener esta oportunidad».

Los Cardenales estaban al frente de la división con una distancia de dos juegos y medio al llegar el receso, y Pujols siguió adelante donde se había quedado. Bateó dos jonrones en el primer juego de la segunda mitad, que les dio una victoria de 6–1 contra el Arizona. El primer jonrón en este juego, su jonrón número treinta y tres de la temporada, lo hizo superar a Ralph Kiner, miembro del Salón de la Fama, en cuanto a la mayor cantidad de jonrones bateados en los nueve primeros años de una carrera. Pero después de esto, Pujols se enfrió, bateando solo de .235, sin jonrones y con solo tres carreras impulsadas en el mes de julio, mientras el Saint Louis se aferraba a una ventaja de solo medio juego por delante de los Cachorros. Una de esas tres carreras impulsadas se produjo en un juego de máxima importancia con los Dodgers, que habían ido a Saint Louis para una serie de cuatro juegos. Los Cardenales regresaban de dos derrotas seguidas ante el Filadelfia, que les habían costado el primer lugar en la división, y ahora se tendrían que enfrentar en cuatro juegos a los líderes de la Liga Nacional del Oeste. El Saint Louis ganó los dos primeros contra Los Ángeles, y los dos equipos estaban empatados en el inning número quince en un maratónico tercer juego.

Una carrera impulsada por un sencillo de Rasmus había empatado el juego en la segunda parte del noveno inning, y otra impulsada por un sencillo de Ryan Ludwick en el undécimo había vuelto a extender el juego. En el decimoquinto inning, Brendan Ryan bateó un triple, y Julio Lugo fue enviado a primera base con un out. Cuando Mark DeRosa le bateó a poca altura a Rafael Furcal por el short, Furcal alcanzó a Ryan tratando de anotar una carrera. Con Lugo en la segunda base y DeRosa en la primera, salió Pujols para enfrentarse con Jeff Weaver, su antiguo compañero de equipo. Pujols bateó un sencillo sobre Matt Kemp, el jardinero central, que estaba jugando con poca intensidad, para ganar el juego y mantener al Saint Louis en el primer lugar por medio juego de ventaja.

A pesar de la derrota del día siguiente que envió al equipo de nuevo al segundo lugar, la Nación de los Cardenales tenía razones para sentirse optimista. John Mozeliak, el mánager general del Saint Louis, vivamente consciente de que se necesitaba otro bate en la alineación, había estado dando pasos para rectificar esa limitación. A fines de junio, adquirió del Cleveland al tercera base DeRosa, y causó un revuelo mayor aún el 24 de julio, una semana antes de la fecha límite para los intercambios, cuando le cambió al Oakland al valioso prospecto Brett Wallace y a otros dos jugadores de las ligas menores por Matt Holliday. Tony LaRussa había deseado durante largo tiempo conseguir a Holliday, quien hizo un trabajo excelente en Colorado, antes de pasar unos pocos apuros en Oakland. En 2007, bateó de .340 para ganar el título de bateo de la Liga Nacional, y también estuvo al frente de la liga con sus 137 carreras impulsadas.

Los bateadores barredores del Saint Louis habían estado entre los peores de la liga en el año 2009. Ahora Mozeliak le había dado a su equipo un buen bateador para que se moviera en ese espacio y le proporcionara una protección adecuada a Pujols. Holliday no los desilusionaría, bateando de .353, con trece jonrones y cincuenta y cinco carreras impulsadas en los dos últimos meses de la temporada. Las adquisiciones de DeRosa y Holliday tuvieron una inmensa importancia para los Cardenales. «Albert ya estaba allí, y fue el que resolvió los problemas durante todo el año, pero yo creo que cuando lo rodeamos con estos hombres, que le pudieron quitar un poco de presión de encima, y pudo comenzar a recibir más lanzamientos, me parece que ese momento fue el decisivo», dice Kyle McClellan, el lanzador del Saint Louis.

El 4 de agosto, Pujols salió del bajón en el que estaba metido, y que había hecho descender su promedio de bateo a .314, con una actuación de cuatro de cada cinco veces al bate. Bateó de jonrón un lanzamiento de Johan Santana en el octavo inning para poner a los Cardenales a solamente dos carreras de distancia, y en el décimo inning, después que Sean Green, el lanzador de los Mets, permitió que DeRosa bateara con las bases llenas para darle al Saint Louis una ventaja de 8–7, Pujols hizo lo que se esperaba, con su quinto y último jonrón con las bases llenas de toda la temporada, empatando con Ernie Banks en el récord de la Liga Nacional, y colocándolo solo uno por debajo del récord de las grandes ligas, que tenía Don Mattingly.

La siguiente serie contra el Pittsburgh demostró ser un microcosmo, tanto de la temporada, como del carácter de Pujols. ¿Quiere ver compasión? Pujols la demostró por la forma en que cuidó de Tim Tepas cuando se cayó del barandal y aterrizó con la cara en el suelo.

Y, ¿qué decir del liderazgo? En el juego final de la serie, los Piratas iban ganando 3-2 en el octavo inning, cuando DeRosa bateó un sencillo. Ryan no llegó muy lejos con su batazo, y después Schumaker bateó un lanzamiento de Matt Capps para anotarse un jonrón que significó dos carreras y le dio la ventaja al Saint Louis. Ryan, quien anotó antes que Schumaker, comenzó a marcharse del campo mientras Schumaker terminaba su recorrido por las bases y el resto de los Cardenales salían corriendo del dugout. Pujols fue al encuentro de Ryan y lo hizo dar la vuelta.

«Albert lo agarró y le dijo: "Ve a felicitarlo"», cuenta Horton. «Y Brendan Ryan se volvió para darle un abrazo a Skip. En realidad, Brendan no lo había hecho a propósito, pero Albert no se lo iba a permitir. Sencillamente, no estaba de acuerdo. Es decir, he aquí a un hombre en medio de un juego, que se está tomando el tiempo necesario para enseñarle a un joven jugador como Brendan Ryan la forma en que se debe jugar, y cómo uno debe admirar a sus compañeros de equipo».

¿Qué tal el ejemplo de dominio de sí mismo? Pujols lo dio dos lanzamientos más tarde. En un conteo de 0-1, un agitado Capps, que le acababa de conceder la ventaja al Saint Louis, golpeó a Pujols con la pelota en las costillas. Aquel golpe no fue un accidente, y Mike Estabrook, el árbitro de home, echó de inmediato a Capps del juego. Pujols, quien muy fácilmente habría podido comenzar una pelea con Capps, lo que hizo fue manifestar un notable dominio de sí mismo, y se limitó a salir caminando para la primera base.

«Aquí tienen a un hombre que es extraordinariamente emocional en un sentido, pero no tiende a cometer errores en medio de todo esto», dijo Horton acerca de Pujols. «Creo que se sintió muy disgustado cuando sucedió aquello, pero lo que hizo fue dominarse. Me parece que tiene una especie de control interno instantáneo que le dice: "¿Qué es lo que le da gloria a Dios en este mismo momento?"».

La serie contra el Pittsburgh resultó muy significativa en cuanto a las posiciones relativas también. El Saint Louis entró en ella empatado con los Cachorros en el primer lugar de la división. Después de barrer con los Piratas, tenían una ventaja de dos juegos, que aumentarían aun más en las semanas siguientes. Nunca salieron del primer lugar en el resto de la temporada, y se anotaron un increíble récord de veinte a seis en el mes de agosto, acercándose con tranquilidad al título de la división con una cómoda distancia de siete juegos y medio, después de llegar a tener hasta once juegos y medio de distancia a principios de septiembre. Guiados por el dominante juego de Carpenter y

Wainwright, cada uno de los cuales estaba jugando una temporada digna del premio Cy Young, y la ofensiva de Pujols y Holliday, el Saint Louis terminó el año 91 a 71 para volver a los juegos de desempate después de una ausencia de dos años.

Mientras tanto, Pujols siguió anotando estadísticas que lo convertirían en el claro favorito para su tercer premio al Jugador Más Valioso. Terminó la temporada bateando de .327, con cuarenta y siete jonrones, que lo situaban al frente de toda la liga. Sus 135 carreras impulsadas solo estaban a dos carreras de distancia de su mejor récord personal, establecido en el año 2006. Pujols se hallaba al frente de la liga en el porcentaje de veces en las bases (.443), el porcentaje de bateo (.658), las carreras (124), el total de bases (374) y las bases por bola intencionales (44). Sus 115 caminatas a primera base también fueron las mejores de su carrera.

El valor que tenía para el equipo fue más allá de su juego ofensivo o defensivo, y muchas veces se manifestó de unas maneras que no aparecen en las puntuaciones. Por ejemplo, el 11 de septiembre, en un juego contra el Atlanta, Pujols manifestó su agudo conocimiento del béisbol y su rapidez de pensamiento de una manera con las que pocos en el juego pueden rivalizar. Perdiendo con los Bravos 1–0, Pujols estaba en la segunda base, con Holliday en la primera, y ningún out en el séptimo inning. La situación era propicia para una actuación del Saint Louis, antes que Jair Jurrjens lograra que Ludwick bateara muy corto, para conseguir un doble play casi seguro. Pujols trató de impedir que Yunel Escobar, el shortstop, viera la pelota, pero no se apartó de su lugar a tiempo y la pelota lo golpeó en una pierna. Eso significaba que él recibía un out, pero la pelota quedaba muerta allí mismo, y los otros dos jugadores se quedaban en sus bases. Aunque es posible que Pujols recibiera ese golpe de manera accidental, son muchos, entre ellos Bobby Cox, el mánager de los Bravos, los que piensan que Pujols dejó deliberadamente que la pelota lo golpeara, para impedir que el Atlanta consiguiera el doble play.

«Pujols es así de listo», dijo Cox. «Yo pensaba que él iba a correr entre bases estupendamente. Pensaba que aquello habría debido ser un doble play. No habían bateado tan fuerte. Pero él es el hombre con el guante, el brazo, el bate y los instintos para pensar en eso. Esa es mi opinión. No lo puedo dar por seguro».

Aunque los Cardenales tenían seguro el título de la división, su manera de jugar en los diez últimos juegos de la temporada hizo surgir algunas preocupaciones mientras se preparaban para su encuentro en la Serie de División de la Liga Nacional con los Dodgers, que habían ganado la Liga Nacional del Oeste. El Saint Louis solo ganó dos juegos y perdió ocho para terminar la temporada, incluyendo tres derrotas seguidas contra el Milwaukee en la serie final de juegos del año. Esa caída en picada les costó a los Cardenales el perder la ventaja de jugar en su propia casa durante la primera ronda de los desempates, y los envió al oeste, para abrir la serie en Los Ángeles.

Los Dodgers, cuya ofensiva dirigían Matt Kemp, Manny Ramírez y André Ethier, tenían una rotación equilibrada que incluía a Randy Wolf, Chad Billingsley y Clayton Kershaw, además de tener un bullpen sólido. Joe Torre, su mánager, hizo ver con claridad su estrategia a la hora de enfrentarse a Pujols. Iba a hacer que lanzaran alrededor de él tanto como fuera posible.

«Albert forma en el juego una clase única de él», dijo Torre. «Su capacidad para batear lejos y con frecuencia muchas veces hace un gran número de cosas. A mí me podría costar... un jonrón con tres carreras anotadas, en lugar de un jonrón con dos carreras. Pero aun así, voy a hacer que sea otro el que me derrote».

Torre no perdió tiempo en poner en práctica su plan. Cuando Schumaker tomó ventaja en el primer juego con una base por bola y Ryan lo siguió con un doble bajo que llevó a Schumaker a tercera base, llegó al home Pujols para batear con la primera base vacía. Wolf le dio a Pujols un pase intencional.

Entonces Holliday, el barredor de los bateadores, sentó el estilo para toda la serie cuando, después que le cantaran bola en los dos primeros lanzamientos, vio pasar tres rectas rápidas de Wolf para que le anotaran strikes, sin sacar nunca el bate del hombro. Ludwick hizo entrar una carrera con un hit de una base, pero Wolf logró sacar out a Yadier Molina en un doble play con el que terminó el inning. Aunque los Cardenales seguían al frente 1–0, el daño habría podido ser mucho peor. Si los Cardenales hubieran anotado varias carreras en el inning, toda la forma del juego habría cambiado. Los Dodgers golpearon de revancha en el segundo inning, con Kemp anotándose un jonrón con dos carreras en un lanzamiento de Carpenter, y el Saint Louis nunca volvió a adquirir ventaja. Pujols no logró batear en tres veces al bate, le dieron la primera base intencionalmente en dos ocasiones, y el resto de la alineación no pudo castigar al equipo de Los Ángeles por esto.

Pujols recibió otro pase intencional en el segundo juego, lo cual de nuevo favoreció a los Dodgers, porque Holliday no pudo hacer nada después de él. Los Cardenales estaban a punto de empatar en la serie, manteniendo una ventaja de 2–1 en la segunda parte del noveno inning, y con dos outs. Ryan Franklin, el lanzador final del Saint Louis, pareció haber logrado salvar el juego, cuando James Loney bateó una línea por la izquierda que habría debido ser el out final del juego. Sin embargo, Holliday perdió de vista la pelota por las luces. La pelota rebotó del estómago de Holliday y cayó al suelo, mientras Loney llegaba hasta la segunda base. Entonces Franklin se vino abajo. Le dio base por bola a Casey Blake, permitió que un sencillo de Ron Belliard sirviera para anotar una carrera, le dio otra base por bola a Russell Martin y después le lanzó a Mark Loretta lo que se convirtió en el hit que ganó el juego, puesto que los Dodgers pasaron al frente con 2–0 en la serie.

«Este equipo puede ganar tres juegos seguidos», le dijo Pujols al *Post-Dispatch*. «Es un equipo que puede ganar once juegos seguidos. Es un equipo lo suficientemente bueno como para volverse a levantar».

En el pensamiento de Pujols, el equipo sería lo suficientemente bueno, pero esa recuperación del equipo no la lograron los Cardenales. A pesar de dos hits y una carrera impulsada por Pujols, los Dodgers vencieron al Saint Louis 5–1 en el tercer juego, para completar la barrida.

Todo lo que le quedaba a Pujols era esperar el anuncio del Jugador Más Valioso, que llegó en noviembre. En sus dos premios anteriores al Jugador Más Valioso, Pujols se enfrentaba a otros competidores. Esta vez, nunca cupo duda alguna sobre el premio. Pujols recibió los treinta y dos votos para el primer premio y sus 448 puntos en la votación estuvieron a kilómetros de distancia de los 233 de Hanley Ramírez. Se convirtió en uno de los diez únicos jugadores de todos los tiempos en ganar tres veces este premio, uniéndose a Stan Musial para ser los dos únicos Cardenales que lograron esa proeza.

«Es algo muy especial el que haya logrado esto en solo nueve años de carrera», dijo Pujols. «Toda la gloria va para Dios, porque sin él, yo no estaría parado aquí arriba».

CAPÍTULO VEINTICINCO

UN TRABAJO SIN TERMINAR

Mire: yo sé que no voy a estar jugando béisbol para siempre.
En cambio, nunca voy a dejar de devolver.
—*Albert Pujols, USA Today, 30 de noviembre de 2010*

Durante la larga historia del béisbol profesional, las evoluciones que se han ido produciendo dentro del juego han cambiado la medida y la definición de lo que constituye «un gran jugador». De una era a la siguiente, el estilo del juego y el hecho de permitir la entrada de jugadores de distintos colores de piel han transformado al beisbol en algo muy diferente al juego de los momentos en que se formó la Liga Nacional, en 1876. Como consecuencia, comparar a los equipos y los jugadores de una generación con los de otra es una labor muy delicada. Babe Ruth bateó 714 jonrones sin la ayuda de informes de exploración mejorados con videos acerca de los lanzadores de los equipos contrarios, pero también bateó esos jonrones sin tener el problema de enfrentarse a un lanzador de la Liga de Color como Satchel Paige.

Por tanto, cuando una leyenda viva de la generación pasada canta elogios dirigidos a un jugador de la generación actual, los fanáticos del béisbol se detienen a escuchar. Hank Aaron lanzó los juegos fuera de temporada de Albert Pujols entre el 2009 y el 2010 con un elogio que era precisamente de este tipo. «Él podría jugar en los días de cualquiera de los otros», dijo Aaron, respondiendo a la pregunta de cómo comparaba a Pujols con los grandes de las épocas anteriores. «Y es un hombre maravilloso. Es uno de los pocos hombres de la liga con los cuales a uno le gusta esta». Un elogio de tanta altura, y procedente de uno de los grandes entre los grandes, dice mucho acerca de Albert Pujols, tanto el jugador como el hombre.

Durante la época fuera de temporada, la familia Pujols se vio una vez más en movimiento y actividad constantes a lo largo de todo el invierno. Casi tan pronto como se registró el último out en el tercer juego de la Serie de División de la Liga Nacional del año 2009 en el Estadio Busch, Albert y Dee Dee dedicaron su atención a las vacaciones en familia (y la expansión de la familia), a conversaciones acerca del béisbol y a eventos para la Fundación de la Familia Pujols. A fines de octubre, Pujols fue con un brazo en cabestrillo al baile anual de la FFP para estudiantes con el síndrome de Down, porque recientemente se había sometido a una cirugía en el codo. Los dolores del codo no habían evitado que ganara su tercer premio al Jugador Más Valioso de la Liga Nacional, pero para muchos resultaba obvio que había estado jugando a pesar del dolor. Aunque había una posibilidad de que Pujols necesitara una reconstrucción del ligamento, el cirujano pudo limitarse a extirpar espolones y astillas de hueso del codo.

Cuando le preguntaron acerca del codo meses más tarde, Pujols respondió: «Solo Dios y yo sabemos cómo me siento. Es un gran alivio. Cuando le quitan a uno siete espolones de hueso casi tan grandes como el dedo meñique, eso es algo bastante grande. Algunos de los pedazos [eran tan grandes] que recuerdo haber oído decir al Dr. [James] Andrews y el Dr. [George] Paletta: "No puedo creer que fueras capaz de mover el bate con esas cosas adentro"». Los fanáticos de los Cardenales dieron un suspiro colectivo de alivio, porque su primera base estrella no se quedaría estancado en la lista de inhabilitados para comenzar la temporada de 2010.

En noviembre, el Hospital Saint Luke's, de Chesterfield, Missouri, anunció que abriría el Centro de Bienestar Albert Pujols para Mayores, en el cual se les ofrecerían «servicios de nutrición personalizados, terapia de ejercicios, instrucciones sobre temas de seguridad y consejería para la creación de relaciones» a los adultos con el síndrome de Down. Pujols había destinado a este fin un premio de $70.000 recibido de la Fundación de las Grandes Ligas de Béisbol. «Abrir un centro como este es algo sobre lo que mi esposa y yo habíamos estado hablando desde que comenzamos la Fundación de la Familia Pujols, y ahora tengo la oportunidad de hacerlo, así que es una verdadera bendición», dijo Pujols. «El personal de Saint Luke's es uno de los mejores, y no nos cabe la menor duda de que este centro va a cambiar una gran cantidad de vidas».

Los esposos Pujols fueron los anfitriones de dos grandes eventos durante la época navideña. Primeramente, a principios de diciembre, recogieron fondos e hicieron conciencia a favor de las causas de la Fundación por medio de otro exitoso banquete de Navidad que titularon «Oh, Noche divina». Después, el 1º de enero, Albert y Dee Dee celebraron su décimo aniversario de bodas renovando sus votos frente a quinientos familiares y amigos en Kansas City, Missouri. Dada la humilde situación económica a la que se estaban enfrentando cuando hicieron sus votos por vez primera, este aniversario ofreció una noche de gozo y reflexión sobre todo lo que había tenido lugar durante la década que había transcurrido.

Algo más de un mes después —y solo tres semanas antes de presentarse juntos en familia al entrenamiento de primavera—, los Pujols se regocijaron con el nacimiento de su cuarto hijo, un segundo varón al que le pusieron el nombre de Ezra.

Los temas de béisbol desempeñaron una parte importante en las conversaciones de Pujols fuera de temporada, puesto que lo llamaron para comentar el lucrativo contrato que se le había otorgado a Matt Holliday, el hecho de que Tony La Russa contratara a Mark McGwire como entrenador de lanzamiento, y la admisión posterior por parte de McGwire de haber usado esteroides durante su carrera como jugador. También se producían casi de manera constante una serie de especulaciones e interrogantes acerca de si los Cardenales harían un nuevo contrato a largo plazo con Pujols antes que él llegara a la posibilidad de actuar como agente libre al terminar la temporada del 2011.

Los fanáticos parecían estar bastante interesados en que se mantuviera en el equipo al bateador Holliday, que era agente libre, protegiendo así a Pujols en el home y alimentando aún más sus predicciones sobre un gran éxito para el equipo del 2010. «Ahora que tienen a su Roca bajo contrato», decía Joe Strauss, cronista deportivo del *Post–Dispatch*, «los Cardenales son los favoritos exclusivos a volver a convertirse en campeones de la Liga Nacional Central».

Aun así, cuando la gerencia de los Cardenales firmó con Holliday un contrato para la franquicia, por siete años y $120 millones, muchos se preguntaron si aquella movida no ataría de pies y manos al equipo e impediría que mantuviera a Pujols con los Cardenales. A fines de febrero, el equipo llegó a Júpiter, Florida, para comenzar el entrenamiento de primavera, y con él, una gran cantidad de emoción y expectativas para la temporada que se acercaba. Pujols y Holliday, antiguos bateadores campeones, habían bateado ambos por encima de los .500 en los cuatro años anteriores. Adam Wainwright y Chris Carpenter estaban saludables, y listos para comenzar a competir por el Premio Cy Young de la Liga Nacional.

Solamente cinco de los miembros restantes del equipo campeón de la Serie Mundial de 2006 estaban en la lista del Día de Inauguración (aunque Aaron Miles y Jeff Suppan se unirían al equipo a mediados de la temporada). ¿Sería esta última edición de los Cardenales la que estaría jugando en el campeonato de octubre? Tanto los veteranos estrellas como los novatos recién llegados tenían la esperanza de ayudar a ganar un undécimo campeonato para la franquicia. Y durante otro año más, el enfoque personal de Pujols en la excelencia sirvió para darle solidez a esta decisión de ganar que tenían sus compañeros de equipo. «Cuando uno anda cerca de la grandeza, también la quiere para sí mismo», dijo Holliday. «Cuando tengo la oportunidad de observar a Albert… eso me hace querer ser mejor».

El equipo ganó el juego inaugural de la temporada el 5 de abril fuera de casa con una explosión de carreras contra los Rojos de Cincinnati. Después de ponchar a los dos primeros Cardenales, Aaron Harang, el as de los Rojos, lanzó lo que se convirtió en un jonrón de Pujols la quinta vez que lanzaba en esa temporada. «En el primer inning, los fanáticos están muy emocionados», dijo

Pujols. «Uno quiere hallar la forma de tranquilizarlos. Eso es lo que hicimos». Pujols también bateó de jonrón en el séptimo inning, y terminó el juego con cuatro hits, cuatro jonrones, tres carreras impulsadas y un total de diez visitas a las bases. Sin embargo, Yadier Molina lo superó en carreras impulsadas, al batear el primer jonrón con las bases llenas de su carrera.

Este juego sirvió como augurio de la temporada que tendrían, puesto que los Cardenales ganaron con facilidad la batalla en encuentros frente a frente con los Rojos, aunque perdieron la guerra por la División Central. Pero no nos adelantemos. El equipo ya tenía una ventaja de 4 a 2 cuando llegó a Saint Louis el 12 de abril para el juego inaugural en su patio contra los Astros de Houston, que aún no habían ganado ningún juego. Los juegos inaugurales en el patio del Estadio Busch siempre son eventos memorables. Los grandes del pasado de los Cardenales —Musial, Brock, Herzog, Smith, Sutter, etc.— reciben el trato de la realeza, exhibiendo chaquetas deportivas rojas, dándole la vuelta al estadio en auto saludando a los fanáticos y otorgándole su real bendición al equipo del momento. Stan Musial, quien tenía ochenta y nueve años de edad en el Día de Inauguración de 2010, actuó como padrino e ícono viviente de la gloria que es el béisbol de los Cardenales.

Cuando se le preguntó a Pujols si se imagina ocupando un lugar en el futuro entre los miembros del Salón de la Fama de los Cardenales, se desvió de la pregunta. «En estos momentos soy todavía muy joven en mi carrera», dijo. «Estoy consciente del legado que tengo que seguir, a causa de estos hombres. Esa es mi responsabilidad, asegurarme de seguirlos… pero no quiero ponerme esa clase de presión encima. Sé de lo que soy capaz de hacer… [pero] voy a tratar de mantenerme saludable y dejar que la labor que haga allá afuera en el campo hable por sí misma».

Ciertamente, el «allá afuera» de Pujols habló por sí mismo en aquel día. Bateó 2 de 3, con un jonrón por un lanzamiento de Wandy Rodríguez, quien en el pasado había sido su inevitable fuente de problemas. Así llevó a los Cardenales a una victoria 5–0. Con ese jonrón, el quinto en los siete primeros juegos de la temporada y el número 371 de su carrera, Pujols superó el récord que tenía Eddie Matthews por la mayor cantidad de jonrones bateados en las diez primeras temporadas de la carrera de un jugador. Este récord llevaba intacto cerca de cincuenta años.

El «Juego de la Semana» el sábado 17 de abril, televisado por FOX, exhibía a los Mets contra los Cardenales en el Estadio Busch. Aquella competencia de veinte innings duró casi siete horas, y fue un evento maratónico que pocos podrán olvidar con facilidad. Holliday, luchando con una gripe, bateó 0 de 5, y lo sacaron out en un doble cambio en el undécimo inning que puso a batear al lanzador después de Pujols. Como consecuencia, el lanzador fue al bate en tres ocasiones con un corredor en posición para anotar, pero no pudo batear en ninguna ocasión. Durante todos esos extra innings, Felipe López y Joe Mathers, jugadores de cuadro de los Cardenales, se turnaron en el lanzamiento; Mathers terminó perdiendo, puesto que los Mets ganaron 2-1. «Es la primera vez que he participado en algo como esto», dijo Pujols. «Ese juego fue muy especial. Dimos todo lo que teníamos. Fue divertido». Divertido y memorable.

Al principio de la temporada, parecía como si los bateadores de los Redbirds se estuvieran dando un banquete de outs y jonrones. Había quienes se preguntaban si los bajos promedios de bateo, el número mayor de outs al bate y la gran dependencia en las bolas largas, no se deberían a la influencia de Mark McGwire, el nuevo entrenador de lanzamiento. Pujols se había ponchado catorce veces en sesenta y nueve turnos al bate; cerca del doble de la proporción de las ocasiones en que se había ponchado durante el resto de su carrera, pero se mantenía siempre confiado. «Si esto estuviera sucediendo en septiembre, yo me preocuparía. Pero todavía es muy temprano dentro de la temporada», dijo. De hecho, al llegar el final de la temporada, Pujols se había situado en noveno lugar de la Liga Nacional en cuanto a las mejores proporciones entre ponches y veces al bate (aunque sus setenta y cinco ponches fueron el número más elevado desde sus tiempos de novato). «Es difícil cuando no se les está lanzando bien", dijo McGwire. «Cuando los jugadores se sienten incómodos, tienen la tendencia a mover el bate más de lo que deberían».

A fines de abril, los Cardenales estaban 17 a 8, e iban al frente de la división por cuatro juegos y medio, lo cual llevó a Bernie Miklasz a decir: «En la Liga Nacional Central, ¿quién puede derrotar a este equipo?». Miklasz entendía que en algún momento el equipo se vería golpeado por un prolongado revés, pero no daba la impresión de que hubiera ningún equipo a una altura suficiente para poder desafiar a los Cardenales.

Durante el transcurso de toda una temporada, con frecuencia hay estadísticas estrafalarias que se cuelan en los libros de récords y de anotaciones en el home. Por ejemplo, Bud Norris, el joven lanzador de los Astros de Houston, tenía un récord general de 9 juegos perdidos de los 10 en que lanzó. Sin embargo, parecía conocer bien a los Cardenales. Mientras se preparaba para comenzar el 13 de mayo, ya estaba 3 a 0 en tres comienzos de carrera, habiendo permitido una sola carrera en veintiséis innings. Este dominio de Redbirds llevó a Pujols a ponerle el apodo de «Chuck», en una broma con los medios informativos: «Nos ha dado unos cuantos momentos difíciles, ¿saben? Como Chuck Norris…». Al final del día, «Chuck» Norris les había vuelto a hacer daño a los Cardenales, ponchando a ocho bateadores en ocho innings, camino de una victoria 4-1.

La derrota frente al Houston redujo la distancia de los Cardenales como líderes de la división a un simple medio juego. Pocos días más tarde, los Rojos de Cincinnati vencieron a los Cardenales y los sacaron del primer lugar. «Todavía estamos en el segundo lugar», dijo Pujols. «No hay presión. Necesitamos levantarnos unos a otros. Esa es la clave».

El espacio no nos permite recapitular en detalle la temporada de los Rojos de Cincinnati en el 2010, pero brevemente diremos que superaron con mucho las expectativas que había antes de la temporada con respecto a ellos. Esto fue lo que escribió Bryan Burwell, el cronista deportivo del *Post-Dispatch*: «Cada año se trata de alguien nuevo. Solían ser los Astros; después fueron los Cachorros, y ahora les toca el turno a los Rojos darles unas cuantas vueltas a los Redbirds». La lista la llenaban varios antiguos jugadores de los Cardenales que había contratado Walt Jocketty, quien fuera mánager general del Saint Louis. Joey Votto, el primera base, dirigía la ofensiva, e iba a la par con Pujols en las estadísticas para la «Triple Corona» (jonrones, carreras impulsadas y promedio de bateo) durante toda la temporada. Votto terminaría ganando el premio al Jugador Más Valioso de la Liga Nacional en el 2010, impidiendo así que Pujols lo ganara por tercer año consecutivo.

Las lesiones también perjudicaron a los Cardenales. Para un equipo que tenga la esperanza de llegar a los juegos de desempate, es vital mantener saludables a sus jugadores durante el transcurso de una larga temporada. Fuera de temporada, los Cardenales habían contratado al lanzador Brad Penny, quien era agente libre, por $7,5 millones en un año, asignándole el tercer puesto en la rotación al bate. El 23 de mayo, después de haber lanzado solamente cincuenta y cinco innings en la temporada, y de tener un promedio de 3,23 carreras ganadas, a Penny le tocó su turno al bate con las bases llenas, y bateó de jonrón. Lamentablemente, al batear también se lesionó un músculo de la espalda y hubo que sacarlo del juego. Lo que al principio pareció ser un viaje de quince días a la lista de lesionados, terminó siendo una lesión que no le permitió volver a jugar en todo el resto de la temporada.

Pujols y Holliday comenzaron a mejorar su bateo en junio, pero ellos solos no podían anular las justas críticas sobre la temporada que estaba llevando el equipo, presentada por Miklasz en una columna titulada: «Los Cardenales no están sabiendo actuar a la altura de sus capacidades». John Mozeliak, el mánager general, le dijo a Miklasz: «Yo veo lo que está sucediendo, y ni la actuación ni la productividad se hallan a la altura de lo que nosotros teníamos previsto».

Los Redbirds perdieron siete juegos de once, mientras se dirigían cojeando al receso de las Estrellas, a mediados de julio, con un récord de 47–41. Una de esas derrotas fue un descalabro que tuvo lugar el 6 de julio en Colorado, donde el bullpen de los Cardenales entregó nueve carreras al final del noveno inning (entre ellas un jonrón que hizo anotar tres carreras), para perder el juego 12–9. Después, a la noche siguiente, el bullpen permitió cuatro carreras en los dos últimos innings, quedando derrotado 8–7. Aunque estas clases de derrotas eran desastrosas, al llegar el receso, los Cardenales solo se hallaban un juego por detrás de los Rojos.

Cinco de los Cardenales —Wainwright, Carpenter, Molina, Holliday y Pujols— viajaron a Anaheim para representar al equipo en el Juego de las Estrellas. Pujols recibió más de cuatro millones de votos de parte de los fanáticos, el número mayor recibido por un jugador de la Liga Nacional, e hizo su aparición en su noveno juego en diez años. Para gran alivio de los fanáticos de los Cardenales, prefirió no pasar por el agotamiento extra que traía consigo el

Derby de Jonrones. En el juego en sí, Pujols bateó 0 de 2, pero aun así, la Liga Nacional ganó por vez primera desde el año 1996.

Al salir del receso de las Estrellas, los Cardenales ganaron siete juegos seguidos, pero los Rojos, igualmente llenos de energía, mantuvieron su ritmo, de manera que ambos equipos comenzaron a turnarse en el primer lugar. Los fanáticos de ambos clubes se mantenían muy al tanto del calendario, contando los días hasta que llegara el 9 de agosto, día en el cual los dos equipos se encontrarían para una batalla de tres juegos en Cincinnati. Hasta el momento, en el año 2010, los Redbirds habían ganado siete de los doce juegos disputados con los Rojos.

Con un título de división en juego, no hacían falta palabras especiales para motivar a ninguno de los dos clubes. Esa realidad no evitó que Brandon Phillips, el segunda base de los Rojos, enardeciera los ánimos de los Cardenales, al decirle al *Dayton Daily News*: «Yo detesto a los Cardenales. Todo lo que ellos hacen es [mala palabra] y quejarse de todo, todos ellos. Son unos [mala palabra] todos ellos».

Los Cardenales ganaron fácilmente el primer juego 7–3. Pero en el primer inning del segundo juego, Phillips se acercó al home y tocó con el bate el protector de la barbilla del receptor Molina. Esta es una manera corriente de saludar en el béisbol, pero fue una movida poco prudente, dada la tensión que existía entre ambos equipos. Molina le arrebató el bate a Phillips, y los dos jugadores entraron en una acalorada discusión. Una reyerta que vació las bancas —en el béisbol normalmente no se lanzan puñetazos— tomó mal cariz cuando aquella masa de jugadores se estrelló contra la cerca del recogedor. Jonny Cueto, el lanzador de los Rojos, comenzó a patear hacia arriba y afuera con sus zapatillas de clavos, golpeando a Chris Carpenter y causándole a Jason LaRue, el receptor de repuesto de los Cardenales, una conmoción cerebral que acabó con su carrera.

Los Cardenales terminaron barriendo a los Rojos en la serie, superándolos 21 a 8, y pasando a ser los únicos poseedores del primer lugar en la división. La actuación de los Redbirds entusiasmó a sus fanáticos, quienes sintieron que por fin se comprendería todo el potencial que tenía aquel talentoso equipo. Los cuarenta y ocho juegos restantes de la temporada también les dieron razones para sentirse emocionados, puesto que estaba señalado que los Cardenales jugaran una serie tras otra contra equipos que tenían récords de derrotas.

Sin embargo, las cosas resultaron muy diferentes. En lugar de marcharse de Cincinnati llenos de energía para saltar a los juegos de desempate, los Cardenales perdieron trece de los dieciocho juegos siguientes. En lugar de barrer con los equipos que estaban por debajo de .500, los Redbirds cayeron a ocho juegos de distancia del primer lugar durante un tiempo que duró algo más de dos semanas. Era como si el equipo hubiera gastado toda su energía en Cincinnati, y no hubiera dejado nada de donde sacarla para el resto de la temporada.

Los sucesos que se produjeron fuera del campo también se volvieron inesperadamente complicados. El 28 de agosto, cuando los Cardenales se preparaban para comenzar una serie contra los Nacionales de Washington, serie que comenzó con una serie de cinco juegos perdidos, La Russa, Albert, y Dee Dee visitaron el Lincoln Memorial. Sin embargo, no iban con la idea de hacer turismo, sino que Albert había ido allí para recibir el premio Esperanza en un evento llamado reunión para «Restaurar el Honor». El presentador de radio Glenn Beck organizó el evento, en el cual se incluían discursos de la ex gobernadora de Alaska Sarah Palin y de Alveda King, la sobrina de Martin Luther King Jr. La Russa presentó a Pujols ante la inmensa multitud reunida en el Mall y ante los que estaban viendo el evento por la internet. Pujols recibió la medalla y dijo unas pocas palabras de agradecimiento, además de explicar la obra de su fundación. Dada la naturaleza de fuerte controversia que existe en la política de los Estados Unidos, no sorprendió el que tanto La Russa como Pujols fueran elogiados y al mismo tiempo vilipendiados por haber participado en el evento.

En su éxito de librería *Three Nights in August: Strategy, Heartbreak, and Joy Inside the Mind of a Manager* [Tres noches de agosto: estrategia, sufrimiento y gozo dentro de la mente de un mánager], el escritor Buzz Bissinger presentó un perfil interno de La Russa y también le dedicó numerosas páginas a Pujols. Decir que Bissinger los ha admirado a ambos durante mucho tiempo, no es exagerar las cosas. No obstante, no pudo disimular su indignación ante la presencia de ellos junto a Beck. «Todo lo sucedido en la reunión multitudinaria de TLR [Tony La Russa] y Beck me hace sentir muy triste», escribió Bissinger en su cuenta de Twitter. «Ya no seguiremos siendo amigos. Él se va a resentir con lo que yo he dicho. La vida sigue adelante».

Pujols defendió su participación, diciendo: «Yo no fui allí en un intento por hacer política. Estuve allí porque alguien quería honrarme por las cosas que he hecho a través de mi fundación».

Pujols también sintió gozo al saber que aquella reunión recogió millones para ayudar a las familias de los soldados caídos en las Fuerzas Especiales. Según informó Matthew Leach, de MLB.com, Pujols dijo: «Ahora ellos [la Fundación para Guerreros de Operaciones Especiales] tienen como unos treinta millones de dólares, y con eso pueden sostener a las familias. Si para alguien esto es un problema, es necesario que se mire en el espejo y diga: "¿Sabes una cosa? El que tiene el problema soy yo". Si voy a tener que aguantar que me critiquen por las cosas en las que creo, y a las que represento, entonces, ¿saben una cosa? Yo acepto las críticas. De la misma forma que [Jesús], quien murió en la cruz por nuestros pecados para darnos vida eterna, tuvo que soportar muchas críticas. Eso no me molesta en absoluto».

Pujols dedicó tres horas en el mes de agosto a presentarse en un evento que le permitió hablar de su misión en la vida delante de millones de compatriotas suyos. El hecho de que su participación provocara unas críticas feroces no pareció inmutarlo, con lo que estaba demostrando una vez más la forma en que enfoca su vida a base de sus principios. «Pueden decir y hacer lo que quieran. Estamos en un país libre», dijo Pujols. «Yo no juego para la gente. Tampoco vivo para la gente. Vivo para representar a Jesucristo».

De vuelta en el diamante de béisbol, los Cardenales tenían la urgente necesidad de activarse de nuevo, al mismo tiempo también tenían la esperanza de que los Rojos cayeran en un sopor de final de verano. Los Rojos hicieron lo que pudieron, quedando 12 a 15 en septiembre, su peor mes de la temporada. Lamentablemente, también los Cardenales tuvieron un juego muy pobre, quedando 14 a 15 en el mes, y quedaron oficialmente eliminados de la contienda de desempate el 28 de septiembre. Terminaron la temporada con una serie de cinco juegos ganados, y levantaron su récord para esa temporada hasta un respetable 86–76, tres victorias por encima del equipo del año 2006.

Al final, las expectativas para la temporada del 2010 con respecto a los Cardenales no se realizaron. El dúo Holliday–Pujols en la ofensiva, y el de Carpenter–Wainwright en el lanzamiento no estuvieron a la altura del juego de los Rojos, que habían reaccionado. Es interesante que en las especulaciones anteriores a la temporada, *Baseball Prospectus* hicieron pasar las estadísticas de los equipos y los jugadores por sus computadoras y predijeron que los Cardenales ganarían la división con un récord de 87 ganados y 75 perdidos. En cuanto a lo que se refiere a victorias y derrotas, esta predicción solo estuvo a un juego de distancia de la realidad. Por consiguiente, la realidad inesperada de la temporada del 2010 fue que otro equipo de la División Central se puso en pie y jugó también un buen béisbol.

La temporada del año 2010 terminó con la sensación de que aquel talentoso equipo se estaba marchando, mientras dejaba tras sí un trabajo sin terminar al que se tendría que enfrentar al año siguiente.

CAPÍTULO VEINTISÉIS

EL CANTO DEL CISNE DE SAINT LOUIS

Somos los campeones del mundo.
—*Albert Pujols*

N o se suponía que Albert Pujols estuviera en el home, observando a Darren Oliver, el lanzador de los Texas Rangers, en el tercer juego de la Serie Mundial de 2011. Tampoco se suponía que los Cardenales fueran ganando el juego 15-7, ni se suponía que estuvieran empatados con los Rangers a un juego cada equipo en la serie. Y ni siquiera se suponía que Pujols ya hubiera bateado dos jonrones en el juego.

En agosto, habría bastado una simple sugerencia al respecto para provocar risas, abiertas o entre dientes. En una fecha tan tardía como el 27 de agosto, los Cardenales se hallaban diez juegos por detrás del Atlanta en la carrera por el comodín de la Liga Nacional, con el San Francisco también por delante de ellos. Todo el mundo había dado por perdidas sus esperanzas de jugar en los desempates. Todo el mundo.

Pero a veces el béisbol tiene una divertida manera de burlarse de todas las suposiciones. Y así fue; los Cardenales se lanzaron a la carga, y los Bravos se comenzaron a asfixiar. Avanzamos ahora casi dos meses más tarde, y allí estaba Pujols, que ya había bateado 4 de 5 en el día, con cinco carreras impulsadas. Ya era su mejor juego de todos los tiempos en la Serie Mundial, pero aún no había acabado. No había nadie en base, había dos outs, dos bolas y dos strikes, cuando Pujols bateó la pelota que le había lanzado Oliver por encima de la cerca del jardín izquierdo, para anotarse el tercer jonrón del juego. Al hacerlo, se unió a una distinguida compañía: en todos los tiempos, solamente Babe Ruth y Reggie Jackson habían logrado batear tres jonrones en un solo juego de la Serie Mundial. Con cinco hits y seis carreras impulsadas, se podía sostener fácilmente que el juego de Pujols era la mejor actuación de ofensiva en la historia de la Serie Mundial.

«Es un verdadero honor para mí», dijo Jackson en el *St. Louis Post-Dispatch* acerca del histórico juego de Pujols. «Esto hace que sea un poco más especial para mí. Nadie comprende lo grande que fue Ruth. Fue hace demasiado tiempo, y se jugaba distinto. Ruth bateó más jonrones que la mayoría de los equipos. Esto lo hace relativo para el fanático de hoy. Cuando se trata de Pujols, que es sin lugar a discusión el mejor en el juego, queda demostrado lo especial que es esto».

Ciertamente, fue un juego para la historia, dentro de una Serie también para la historia, en los días finales de una carrera para la historia con los Cardenales de Saint Louis.

El principal interrogante que no se había podido resolver a lo largo de todos los meses anteriores a la temporada del 2011, era si los Cardenales y Pujols podrían ponerse de acuerdo en una extensión de su contrato. El contrato de Pujols con el Saint Louis expiraría después del año 2011 y lo convertiría en agente libre, pero tanto él como los Cardenales habían expresado en público su deseo de llegar a un acuerdo mutuo que mantuviera a Pujols con el uniforme del Saint Louis durante el resto de su carrera.

Sin embargo, a pesar de esa insistencia por ambas partes, las conversaciones sobre el contrato se quedaron estancadas. Pujols y su agente habían establecido una fecha límite a mediados de febrero para la negociación de la extensión, porque afirmaban que no querían que aquella cuestión se convirtiera en una distracción durante la temporada. La fecha límite llegó y pasó, sin que apareciera una solución, y con Pujols rechazando una oferta que se dijo que había sido de más de $200 millones durante nueve o diez años, hecha por Bill DeWitt, el dueño de los Cardenales, y John Mozeliak, su gerente general.

«Una vez que termine la temporada del 2011, tenemos la esperanza de reanudar las conversaciones», dijo Pujols en una declaración que se publicó acerca del estado de las negociaciones con respecto al contrato. «Tengo el mayor respeto por el Sr. DeWitt, Mo y el resto de la organización de los Cardenales, y el camino que han tomado estas negociaciones no va a causar impacto alguno en el hecho de que nuestras relaciones sigan adelante. También querría aprovechar esta oportunidad para asegurarle a la Nación de los Cardenales que mis esfuerzos, tanto en el campo como fuera de él, nunca van a cambiar. Estoy comprometido a dar el ciento por ciento en el campo, día tras día, tal como lo he hecho durante los últimos diez años.

«Todos estamos trabajando unidos para alcanzar una meta común, que es ganar un campeonato mundial para la ciudad de Saint Louis», siguió diciendo Pujols. «Lo último de lo que necesitaría preocuparse nadie en este club, es lo que me vaya a pasar a mí después de la temporada. Enfoquémonos en ganar en el año 2011, y preparémonos todos los días para alcanzar nuestras metas como equipo. Yo me siento fuerte, saludable, y entusiasmado por estar en el entrenamiento de primavera, en lo que espero que sea el comienzo de una temporada de campeonato mundial. Estoy muy deseoso por comenzar, y que Dios los bendiga».

Pero los fanáticos de los Cardenales estaban preocupados por la capacidad que pudiera tener el equipo para firmar a Pujols una vez que se terminara la temporada. Y estaban preocupados por las posibilidades del equipo en el 2011, en especial desde que Adam Wainwright, el lanzador inicial estrella, quedó incapacitado para toda la temporada por una lesión en un codo que sufrió durante el entrenamiento de primavera, solo unos pocos días después de terminado el drama del contrato con Pujols. Wainwright había ganado 20 juegos para el Saint Louis en 2010, y terminado en segundo lugar en la votación para el premio Cy Young, y lo típico no es que los equipos que pierdan un lanzador de ese calibre sigan teniendo la esperanza de poder competir.

En abril, Pujols y su Fundación fueron el tema de una importante historia presentada en el programa televisado *60 Minutes*. Aunque no insistía demasiado en la fe de Pujols, y la reducía a un instante en el que Pujols dijo que él no fumaba, no bebía y raras veces decía palabras incorrectas, esta sí narraba una conmovedora historia sobre la obra que hace Pujols con los niños que tienen el síndrome de Down en la República Dominicana. El reportero Bob Simon acompañó a Pujols en uno de los viajes misioneros de la Fundación a la tierra nativa de Pujols.

«Aquí estás en un lugar bastante desastroso. ¿Por qué lo haces?», le preguntó Simon a Pujols.

«Esta es mi pasión, y creo que es lo que Dios me está llamando a hacer», le contestó Pujols.

Tanto Pujols como los Cardenales comenzaron con lentitud la temporada, y los Cardenales se hallaban ya a cuatro juegos de distancia del líder de la división a mediados de abril, mientras Pujols luchaba por mantener su promedio de bateo por encima de los .200. Había sido el comienzo más lento de toda su carrera. Pero su bate cobró vida entre el 13 y el 16 de abril, durante una serie de cuatro victorias seguidas de los Cardenales. El 20 de abril, el Saint Louis había pasado a un empate en el primer lugar. Pujols conectó un jonrón contra el Cincinnati el 23 de abril en un esfuerzo que terminó en derrota, comenzando una sequía de jonrones que duró todo un mes: el tiempo más largo sin jonrones en la carrera de Pujols.

«Cuando llueve, llueve a chorros», le dijo Pujols al *Post-Dispatch* durante aquella mala racha. «Pero, ¿por qué está pasando esto? Solo Dios lo sabe. Si este es el año en el que voy a tener que batallar, así será. Hombre, las cosas son como son. Lo que te estoy diciendo es que, al final del año, allí estarán los números».

La falta de poder por parte de Pujols pareció causar poco efecto en el equipo, porque había otros en su alineación que estaban contribuyendo en grande, sobre todo Lance Berkman, el antiguo jugador estrella de los Astros de Houston, que había firmado con los Cardenales antes de la temporada del

2011. El bate de Berkman, en el centro de la alineación del Saint Louis, fue una potente fuerza durante el año entero. En el mes en el que Pujols no bateó un solo jonrón, y solo impulsó ocho carreras, Berkman bateó cinco veces de jonrón e impulsó veinte carreras. Cuando por fin Pujols bateó de jonrón el día 23 de mayo en un juego ganado por el Saint Louis 3–1 contra el San Diego, los Cardenales estaban ya al frente de la división, con una distancia de tres juegos y medio.

A fines de mayo, Pujols estaba bateando de .267, cifra que no era característica suya, con solo nueve jonrones y treinta y una carreras impulsadas en lo que iba de año. También había sido sacado de out en 16 doble plays. Pero comenzó a volver a la vida en el mes de junio. Bateó de jonrón en un juego ganado 6–1 para abrir una serie contra los Cachorros el 3 de junio, y solamente estaba comenzando. Al día siguiente, con el marcador empatado a 4 en la segunda mitad del duodécimo inning, Pujols bateó una pelota lanzada por Jeff Samardzija, sacándola por encima de la pared del jardín izquierdo para anotar el jonrón que ganó el juego (su segundo jonrón del juego, en el cual había impulsado cuatro carreras). En el final de la serie, repitió su heroísmo, bateando otro jonrón en el décimo inning para darles a los Cardenales una victoria de 3–2. Después bateó otro jonrón en el cuarto juego consecutivo el 7 de junio, en otra victoria del Saint Louis contra el Houston.

Ciertamente, había pasado la mala racha. Pero la temporada tomó un rumbo oscuro a partir del 10 de junio, cuando el Saint Louis perdió el primero de una serie de siete juegos seguidos. Aquella serie de derrotas hizo que los Cardenales bajaran al segundo lugar, hasta que rebotaron para ganar dos veces seguidas contra Kansas City, y regresar de nuevo a un empate en el primer lugar. La segunda de esas victorias se produjo a un gran precio: Pujols dejó el juego del 19 de junio después de chocar en la primera base con Wilson Betemit. Los rayos X revelaron una pequeña fractura en el antebrazo izquierdo de Pujols, con el pronóstico de que debía estar inactivo durante seis semanas.

Aquella noticia era un duro golpe para la moral de los Cardenales. Aunque habían perdido su mejor lanzador antes de comenzar la temporada, aún se las habían arreglado para mantenerse en medio de la acción en la Liga Nacional Central. Ahora se enfrentaban con la pérdida de su primera base estrella hasta el mes de agosto. ¿Cómo reaccionaría el equipo? ¿Se podrían mantener en su lugar hasta que Pujols regresara a la alineación?

Los primeros indicios no eran prometedores. Los Cardenales perdieron cinco de sus seis juegos siguientes, y quedaron tres juegos por detrás del Milwaukee. La ofensiva había sido débil aun antes que se lesionara Pujols, y el bullpen no había actuado con eficacia. Pero entonces, el Saint Louis logró cuatro victorias seguidas para volver a capturar el primer puesto en la división. Y unos pocos días más tarde, después de haber perdido solo dieciséis juegos, Pujols salió de la lista de lesionados para volver a la alineación mucho más temprano de lo que todo el mundo esperaba.

«Yo tenía la esperanza de que esto durara menos de seis semanas», dijo. «A todo el mundo le dije que estaba ansioso por salir (de la lista de lesionados) en un par de semanas, y aquí estoy… Tengo fe en Dios, me estoy entrenando y trabajando duro. Esa es la forma más fácil de explicarlo».

Aun con Pujols de vuelta en la alineación, los Cardenales no lograban recuperar fuerzas. Anduvieron merodeando el primer puesto de la división durante todo el mes de julio y terminaron el mes solamente un par de juegos por detrás de los Brewers. En cambio, en agosto las cosas cambiaron. El Milwaukee tomó impulso y al final del mes tenía 21 juegos ganados y 7 perdidos, y el Saint Louis no pudo mantenerse a la par con él, estableciendo un récord de solo 15 ganados y 13 perdidos, y derrumbándose hasta estar a diez juegos y medio de distancia de los Brewers, y acabando así efectivamente con las posibilidades de que el equipo ganara la división.

Las esperanzas de los Cardenales en cuanto al comodín también parecían escasas. Con el Saint Louis 10 juegos por detrás del Atlanta a fines de agosto, la última pregunta que parecía quedar era si Pujols se podría superar lo suficiente como para extender su serie de diez temporadas seguidas con un promedio de bateo de .300, 30 jonrones y 100 carreras impulsadas. Terminó el mes de agosto bateando .286, con 32 jonrones y 79 carreras impulsadas, así que los jonrones no eran el problema. El promedio de bateo y las carreras impulsadas iban a estar cerca de las cifras necesarias.

Doce hits en los siete primeros juegos de septiembre hicieron que el promedio de Pujols subiera a .295, mientras los Cardenales recibían en su ciudad al Atlanta para una serie clave de tres juegos. El Saint Louis había superado a los gigantes en la carrera hacia el comodín, pero aún seguía estando a la larga distancia de siete juegos y medio por detrás de los Bravos. Eso estaba a punto de cambiar.

El Atlanta estaba ganando el juego inaugural 3–1 con dos hombres en base y dos outs en la segunda mitad del noveno inning, cuando Pujols bateó un sencillo para impulsar dos carreras y empatar el juego. El Saint Louis lo ganó en el décimo inning. Al día siguiente, Pujols impulsó una carrera en el primer inning y David Freese bateó un doble para que Pujols anotara una carrera que les daría a los Cardenales una rápida ventaja de 2–0 en un juego que ganarían 4–3. Pujols añadió otra carrera impulsada en el juego final de la serie, que ganó el Saint Louis 6–3, lo cual lo dejó a solamente cuatro juegos y medio del primer puesto para el comodín. Al llegar el 21 de septiembre, la distancia de los Bravos se había reducido a solo un juego y medio.

Pujols bateó con gran seguridad en ocho juegos seguidos, desde el 16 hasta el 23 de septiembre. Bateó 4 de 4 contra los Phillies el 16 de septiembre y anotó una de las dos carreras del Saint Louis en el undécimo inning para ganar el juego. El 20 de septiembre bateó cuatro veces más en una victoria de 11–6 contra los Mets, y dos más al siguiente día en otra victoria para levantar su promedio a .305, su punto más alto en la temporada.

Con el Atlanta sin juego alguno el 22 de septiembre, parecía posible que los Cardenales adelantaran más terreno aún en ese día, especialmente cuando llegaron al noveno inning con una ventaja de 6–2 contra los Mets. Pero entonces sucedió lo impensable: el bullpen hizo implosión y las defensas comenzaron a pasar dificultades. El Saint Louis dejó que le anotaran seis carreras en el noveno inning para perder en un desastroso 8–6, y volver a perder al día siguiente contra los Cachorros, quedando tres juegos por detrás en la caza del comodín, con solo cinco juegos más por delante. Había sido un momento excelente, pero de nuevo las perspectivas parecían muy escasas.

No obstante, si algún rasgo caracterizaba a los Cardenales en el año 2011, era su capacidad de recuperación. Pujols no logró batear en las siete veces que estuvo al bate en los dos juegos siguientes, pero el Saint Louis los ganó ambos. Los Cardenales recibieron la ayuda del colapso de los Bravos, que se seguía produciendo. Habían perdido dos juegos seguidos contra los Nationals, y estaban aferrados a una ventaja de un solo juego para conseguir el comodín. Los fanáticos del Saint Louis le dieron a Pujols una ovación de pie en su aparición final en el home el 25 de septiembre, no sabiendo si tendrían alguna otra oportunidad de demostrarle su aprecio a su jonronero favorito, puesto que los Cardenales se estaban preparando para dirigirse a Houston para la serie final de la temporada.

El 26 de septiembre, los Cardenales perdieron dolorosamente 5–4 otro juego en 10 innings contra los Astros, y estaban perdiendo 5–0 después de tres innings al día siguiente. Pero una vez más, el Saint Louis se recuperó, haciendo explosión en una victoria en la que hicieron 13 carreras después de haber estado perdiendo, y vitoreando cuando los Bravos perdieron su cuarto juego seguido. Había empate por el comodín, cuando solo quedaba un juego.

Pujols estaba bateando parejo de .300, con 37 jonrones y 98 carreras impulsadas. Su buena racha estaba en peligro. Necesitaba batear un par de veces más e impulsar un par de carreras para mantener vivo su récord de .300-30-100, y daba la impresión de que lo iba a lograr. En el primer inning contra el Houston en el juego final de la temporada, Pujols bateó para impulsar una carrera de Jon Jay, mientras los Cardenales estallaban, anotando cinco carreras. Sin embargo, no volvió a batear en el resto del juego, lo cual lo dejó con un promedio de bateo de .299 y 99 carreras impulsadas. El Saint Louis contaba con la debilidad del brazo de Chris Carpenter, a quien le conectaron dos hits, mientras los Cardenales llegaban a una ventaja de 8–0 y se dirigían al clubhouse para ver el final del juego entre los Bravos y los Phillies, que había entrado en extra innings, después que el Filadelfia se anotó una carrera en la primera mitad del noveno inning, para empatar a 3 carreras.

Si ganaba el Atlanta, eso significaría que habría que tener un juego de desempate entre los Cardenales y los Bravos para determinar quién ganaba el comodín. Las estadísticas que se produjeran en ese juego contarían dentro de los totales de la temporada, lo cual significaba que Pujols aún tendría otra oportunidad de extender su racha. Pero Hunter Pence, del Filadelfia, impulsó la carrera de la victoria en la primera mitad del decimotercer inning, y los Bravos no pudieron anotar en la segunda mitad del inning. Se había acabado la racha de Pujols, pero eso le importaba poco a él. Lo importante era que los Cardenales irían al desempate. Habían acabado de realizar una recuperación que parecía imposible; una de las grandes recuperaciones en la historia del béisbol.

«Estábamos a 10 ½, 9 ½ de distancia. Sin embargo, nos seguíamos diciendo que teníamos una buena oportunidad», le dijo Pujols al *Post-Dispatch*. «Es probable que este sea el mejor grupo de hombres que hayamos tenido, y la suma de todos esos hombres trajo consigo un poco de una energía distinta que necesitábamos en el clubhouse. Sencillamente, salíamos allí y nos divertíamos».

Se oponían al Saint Louis en la Serie de División de la Liga Nacional los Phillies de Filadelfia, con Roy Halladay, Cliff Lee y Cole Hamels asegurando la mejor rotación de la liga. Pocos esperaban que los Cardenales fueran una gran amenaza para los Phillies, pero el Saint Louis saltó pronto a una ventaja de 3–0 en el primer inning del primer juego, cuando Rafael Furcal bateó un sencillo, Pujols fue enviado a primera y Berkman le bateó a Halladay un jonrón que limpió las bases, haciendo entrar tres carreras. No obstante, los Phillies reaccionaron y ganaron 11–6. En el segundo juego, Pujols rompió un empate 4–4 en el sexto inning, con una carrera que impulsó, y que fue la que ganó el juego, con lo cual los Cardenales quedaron empatados en la serie.

Pujols bateó cuatro hits en el siguiente juego, que el Saint Louis perdió 3–2, poniéndose al borde de la eliminación. Aunque Pujols no pudo batear en el cuarto juego, los Cardenales vencieron 5–3 para obligar a un quinto juego decisivo en Filadelfia, un encuentro clásico entre Carpenter y Halladay. El Saint Louis se puso al frente muy pronto con un doble de Skip Schumaker que impulsó una carrera, la cual resultó ser la única carrera del juego. Carpenter lanzó magistralmente y los Cardenales se abrieron paso 1–0 para entrar en la Serie de Campeonato de la Liga Nacional contra los Brewers del Milwaukee, sus rivales de la división.

Después de perder 9–6 en el juego inaugural, Pujols y los Cardenales estallaron en el segundo juego. Pujols bateó en el primer inning un jonrón que hizo entrar dos carreras, y que fue la primera de las cuatro veces que bateó aquella noche. Impulsó cinco carreras en un juego donde hicieron añicos a los Brewers, quedando 12–3. Pujols añadió otros dos hits y una carrera impulsada en el tercer juego, en el que el Saint Louis se anotó cuatro carreras en el primer inning y mantuvo la ventaja para ganar 4–3. El Milwaukee empató la serie en el cuarto juego, pero los Cardenales estallaron para anotarse 19 carreras en los dos juegos siguientes y ganar la serie en seis juegos.

Por tercera vez en su carrera, Pujols iba camino de la Serie Mundial, esta vez contra los Texas Rangers, que estaban haciendo una repetición de su aparición en el Clásico de Otoño. La serie demostró ser una de las más grandiosas en la historia del béisbol. El Saint Louis venció en 3–2 en el juego inaugural, y parecía preparado para capturar una importante ventaja de 2-0 en la serie, llevando una ventaja de 1 carrera a 0 hasta el noveno inning del segundo juego. Pero los Rangers se recuperaron y anotaron dos carreras, gracias en parte a un intento fallido de Pujols por interceptar que permitió que el corredor que iba delante pasara a la posición de anotar, y los Cardenales no pudieron responder en la segunda mitad del inning. El juego quedó empatado 1-1.

Los medios noticiosos criticaron fuertemente a Pujols después del juego, cuando él tomó una ducha rápida y se marchó del clubhouse sin hablar con los reporteros. Aquella derrota era difícil para los Cardenales, después que Jaime García había lanzado siete innings sin dejar batear a nadie, y permitido solo tres hits al equipo de Texas y la ausencia de Pujols dejó a los jugadores más jóvenes del equipo hablando acerca de la situación con los reporteros. Pero como ha hecho tantas veces en su carrera, Pujols convirtió las críticas en combustible. En el siguiente juego, hizo historia.

La ofensiva comenzó lenta en el tercer juego. El Saint Louis tenía una ventaja de 1-0 hasta que anotó cuatro carreras en el cuarto inning, para ampliar su ventaja hasta 5-0. El equipo de Texas respondió con tres carreras en la segunda parte del inning, pero de nuevo el Saint Louis recuperó su ventaja en el quinto, situándose 8-3. Después que el equipo de Texas anotó carreras tres veces en la segunda parte del inning, para disminuir a dos carreras la diferencia, Pujols se hizo cargo de la situación.

Con Furcal y Ryan Theriot en bases, Pujols bateó de jonrón un lanzamiento de Alexi Ogando, lo cual quiere decir que entraron tres carreras. Solo estaba comenzando su calentamiento. En el siguiente inning, con el Saint Louis aventajando a sus contrarios 12-6, bateó una línea profunda como respuesta a un lanzamiento de Mike González, con lo cual entraron dos carreras más. Cuando Pujols llegó al home para batear en el noveno inning, con los Cardenales cómodamente situados en una ventaja de 15-7, logró el truco de la gorra: su tercer jonrón del juego, ganándose un lugar en las tradiciones de la Serie Mundial.

Aunque esta victoria les dio a los Cardenales una ventaja de 2-1 en la serie, los Rangers no se dieron por vencidos. Derek Holland lanzó con gran maestría en el cuarto juego, para empatar las cosas 2-2, y después el equipo de Texas le ganó 4-2 al Saint Louis, para poner a los Cardenales en un agujero de 3-2, preparando el escenario para uno de los juegos más grandiosos en la historia de la Serie Mundial.

Ya avanzado el sexto juego, los Rangers parecían tener el control, y estar a punto de ganar por vez primera el título de la Serie Mundial. Texas mantenía una ventaja de 7-4 en el octavo inning en un juego que había estado lleno de errores y oportunidades perdidas por parte de los Cardenales. Allen Craig bateó de jonrón para mejorar a dos carreras la diferencia del Saint Louis con los Rangers.

Con los Cardenales ya en sus tres outs finales en la segunda mitad del noveno inning, Theriot comenzó el inning y se ponchó. Los fanáticos del Saint Louis se pusieron de nuevo de pie para darle a Pujols una ovación cuando él se acercó al home, por si nunca volvían a tener la oportunidad de hacerlo. Pujols respondió bateando un doble y manteniendo vivas las esperanzas de los Cardenales. Berkman fue enviado a primera caminando, y después de poncharse Craig, Freese bateó un triple con el cual ambos corredores empataron la anotación, haciendo que el juego entrara en extra innings.

Josh Hamilton bateó un jonrón que impulsó otra carrera en la primera mitad del décimo inning, para darle de nuevo la ventaja al equipo de Texas, pero de nuevo los Cardenales se recuperaron en la segunda parte del inning para empatar el juego. Freese dominó en el undécimo inning con un jonrón que ganó el juego y envió la serie a un séptimo y último juego en Saint Louis. En ese decisivo séptimo juego, aunque el equipo de Texas se apoderó rápidamente de la delantera 2–0 en el primer inning, Freese empató el juego en la segunda parte del inning con un doble que hizo entrar dos carreras, que anotaron Pujols y Berkman. El Saint Louis añadió cuatro carreras más, y Carpenter y el bullpen impidieron que los Rangers volvieran a anotar durante el resto del juego, para darles a los Cardenales su undécimo campeonato de la Serie Mundial, y a Pujols el segundo. La más improbable de las competencias posteriores a la temporada había concluido con Pujols y los Cardenales como vencedores.

«Es increíble lo que los Cardenales fueron capaces de hacer a partir de agosto, cuando estaban a diez juegos y medio de distancia del primer puesto», dijo Rick Horton, cronista de los Cardenales. «Y me atrevería a adivinar que en aquellos momentos no habría encontrado una sola persona que hubiera dicho que era posible que ellos ganaran la Serie Mundial. Yo no creo que ningún otro equipo de béisbol de las grandes ligas haya tenido esa clase de finales milagrosos, uno tras otro, en toda la historia del deporte».

«Teníamos una posibilidad del cinco por ciento [para llegar a los juegos de desempate], y nos quedaban 35 juegos para terminar la temporada», dijo Pujols. «Sabíamos que teníamos que jugar de la mejor manera posible. Los cinco primeros meses de la temporada fueron muy malos. Pero ya no importa. Somos los campeones del mundo».

EPÍLOGO

El 8 de diciembre de 2011, un día después del día que permanece en la infamia, tanto los fanáticos de los Cardenales de Saint Louis, como los fanáticos de Los Ángeles, anotaron otro día que vivirá en la infamia dentro de la historia del béisbol: el momento en que Albert Pujols dejó a los Cardenales para marcharse a California.

Pujols se convirtió en agente libre al final de la temporada del 2011, después de no haberse podido poner de acuerdo con los Cardenales antes del comienzo de la temporada. Aunque el Saint Louis tenía derechos exclusivos de negociación con él durante un espacio de cinco días al terminar la temporada, las conversaciones no comenzaron en serio hasta las reuniones de invierno del béisbol en Dallas, durante la primera semana de diciembre. Aunque buscado con ansias por los Marlins de Miami, todo indicaba que Pujols y los Cardenales llegarían a un acuerdo que lo habría mantenido de por vida como uno de los Cardenales.

Sin embargo, en el último momento, Arte Moreno, el dueño de los Ángeles, entró de repente en las negociaciones y le hizo una oferta a la que los Cardenales no podían ni siquiera aproximarse: diez años y $254 millones; una oferta demasiado buena para que Pujols la rechazara. Después de aceptar la oferta de los Ángeles y anunciar su salida del Saint Louis, Pujols y su esposa Deidre les escribieron una carta a los fanáticos de los Cardenales en un anuncio a toda página que se publicó en el *St. Louis Post-Dispatch*:

> A la ciudad de Saint Louis y a la Nación de los Cardenales:
>   Les quiero dar las gracias a todos y cada uno de ustedes con toda sinceridad, desde el centro mismo de mi corazón, por el amor y el apoyo que nos han mostrado a mí y a mi familia durante los once años pasados. En mi tiempo con los Cardenales, he sido lo suficientemente afortunado como para jugar con equipos de campeonatos, y frente a fanáticos de campeonato. Esta comunidad se me ha acercado y me ha abrazado, y por esto me siento realmente humilde y agradecido.

Mi decisión de marcharme ha sido increíblemente difícil, y la mayor de las razones por las que ha sido tan difícil es el apoyo de ustedes. Aunque me siento emocionado en cuanto a este nuevo capítulo de mi vida, sentí que era muy importante para mí hacerles saber que Saint Louis ha estado, y siempre estará en mi corazón. He recibido la honra de poder llevar el uniforme de los Cardenales en las últimas once temporadas, y quiero mostrar mi agradecimiento a toda la organización de los Cardenales, a mis compañeros de equipo, mis entrenadores, mis mánagers y el resto del personal, por todo lo que ellos también han aportado a mi vida.

Consideramos a Saint Louis como nuestro hogar, y tanto mi familia como yo nos sentimos muy bendecidos por haber establecido en Saint Louis unas relaciones para toda la vida, que esperamos continuar durante muchos años en el porvenir. Nuestras palabras no pueden expresar con plenitud la gratitud que sentimos hacia todos ustedes.

Muchas gracias, y que Dios les bendiga.

Albert y Deidre

La salida de Pujols marcó el final de una era en Saint Louis. A lo largo de sus once años con los Cardenales, Pujols había acumulado unas estadísticas que rivalizan con las mejores en toda la historia del béisbol dentro del mismo marco de tiempo: 445 jonrones, 1.329 carreras impulsadas, 2,073 hits y un promedio de bateo de .328. Fue él quien guió a los Cardenales a siete apariciones en los juegos de desempate, tres Series Mundiales y dos títulos en la Serie Mundial. Su nombre siempre estará enlazado, en cuanto a las estadísticas, a los mejores jugadores en la historia del Saint Louis.

Pero Pujols también dejó tras sí una oportunidad de establecer un legado permanente en Saint Louis y ser abrazado para siempre como un héroe local. La mayoría de los fanáticos tenían la esperanza de que él llegara a ser otro Stan Musial, y que hubiera jugado durante toda su carrera con los Cardenales antes de entrar a formar parte del Salón de la Fama, con la adulación y la admiración de toda la ciudad para el resto de su vida.

Pujols escogió un camino distinto para sí mismo y para su legado. A menos que se produzca alguna circunstancia imprevista, se pasará el resto de su carrera como miembro de los Ángeles, haciendo su mejor esfuerzo por establecer y edificar un nuevo legado en Anaheim. Cualquiera que sea el nombre del equipo que lleve en el pecho de su uniforme, Pujols sigue estando comprometido con aquello que él considera como su obra más importante: su misión en el mundo como cristiano. Esto es lo que escribió en una columna de USA Today en el año 2010:

No se trata solamente de ser jugador de béisbol. Se trata de tener la oportunidad de transformar vidas.

Dios me ha dado un don, al entregarme la capacidad necesaria para jugar béisbol. Y el béisbol me ha dado una plataforma que me ha servido para devolverle algo a la comunidad y poner una sonrisa en los rostros de esos muchachos.

Lo que hacemos en el campo de béisbol es estupendo, pero yo no quiero que se me recuerde por haber sido un jugador de béisbol muy bueno. Quiero que se me recuerde como un hombre que ayudó a la gente, y que causó un impacto en sus vidas. Eso es lo que me hace sentir satisfecho.

Miren: yo sé que no voy a estar jugando béisbol para siempre. En cambio, nunca voy a dejar de devolver. Esto lo es todo para mí. La gente dice que mientras más fama tiene el nombre de uno, mayor es su responsabilidad. Yo creo firmemente que tuve una responsabilidad desde el mismo momento en que me puse un uniforme. Me quiero seguir moviendo; quiero seguir yendo a diferentes lugares para ayudar a tanta gente como pueda…

Lo que hemos podido hacer nos hace sentir llenos de humildad, pero hay mucho trabajo más que aún queda por hacer.

GLOSARIO

Abridor: lanzador que inicia el juego.

Al bate: es la estadística que cuenta el número de turnos oficiales que toma un bateador frente a un lanzador en la temporada, sirve para obtener las estadísticas ofensivas (promedio de bateo, slugging, etc.), los *sacrificios* y las *Bases por bolas* no se cuentan como turnos al bate por lo que no influyen negativamente en la estadística del bateador. También se le llama *turno al bate* y en plural *turnos al bate* o *veces al bate*.

Anotador oficial: persona encargada de llevar la anotación de las estadísticas oficiales de un juego de béisbol. Su criterio es determinante y definitivo en la apreciación de acciones que pueden ser consideradas como dos lances distintos, por ejemplo un *hit* o un error.

Base: cada uno de los cuatro puntos ubicados en los vértices del cuadro de juego o diamante del campo de béisbol.

Bases llenas: situación en que el equipo a la ofensiva ha colocado corredores en primera, segunda y tercera base.

Base por bolas: otorgar la primera base a un bateador cuando el pitcher ha lanzado cuatro bolas malas, el turno del bateador no es computado en sus estadísticas de *turnos al bate*. Se le conoce también como *boleto* o más coloquialmente como *pasaporte*.

Base por bolas intencional: la que se otorga a un bateador como estrategia del mánager para enfrentar al bateador siguiente, bien sea para evitar lanzarle a un bateador de poder o para buscar un doble play (o cualquier otra jugada en las bases).

Bateador: jugador que está ubicado en la caja de bateo (ver *Al bate*), y que trata de conectar un *hit* con un bate.

Bateador ambidiestro: se le llama así al pelotero que tiene la habilidad de batear en ambos lados del *home*, con la habilidad de batear a la izquierda o la derecha.

Bateador designado: un pelotero designado por el mánager para que tome el turno al bate del *pitcher*. En el béisbol tradicional, todos los jugadores a la defensiva toman su turno a la ofensiva; sin embargo, los equipos, durante un juego o por toda la temporada, pueden acordar que otro jugador tome el turno al bate del lanzador para darle más ofensiva al encuentro.

Bateador emergente: un pelotero que toma el turno de otro al bate, generalmente se da este movimiento con corredores en base puesto que se supone que quien toma el turno tiene más efectividad.

Carrera: anotación del juego de béisbol, se logra al recorrer un corredor la totalidad de las bases volviendo al home, bien de manera continua (por medio de un jonrón) o de forma alternada consecutiva antes de que se realicen 3 outs. No existe límite al número de carreras que se pueden efectuar en un juego o en un inning.

Carrera impulsada o *impulsada*: una carrera impulsada se otorga a un bateador cuando su equipo anota una carrera como resultado de la aparición al plato de ese bateador.

Coach: es la persona o personas que auxilian al mánager en el manejo de un equipo.

Diamante: campo de juego.

Doble o doblete: un *hit* en el que el bateador logra llegar a segunda base sin ser puesto *out* y sin que haya error alguno de la defensiva.

***Double play*, doble *play* o doble matanza**: jugada que permite hacer dos outs.

Draft: proceso para la selección de jugadores provenientes de ligas universitarias u otro origen.

Dugout* o *Cueva: área donde se sientan los jugadores que no están en el campo de juego, además del mánager y sus auxiliares.

Fildeo, fildear: es el anglicismo que describe la acción de defender el campo de juego y atrapar la pelota, bien sea una bateada por la ofensiva del equipo contrario o la recibida de otro jugador del mismo equipo.

Fly: una pelota bateada que, sin golpear antes el campo, se eleva por los aires, siendo necesario atraparla en su descenso.

Foul: batazo fuera de la zona legal de juego (fair).

Grandes Ligas o Las Mayores: se conoce así a la *Major League Baseball* (*MLB* por sus siglas en inglés) de los Estados Unidos. De la misma forma la expresión *big-leager* que se usa para denominar a quienes juegan en esta liga tiene el equivalente «grandeliga» que en algunos países de habla hispana se usa con el mismo propósito.

Grand Slam: lograr un jonrón con las bases llenas.

Hit: la conexión efectuada por el bateador que coloca la pelota dentro del terreno de juego, permitiéndole alcanzar al menos una base, sin que se produzca un error de defensa del equipo contrario.

Hit and run: Jugada a la ofensiva en la cual, habiendo corredor(es) en base, un bateador intenta conectar a la bola mientras, al mismo tiempo, aquellos se lanzan a ganar las bases próximas.

Home plate o Plato: área circundante del *home*, se le llama en algunos países *plato*, dentro del plato y a ambos lados del *home* se ubican las cajas de bateo.

Infield: área del terreno de juego que comprende el *home*, primera, segunda y tercera base. En español, de acuerdo a los países, se le llama en ocasiones *cuadro interior* o *cuadro interno*.

Infielder: nombre dado al jugador defensivo que ocupa alguna posición de entre las siguientes: el primera base, el segunda base, el campo corto o el tercera base. Contrástese con *outfielder*.

Inning: cada uno de los segmentos del juego de béisbol en los que se turnan los equipos consecutivamente al ataque (al bate) y a la defensiva, limitado por tres outs para cada uno y durante los cuales el atacante intenta anotar el mayor número posible de carreras, sin límite en el número de dichas anotaciones.

Extra inning: cada par de entradas necesarias (una a la ofensiva y una a la defensiva) para decidir el ganador de un juego si durante nueve episodios no lo hay.

Jardines: es el área del terreno de juego que se encuentra más allá del área delimitada por el cuadro interior o *infield*.

Jardineros o guardabosques: nombre de los jugadores defensivos que cubren el área del outfield hacia el centro, la izquierda y la derecha, se les llama en español, comúnmente, jardineros.

Jonrón, también conocido como cuadrangular, jonrón o vuelacercas (en inglés *home run*) se da cuando el bateador hace contacto con la pelota de una manera que le permita recorrer las bases y anotar una carrera (junto con todos los corredores en base) en la misma jugada, sin que se registre ningún out ni error de la defensa.

Ligas menores: Conjunto de equipos filiales de los equipos de grandes ligas. Su función principal es desarrollar a los jugadores jóvenes y formarlos para subir a las Grandes Ligas.

Mánager: manejador o estratega del equipo de béisbol, equivaldría a un entrenador o director técnico en otros deportes de conjunto.

Montículo: elevación al centro del *infield* desde donde el pitcher hace sus lanzamientos.

Out: jugada decretada por el umpire que retira a un jugador de la ofensiva, bien sea como parte de la acción del bateo o como resultado de un intento de robo de base o un movimiento no permitido.

Outfield: ver jardines.

Outfielder: ver jardineros.

Playoff: serie eliminatoria corta de post temporada

Ponche, ponchado: el *strike out*, es la acción de retirar a un bateador con una cuenta de 3 strikes, al que la recibe se le suele llamar *ponchao* o *ponchado*.

Porcentaje de bateo: en inglés *Batting average* (**BA** o **AVG**). Es el número que se obtiene de dividir el total de *hits* entre los turnos oficiales al bate. En béisbol se considera prominente al pelotero cuyo promedio está arriba de .300 (coloquialmente se suele hacer referencia al *promedio del bateador* o solo al *promedio*).

Roster: plantilla de un equipo de béisbol.

Sacrificio: se llama sacrificio a la modalidad de bateo que permite avanzar a los corredores en las bases. Existen dos modalidades:

Toque de sacrificio: es un toque que permite a un corredor avanzar a la base siguiente, cuando el toque es para alcanzar el home se le llama *squeeze play*. Cuando se batea correctamente el bateador no recibe turno al bate (para no afectar su estadística negativamente) y se anota como hit de sacrificio.

Fly **de sacrificio**: elevado hacia el fondo del campo que se realiza cuando hay jugador en tercera base y menos de 2 *outs* y que permite al corredor anotar en carrera. El bateador es acreditado con carrera impulsada y no se anota turno al bate.

Sencillo o *Single*: un *hit* en el que el bateador llega satisfactoriamente a primera base.

Shortstop: aquel jugador que ocupa la posición entre la segunda y tercera bases. Esta posición es considerada por muchos una de las más difíciles y dinámicas, debido a la ubicación en que se juega. También se llama **parador en corto** o **campocorto** o **torpedero** según el país

Slugger: se le llama así al bateador de gran poder.

Slugging average **o Porcentaje de** *slugging*: es una medida del poder de un bateador, calculado en el total de bases alcanzadas entre el total de turnos al bate (por ende, si un porcentaje de bateo perfecto sería 1.000, uno perfecto de slugging sería 4.000).

Strike: conteo negativo para el turno de un bateador en la ofensiva, resulta de no golpear hacia el diamante, en zona válida de juego, una pelota lanzada por el pitcher que pasa por la zona de *strike*. Un conteo de tres strikes termina el turno del bateador. Dos fouls de un turno son contados como strikes si se hacen antes de haber recibido ningún otro strike.

Swing: movimiento amplio con el bate para tratar de conectar a la pelota. Se le llama también *abanico* o *abanicar.*

Triple: un *hit* en el que el bateador logra llegar satisfactoriamente a tercera base, sin que ocurra ningún error por parte de la defensiva.

Triple play: jugada que permite hacer los tres outs del inning en la misma secuencia de jugada.

Umpire: cualquiera de los árbitros del juego de béisbol.

RECONOCIMIENTOS

SCOTT Y TIM QUEREMOS MANIFESTAR NUESTRA GRATITUD:

Hacia un gran número de personas que fueron tan generosas con su tiempo, concediéndonos entrevistas y proporcionándonos una útil información acerca de Albert y Deidre Pujols. Los entrevistados fueron Jeff Adams, Debra Babor, Judy Boen, Landon Brandes, Phil Caldarella, Jen Cooper, Karen Cunningham, Miki Cunningham, Walt Enoch, Morgan Ensberg, Chris Francka, Dave Fry, Woody Galyean, Doug Glanville, Scott Hanna, Blake Hawksworth, Jan Hennicke, Rick Horton, Ron Hoskin, Dave Karaff, Marty Kilgore, Alan M. Klein, Frank Leo, Mike Maroth, Kyle McClellan, Don Mitchell, Jan Mueller, Luis Ortiz, Todd Perry, Galen Pitts, Allie Prescott, Dave Reynolds, Ryan Stegall, Adam Wainwright, Grant Williams, Woody Williams y Ben Zobrist.

En la lista de los que nos ayudaron de diversas maneras están incluidos Joel Akridge, Craig Davis, Becky Ding, Sylvia Ellsworth, Derrick Ford, Tricia Latham, Matthew Leach, Devin Maddox, Tyler Miller, Michael Nowlin, Jim y Marge Pearson, Chad Quinn, Steve Rataj, Terry Reeder, Jeff Robinson, Joe Strauss, Timothy Wallis, Steve Weaver, Scott Gladin y Christy Young. Les agradecemos a todos y cada uno de ellos su contribución y su ayuda.

Nuestra gratitud también hacia nuestro agente, Andrew Wolgemuth, de Wolgemuth and Associates, Inc. Gracias por sus sabios consejos y por pastorearnos durante todo el proceso con el libro. Casi lo perdonamos por haber aclamado a un equipo de los Royals de Kansas City que le robó la Serie Mundial de 1985 al equipo de Saint Louis.

Le estamos muy agradecidos a todo el equipo de Editorial Vida por brindarnos su experiencia y su energía para la publicación de este libro.

TIM LES QUIERE MANIFESTAR SU GRATITUD:

A mi coautor Scott Lamb, por su visión y su diligente trabajo en el proyecto. ¿Quién iba a saber que el tiempo que pasamos juntos en el colegio universitario como compañeros de habitación produciría un fruto así?

A David S. Dockery, presidente de la Universidad Unión, y a mis colegas de Unión, que me animaron grandemente durante todo este proyecto. Es un alto honor trabajar con ellos día tras día.

A mi familia de la Iglesia Cornerstone Community, que oró continuamente por mí y por mi familia durante todo el proceso de redacción del libro. Nos sentimos realmente bendecidos por formar parte de un cuerpo de creyentes tan lleno de amor.

Y finalmente, aunque no en último lugar, una inmensa expresión de gratitud hacia mi esposa Sarah y mis hijos Daniel, Emmalee y Noah. Gracias por su apoyo, su amor y su paciencia. Los amo profundamente a todos y cada uno de ustedes.

SCOTT LES QUIERE MANIFESTAR SU GRATITUD:

A Tim Ellsworth, por haber sido un amigo leal y un talentoso escritor a lo largo de todas las idas y venidas de este proyecto. Te tengo un inmenso respeto como hombre de una integridad, una fe y unos dones profundos.

A Albert Mohler, presidente del Seminario Teológico Bautista del Sur y el instrumento humano usado para llevar tanto bien a la vida de tanta gente. Es una honra y un gozo trabajar junto a usted en su ministerio dedicado a proclamar las glorias de Dios.

A Matt Hall y Jason Allen, líderes cristianos que supieron cómo lograr que las cosas se hicieran de la manera correcta. Ustedes son un recurso de incalculable valor por todos sus sabios consejos.

A los amigos que oran por mí y me han dicho palabras oportunas en el mismo momento en que yo necesitaba escucharlas: Klay Aspinwall, Melvin Clark, Don Hinkle, Don Kirby, Josh Manley, Luther Powell, Clay Smith y Steve Weaver.

A la Iglesia Bautista Providence, de Saint Louis, una congregación que honra a Cristo y sigue orando por la familia Lamb. Los amo, y «no he dejado de dar gracias por ustedes al recordarlos en mis oraciones». También, a la Iglesia Bautista Immanuel, de Louisville, una casa del pan para mi familia.

A mis padres, Walter y Rexanna Lamb, por haberme señalado el camino hacia Cristo desde muy temprana edad y con frecuencia. También a J. D. y Gail Clanton, quienes me dieron a su Pearl y nos siguen dando sus oraciones. A mi hermana Jennifer Quinn y mi hermano Matthew, quienes siempre creen (o por lo menos escuchan) mis grandes planes e ideas... y siempre serán mi «hermana mayor» y mi «hermanito pequeño». Los amo a todos ustedes.

Finalmente, me siento inmensamente agradecido a mi esposa Pearl y a mis hijos Josiah, Nathanael, Isaac, Benjamin y Savannah. Ellos han tenido que prescindir de mí en incontables días en que he estado dedicado al «trabajo de Pujols», y nunca se han quejado. Gracias por haber hecho posible este libro. Pearl, me siento con mucha más confianza en mí mismo, gracias a tu amor por mí. Hijos, yo siempre seré su fanático más grande. Los amo a todos.

ACERCA DE LOS AUTORES

T IM ELLSWORTH es director de noticias y relaciones con los medios de información en la Universidad Unión, de Jackson, Tennessee. Natural del sur de Illinois, Tim trabajó anteriormente como editor asociado del Illinois Baptist y director de noticias e información en el Seminario Teológico Bautista del Sur. Es el autor de *God in the Whirlwind: Stories of Grace from the Tornado at Union University.* También es el editor de Baptist Press Sports. A lo largo de los años, ha escrito incontables artículos para iluminar la interacción existente entre la fe y los deportes. Ha entrevistado a centenares de personas, entre ellas celebridades, atletas, políticos, hombres de estado y educadores, así como un incontable número de personas de todas las actividades diarias de la vida. Tim y su esposa Sarah tienen tres hijos: Daniel, Emmalee y Noah.

S COTT LAMB es director de investigación para el presidente del Seminario Teológico Bautista del Sur, en Louisville, Kentucky. Natural de Saint Louis, Scott ha pastoreado diversas iglesias en Alabama y Missouri. Escribe artículos para periódicos y revistas cristianos, y blogs para la revista *World* y para el foro sobre «Religión Civil» del *St. Louis Post-Dispatch.* Scott y su esposa Pearl tienen cinco hijos: Josiah, Nathanael, Isaac, Benjamin y Savannah.

Nos agradaría recibir noticias suyas.
Por favor, envíe sus comentarios sobre este libro
a la direccieon que aparece a continuación.
Muchas gracias.

Vida@zondervan.com
www.editorialvida.com